# 大学生心理健康教育改革与创新

厉　丽　迟曜辉　刘雅静 ◎ 著

中国矿业大学出版社
· 徐州 ·

## 内容提要

本书在简要叙述大学生心理健康教育的内涵、目标、作用、原则及其面临的挑战等内容的基础上，对大学生心理健康教育的体系构建、评价模式、网络教育、重要保障、未来发展等内容进行了详细阐述。

**图书在版编目（CIP）数据**

大学生心理健康教育改革与创新 / 厉丽，迟曜辉，刘雅静著. -- 徐州 : 中国矿业大学出版社，2018.12

ISBN 978-7-5646-4302-7

Ⅰ. ①大… Ⅱ. ①厉… ②迟… ③刘… Ⅲ. ①大学生－心理健康－健康教育 Ⅳ. ①G444

中国版本图书馆 CIP 数据核字(2019)第 005691 号

**书　　名**　大学生心理健康教育改革与创新

**著　　者**　厉　丽　迟曜辉　刘雅静

**责任编辑**　何　戈

**出版发行**　中国矿业大学出版社有限责任公司

（江苏省徐州市解放南路　邮编 221008）

**营销热线**　（0516）83884103　83885105

**出版服务**　（0516）83995789　83884920

**网　　址**　http://www.cumtp.com　Email: cumtpvip@cumtp.com

**印　　刷**　江苏凤凰数码印务有限公司

**开　　本**　787 mm×1092 mm　1/16　**印张** 11.25　**字数** 254 千字

**版次印次**　2018 年 12 月第 1 版　2018 年 12 月第 1 次印刷

**定　　价**　38.00 元

# 前言 Foreword

大学生是实现中国梦的有生力量，他们健康成长的质量会对国家建设和民族复兴产生长远影响。大学生健康成长是指处在高等教育阶段的学生通过接受思想政治教育，使大学生朝着个人全面发展的方向发展，在思想、道德和心理等多方面呈现完好状态。大学生健康成长与思想政治教育是目标及其实现方法的辩证关系，即实现大学生健康成长是思想政治教育的重要目标，开展思想政治教育是实现大学生健康成长的重要手段，开展思想政治教育必须遵循大学生健康成长的规律。习近平在 2016 年全国卫生与健康大会上提出，要加大心理健康问题基础性研究，做好心理健康知识和心理疾病科普工作，规范发展心理治疗、心理咨询等心理健康服务。

当前教育者默认大学生接受思想政治教育是其必须完成的教育内容，而缺乏对大学生健康成长的关怀和研究。新世纪新形势下的社会是一个经济活动国际化、思想文化多元化、科学技术现代化的新型社会，它对人才的要求发生了根本性的变化。它要求青年人才不仅要有强壮的身体、丰富的专业知识、积极的思想态度、良好的道德素养，还要有较强的心理应变能力、自我调控能力和社会适应能力。在这多变革、高效率、快节奏、多信息、强竞争的客观社会背景下，新世纪新时期的大学生心理素质不仅对其自身的成长和发展至关重要，也关系到我国人才培养的质量、经济社会发展水平以及国际地位。因此，关注和探究大学生的心理健康教育问题是高等学校、社会、政府工作中一项义不容辞的责任和义务。

我们必须坚定不移地进行大学生心理健康教育及其研究工作。因此，如何在实践中有效地解决大学生心理健康教育问题，推动心理健康教育事业不断发展，是各大高校、社会和政府当下所面临的重要任务。

大学生拥有较高的社会期望值，大学时期是学生从学校步入社会的过渡时期，他们会掌握很多进入社会需要的知识和能力，此时的心理成长会对其以后生活、工作等各方面的发展产生深远影响。大学这个年龄段的青年正是彰显自我个性的时候，进入大学校园很容易产生人际关系紧张、对社会不适应、价值取向迷茫、情绪调控能力较差、心理承受能力弱、抗受挫能力差等心理状态。例如家庭经济条件差距扩大，有的学生就会产生狭隘和偏激的社会归因，形成埋怨、嫉妒和自卑的情绪；价值观的冲突会使得大学生对原有的价值观产生怀疑和动摇，对人生观和世界观产生极大的负面影响，而且会对一些社会事件采取不闻不问、冷漠的态度。大学生群体中，精神疾病或者严重心理障碍者的比率一直在以低速增长，因为心理问题阻碍学生按时完成学业的数量更是逐年增加。

诸多实例表明，大学心理健康教育工作的实效性至关重要。大学生教育要以立德树人为核心，心理健康教育要围绕社会主义核心价值观开展。在我国实行心理健康教育不能直接照搬国外的教学经验，要符合自身国情和学生的实际需求，构建体现中国特色的心理健康教育体系。此项教育要讲求科学发展，要完善相关管理体系，既要关心全局发展，又不能疏忽各个部门的配合，以学生成长成才为首要，也要能够经受住社会的考验。要提高各部门管理的科学化，完善相关制度，并严格执行。教育工作只有实现专业化和实用性兼备，才能为国家培养有用人才。

本书由沈阳科技学院厉丽，辽宁师范大学海华学院迟曜辉，沈阳大学刘雅静共同编写。具体编写分工如下：厉丽编写第一章、第五章、第七章，约 10.2 万字；迟曜辉编写第二章、第四章、第八章，约 9 万字；刘雅静编写第三章、第六章，约 6.2 万字。

作　者

2018 年 9 月

# 目录 Contents


第一章　大学生心理健康教育概述……1

第一节　大学生心理健康教育的内涵……1

第二节　大学生心理健康教育的目标和作用……6

第三节　大学生心理健康教育的内容和原则……12

第四节　大学生心理健康教育的可行性和重要性……17

第二章　大学生心理健康教育面临的挑战……26

第一节　大学生心理健康教育发展的回顾……26

第二节　大学生心理健康教育发展的启示……35

第三节　我国大学生心理健康教育存在的问题与原因……44

第四节　大学生心理健康教育遭遇的困境……50

第三章　大学生心理健康教育实践应用调查……59

第一节　大学生心理健康教育课程体系构建……59

第二节　大学生心理健康教育课程教学模式……66

第三节　大学生心理健康教育评价的作用、存在的问题及建议……71

第四节　大学心理教育活动课程设计与实施的问题及对策……75

第四章 大学生心理健康教育评价模式研究……84
第一节 大学生心理健康教育评价体系的基础……84
第二节 大学生心理健康教育评价体系的构建……92
第三节 大学生心理健康教育网络教学评价体系……97
第四节 大学生心理健康教育实践课程多元化评价……101
第五章 网络时代大学生心理健康教育的转变……105
第一节 网络时代大学生心理健康教育内容……105
第二节 网络时代对大学生心理健康教育的影响……111
第三节 网络时代大学生心理健康教育的必要性……114
第四节 网络时代大学生心理健康教育模式的构建……120
第六章 大学生心理健康教育与思想政治教育的相互融合……131
第一节 大学生心理健康教育与思想政治教育的发展现状……131
第二节 大学生心理健康教育与思想政治教育的关系……136
第三节 心理健康教育与思想政治教育结合是时代的需求……140
第四节 大学生心理压力与思想动态调查—— 以济南大学生为例……143
第七章 当代大学生心理健康教育的重要保障……150
第一节 建立大学生心理健康教育未来取向……150
第二节 加强自媒体平台对大学生心理教育的作用……156
第三节 大学心理健康教育教师角色的定位与成长……161
第八章 大学生心理健康教育的未来发展……168
第一节 大学生心理健康教育的发展特点……168
第二节 大学生心理健康教育的未来走向……169
参考文献……173

# 第一章
# 大学生心理健康教育概述

## 第一节　大学生心理健康教育的内涵

### 一、大学生心理健康教育相关概念及内涵

概念明确是正确思维和研究的基本前提。任何一个概念都有内涵和外延两个方面，也有核心概念和相关概念两个集群，这两个方面和两个集群总是相互关联又相互制约的。因此，笔者通过解析大学生心理健康教育与相关概念的内涵，明晰本研究的基本要素，阐明研究的核心成分。

#### （一）心理健康与心理健康教育的内涵

1. 心理健康在理论界内涵的界定

（1）心理健康的内涵，在哲学、心理学、历史、文化研究一直是探索的焦点。不同的流派对心理健康内涵有不同的诠释，甚至在20世纪90年代引发了激烈的争论。根据讨论的发展过程，理论界将对心理健康内涵的探索和争论分为三个阶段。

第一阶段是病理学取向。由于生物医学的影响和“健康无疾”的概念，学者们普遍认为“心理健康是消除心理疾病”，即没有心理疾病症状的心理状态就是心理健康。因此，学者们将全部精力投入到各种心理疾病的探索中，直到今天仍然影响着心理卫生研究的发展。美国精神病学会编写的《心理障碍诊断和统计手册》（DSM）是权威的心理疾病指南，研究人员在以惊人的速度探索不同类型的心理疾病。在1952年的第一版中，只有106种心理疾病。在1968年的第二版中，增加到182种。在2013年5月推出的第五版中，心理疾病的数量已超过300种。

第二阶段是社会适应取向，强调心理健康是一种良好的心态和适应社会的能力。例如，在1974年，世界卫生组织对“健康”的定义增加了“心理学和社会的完美状态”。美国学者科尔曼主张一个人的心理健康应该与他的行为相协调。无论他的人际关系是否合适，他对社会事件和社会关系的态度都应符合社会要求。东方学者受传统集体思想和文化的影响，他们认为社会适应是心理健康的最基本标志。日本学者从人们适应内部和外部环境的角度定义心理健康。中国学者在讨论心理健康标准与其他要素时，社会适应和人际关系也是每个要素的关键点。

第三阶段是发展定位阶段，包括个人潜力的发展和个人发展的追求。最具代表性的来自人文学者马斯洛利用“精英标准”从现代世界38位成功人士中提炼出“自我实现”的心理健康内涵。他强调人类内在善良的本质激发个体潜能，自然、个人最大的潜力被释放，生命充满了意义和成就。另一位人文学者，罗杰斯，也强调以生命目标、野心水平、潜能发挥、个性塑造和持续发展作为心理健康的标准，最大限度地实现自我发展和完善的目标，实现内外高度协调、为社会及人类创造更大价值的完美境界。这一观点也得到了哲学领域、文化学者的认可。马克思用辩证唯物主义探索人的自由全面发展，认为它是人性的追求，是社会进步的动力，是满足人们需求的社会发展实现方法。中国学者从传统文化中提取心理健康的意义，并强调满足个体发展需要，实现“做你想做的事”的自由状态。以发展为导向的观点促使人们专注于发展个人潜能，追求更高的个人价值实现，逐渐成为心理健康探索的领域，并受到了广泛的关注。

从对心理健康内涵理论探索发展的角度，我们可以发现它所包含的成分正逐渐扩大和增加（从疾病到适应到发展），并逐渐与心理和精神以外的其他因素相结合（来自心理本身对社会适应，对个人潜能与社会文化发展的关系），其价值取向经历了个体、社会、个体与社会发展的进步和提升等阶段。它的讨论经历了不同国家和不同领域的不同文化背景的洗礼（如生物医学领域的疾病讨论方式，人文主义视角下的发展方式，西方强调个体疾病的方式和价值观，东方强调的社会意义和发展讨论模式等）。到目前为止，随着时代的变迁，“心理健康”的概念仍在逐步发展和完善。心理健康内涵的定义应该代表以下三个发展方向。首先，心理健康内涵应该代表社会进步的方向。心理健康与社会之间的关系不能仅仅是对社会的单向个人适应。这不仅是低层面的心理健康的表现，也更容易引起社会混乱。社会的核心价值观是全社会的指导原则。如果社会的核心价值观正确、正面、健康向上，那么人们对社会的适应也是追求健康的过程，这是最好的情况。但是，如果社会的核心价值观是错误的，那么人们对社会的适应将导致普遍的消极情绪传递，社会发展缓慢甚至停滞。其次，心理健康的内涵应该代表民族文化的身份。长期以来，心理健康标准的研究主要采用了西方文化心理学、统计学和其他科学理论，并从“客观性”和“文化普遍性”的角度探讨了心理健康内涵。例如，在中国，无论是动态心理状态或静态心理状态，还是心理内容与社会现实的动态和谐，都坚持严谨的心理健康理论科学传统，并拒绝考虑社会和文化因素。然而，通过对心理健康内涵发展轨迹的分析，可以反映出不同国家和不同文化背景对心理健康标准的影响。民族文化与心理健康之间存在高度相关性。最后，心理健康的内容应该代表着对自我发展的追求。通过不懈的劳动和实践，人类将能够改变世界，促进世界进步，促进人类的发展。无论是罗杰斯的“自我和谐”概念还是马斯洛的“自我实现”概念，它们都符合个人全面发展的生活追求。

（2）心理健康内涵的界定。从学者的研究成果角度，我们可以明确指出，心理健康内涵的形成应该代表社会进步的方向，代表对民族文化的认同，代表着对自我发展的追求。因此，我们立足中国国情从社会进步、文化传承、自我发展的三个维度，探索中国人的心理健康。心理健康是指具有个体的历史使命感，中华民族优良传统的继承，自由全面发展的追求，以及用自己的聪明才智来促进社会进步的良好心理。

首先，具有社会责任感和历史使命感是心理健康的核心要素。心理健康以识别社会的性质和方向为基础，并将社会进步的方向作为一个重要的内涵。在社会进步的过程中，人们的政治进步使人们摆脱了超自然的力量和观念，他们的主体自我意识得到了加强，人们表现出更强的自我意识控制能力。经济的进步使人们逐渐摆脱了对他人和工具的依赖，人们对社会关系的需求不再基于对金钱和利润的追求，而是更多地表现为人与人相互理解、相互安慰、相互鼓励、相互支持。文化的进步使人们远离被奴役、盲目服从，更多地认识到自我存在的价值，更充分肯定自我价值在征服自然过程中的意义，达成自我实现目的。满足“人的目的”的社会进步不仅包括使人们科学地理解他人与自我之间的共生关系，而且还形成良好的人际关系、生态关系和伦理关系，实现心理健康的高层次目标。社会革命已经摆脱了资本主义扭曲的社会关系，而向着生产力高度发达、高生产率和高质量社会进步的共产主义社会的方向发展。我们的国家正朝着马克思顺应人类历史发展的方向前进。我们的社会主义社会是进步的一部分，它也代表了社会进步。社会主义的优越性归根到底是为了大幅度提高社会生产力，逐步改善人民的物质生活和精神生活。改革开放以来，我们实现了政治、经济、文化、教育和其他领域巨大的成就，也说明了社会主义社会在实践中所代表的社会进步。因此，作为中国人心理健康的核心标准，首先应该是社会主义的方向，具有社会责任感和历史使命感。

其次，具有中华民族的优良传统。促进中国文化进步的意识是心理健康的重要方面。生活在不同文化规范下的人们的心理和行为特征深深扎根于国家的文化传统。中华民族的历史传统和文化模式也决定了我们的民族认同。在痛苦表达、经验和应对方式等方面，中国文化与西方文化不同。中国文化对同一表现的疾病有不同的含义。例如，感冒有风热和风寒两种不同的含义。一些研究发现亚洲人群的心理健康问题类型与文化适应程度有关。西方化程度低的人似乎表现出更多与文化相关的症状，而西方化程度较高的人表现出更少与文化相关的症状。中国民族文化群体对于健康和疾病概念的理解具有特定的文化渊源，我们独特的民族文化经验也将影响心理健康问题的表现。在中华民族的文化环境中，心理健康的内涵是中华民族传统文化认同和传承的重要方面。

最后，追求自由全面的发展。利用自己的智慧改造世界、发展自己以促进社会进步是心理健康的重要内容。人类不断寻求更加充实的自我，追求更完美的自我实现。在自然科学意义上，这就像一棵急切地想要长成橡树的橡树籽一样。可以看出，追求自我发展符合人类的实践价值和心理健康价值。人类劳动实践在世界上的意义和性质都表明人类的发展非常重要。它是个体整体素质的一个积极变化。因此它也指向更成熟、更丰富、更健全的心理素质和心理生活。

2. 心理健康教育的内涵

心理健康教育的内涵应该满足两个方面的要求。首先，它符合心理健康的要求，即培养具有心理健康标准的人才，使他们成为没有心理问题、符合健康标准的人才；其次，它符合教育的发展要求，以提高某方面人才素质为立足点。心理健康教育是指以提高心理素质、培养责任感和胸怀社会进步的历史使命感为核心的教育活动，促进人的全面发展。

（1）倡导“提高心理素质”作为心理健康教育的核心内涵，是从正面培养人才，但不过多强调学生的心理是如何不健康的，也不是仅仅关注心理问题的医学模式，提高心理素质必须既面向整体，又面向个体差异。个人教育和全面教育的目的是一致的，都是为了促进学生心理素质的发展。

（2）以中国特色心理健康和中国特色社会主义为指导，强调本土化、时代化。心理健康教育不仅要培养社会主义责任感和人才的历史使命，还要在人才培养中继承民族文化。有必要既探索个体的最大身心潜能，又培养自尊、自爱、自律、自我提升等良好的心理素质，增强克服困难、经受考验、承受挫折的心理素质。

（3）倡导“提高心理素质”作为心理健康教育的核心内涵，不仅要回应全面素质教育的目标，还要明确其教育内容的界限。心理健康教育强调利用自身的聪明才智改造世界，发展自己，促进社会进步。这与全面质量教育的目标是相同的，以此为目标培养适应21世纪现代化的社会主义新人，它是对人类和社会发展的诠释。心理素质和思想道德素质、文化素质、专业素质和身体素质是平等的。心理素质教育内容和其他素质教育的内容是平行关系。它可以促进其他品质的培养，也有利于提高心理素质，促进各种素质的平等协调发展，但心理健康教育主要是提高心理素质而不是其他素质。

### （二）大学生心理健康教育的内涵

大学生心理健康教育是指以大学生为教育对象，培养良好的心理素质，塑造健全人格的教育活动。首先，要注意培养良好的心理素质。其次，必须注重塑造健全的人格。大学生心理健康教育注重培养良好的心理素质。传统的大学生心理健康教育主要针对心理疾病和基本适应问题，只要求达到非疾病状态的教育目标和大学生心理的良好适应状态，忽视了更高层次的健康心理学目标，即培养负责任、勤奋、独立、积极、良好心理素质的实现。因此，大学生心理健康教育不仅要消除疾病和基本适应问题，还要注重培养良好的心理素质。要尊重和利用大学生自我意识的心理机制，发展大学生的自我教育、自我管理、自我完善，还要密切关注个别学生自我意识的偏差和矛盾，并注意和关心少数学生；注重大学生理想自我的提高，给他们一个亲切性和感知度的榜样，引导他们理想自我的发展；提高大学生调整自我意识的能力，使他们能够调整自己的情绪并抵制挫折感。通过培养自尊、自爱、自律的心理素质，引导大学生建立积极的生活态度和执着的信念，成为具有社会责任感和历史使命感的人才，使大学生可以用自身智力改造世界，并促进社会进步中的自我发展，促进大学生思想道德素质的提高，以及文化素质、专业素质与身体素质的协调发展。大学生心理健康教育必须注重塑造健康人格。素质教育的核心是培养人的全面发展。这里的全面发展不仅是知识能力的发展，也包括人格的不断完善。因此，健全人格的塑造已成为大学生心理健康教育的一部分。大学生大多数只是孩子，一般未经历过艰辛，独立生活能力相对较弱，情感体验大多以自我为中心。进入大学后，如何组织自己的项目，如何规划自己的时间，如何面对学校的纪律和规定，如何面对宿舍无选择，如何面对不同城市的同宿舍学生，如何更加宽容和理解他人，这些问题的处理已成为当代大学生需要解决的难题。这些问题的解决方案基于的是人格的不断改善。如果大学生没有相对完整的人格，很容易在上述问题中表现出偏执狂、病态的行为。因此，在大学生心理健康教育中，有必要运用情感教育法、质量教育法、生命教育法、榜样示范法、启发式教育法和自我教育法实现健全人格的培养。

## 二、大学生心理健康教育的特点

大学生心理健康教育可以提高学生的心理素质，提高思想政治教育的实效性，达到大学生综合发展的目的，这与其鲜明的特色是分不开的。

### （一）大学生心理健康教育构建了教育的生命基础

生命是教育的前提和基础，生命的发展是教育的根本任务。一方面，人的生命存在是教育的生物前提。因此教育可以帮助人与自然之间交换信息和能量。另一方面，人的生命也是对精神和社会属性发展的追求。如果人们想以社会的形式生存，就必须在生活的基础上获得文化、智能、道德、个性和其他精神发展。所有这些都在心理健康教育中得到反映。大学生心理健康教育涵盖了大学生生活、生命、人性的价值，尤其是心理健康危机体系的构建凸显了生命的意义和价值，阻止了心理疾病的发展。这不仅是塑造具有良好人格和积极发展精神的人的基础，也是教育建设、维护存在和延续的生命基础。可以看出，大学生心理健康教育是人类生活的基石，生命是教育思想的起源。从某种意义上说，心理健康教育面向人的生命，是提高人类生活质量的社会活动。

### （二）在大学生活的不同阶段开展教育活动

大学生心理健康教育主要针对的是新生入学和即将毕业这两个阶段。新生的心理素质取决于他们的大学前生活和学习经历。他们的学习基础、家庭条件、兴趣野心、学习环境不同，这个阶段的心理健康教育活动是帮助新生调整自己的心态，找到合适的自我定位。在这个阶段，新的环境逐渐适应是一个开始，并开始有独立的意见和想法，形成一种独特的个性化生活模式，但模范化的生活在面临挫折和困难时容易出现心理失衡，所以这个阶段主要是针对特定的心理问题进行专门的心理咨询或心理辅导。在毕业阶段，大学生面临竞争的就业环境，容易出现理想与现实之间的心理差距。随着焦虑和不安全的心理问题出现，相应的心理健康教育也应增加就业的知识。

### （三）针对不同群体大学生的特殊性开展教育活动

对贫困生、女孩、网瘾学生和其他不同大学生的不同心理问题，有针对性地进行心理健康教育。贫困学生面临家庭贫困的困境，他们因无法改变家庭现状而感到焦虑和沮丧。贫困学生心理健康教育辅导将针对贫困学生的家庭背景、经济状况进行心理预警和干预。女孩思想细腻，情感丰富，容易出现情感受伤害等问题，再加上个性特点，不容易通过宣泄获得情绪释放，而是抑制情绪，形成抑郁。面对女孩的心理健康教育，更多的是让她们体验到关怀和温暖，让她们学会释放情绪，学会调整抑郁情绪。网瘾学生是互联网产生后形成的特殊群体，他们沉迷于与互联网相关的游戏、购物、聊天等无法自拔，导致生活水平下降和正常人际关系障碍。面对网络问题，大学生心理健康教育应主要解决虚拟世界和现实世界的认知和价值偏差问题，减少网络使用时间，将生活视野拓展到现实世界。

# 第二节　大学生心理健康教育的目标和作用

## 一、高校心理健康教育的目标

### （一）让大学生认识心理健康教育

高校心理健康教育的目标之一是让大学生了解心理健康教育，更好地意识到学习心理健康知识的重要性。通过开展心理健康教育课程，高校将相关知识作为必须掌握的内容，学校的目标是教育大学生掌握心理健康知识，让学生认识到自身成长和发展过程中可能遇到的心理问题和心理障碍。通过心理健康教育，让大学生掌握保持心理健康的方法，如懂得如何有效缓解心理压力，当感到沮丧时，如何让自己快速调整自己的思维。这也是大学心理健康教育的最基本目标。它使大学生逐渐改变他们以前对自己心理健康问题的忽视或误解，重新认识心理健康问题并予以关注，增加他们对心理健康教育的认识，提高大学生心理素质。

### （二）矫治少数出现心理问题的大学生

高校心理健康教育的另一个目标是矫治少数已经存在心理问题的大学生，这是一项艰巨而重要的任务。学校为这些学生的不良心理或行为提供进一步的帮助，使他们能够克服心理或行为障碍，实现恢复心理健康的目标。虽然矫治的目标只是少数学生，但他们是高校心理健康教育的重点。

### （三）预防少数处于亚健康状态的大学生出现心理疾病

心理健康教育的另一个目标是针对少数处于亚健康状态的一些大学生，预防他们出现心理疾病和增进心理健康。这些大学生没有明显的心理疾病，但他们在不同层面都有一定的心理问题。如果这些心理问题不能得到有效的缓解，将成为这些学生完成学习任务和正常校园生活的不利因素，甚至会对大学生的正常学习生活产生严重影响。因此，预防目标也是心理健康教育的关键目标之一。为这些学生提供教育应提高他们的自我意识水平，提高他们调整情绪的能力，增强自我意志磨练，努力改善和优化他们的个性，提高他们适应新环境的能力，提高他们的学习能力和应对挫折、压力的能力，学会建立和谐的人际关系，使这些学生能够顺利应对校园的学习和生活。

### （四）开发大学生心理潜能，提高自我意识和社会适应能力

高校心理健康教育的目标一方面是确保大学生心理健康状况良好，解决少数学生的一般适应性问题。另一方面，它从所有大学生的心理发展水平出发，最终目标是发展大学生的心理潜能，以促进大学生认知能力的全面发展。因此，通过心理健康教育使大学生可以更好地运用自己的创造力，更好地适应现代社会生活，并具有一定的创造力。大学生自身心理潜能发展过程的实质是逐步形成更加稳定的、更健康的心理的过程，使大学生主动重视心理成长和内心世界的变化，这是心理健康教育的最终目标。通过学习塑造自己，大学生形成一个更独立的健全人格，最大化他们的心理潜能。这一发展目标，为大学生未来的心理健康奠定了坚实的基础。

## 二、大学生心理健康教育的作用

大学生心理健康教育作为高等教育的一部分，旨在提高学生的心理素质。同时，它还帮助学生德、智、体、美综合素质全面发展——促进思想政治教育目标的实现，提高道德素质和智力素质；为成为健康人才奠定基础，提高智力和身体素质；激发发展潜力，提高整体素质。

### （一）促进大学生思想政治教育目标的实现

心理健康教育具有促进大学生思想政治教育目标实现的作用，这种效果主要体现在以下几个方面。

#### 1. 提高心理素质，实现人才培养的教育目标

这里的合格人员是指大学生中有才华的学生，合格的人才是指符合社会主义现代化标准的大学生。培养合格人才是培养社会主义建设所需要的人才。在如何提高心理素质、实现人才培养的教育目标方面，主要有两个措施。

（1）提高心理素质，达到提高大学生学习能力和人际交往能力的目的。知识获取和学习能力的提高取决于心理素质的提高。独立人格特征形成、互助合作的人际交往能力增强，以及适当的自我认知状态，有助于提高大学生的独立自主、学习和获取知识的能力。首先，心理健康教育旨在提高大学生的学习能力，使其学会学习，学会独立学习。这是为了减少学习中对他人的依赖，并使学生朝着主观独立性和建设性方向发展。培养大学生的独立学习能力

可以充分调动大学生对知识的独立自我建构，形成独立的材料和文献，独立寻求学习资源。其次，心理健康教育有助于提高大学生的人际交往能力。它不仅能使学生科学地理解人的社会本质，而且能科学地实践人的社会能力。它还有助于与教师和同学建立和谐的人际关系，帮助大学生实现独立而非孤独地学习。在自主学习的过程中，加强学生与教师和同学之间的互动与合作，在互动中实现更多的知识获取和更广泛的知识接收，同时提高学习的积极性。第三，心理健康教育有助于大学生更科学、客观地反思自己。这有助于大学生根据自身情况和状况探索学习目标，调整独立自主学习的速度，客观、积极地评价自己。学习过程有助于大学生以有效和有针对性的方式提高他们的学习水平和能力。

（2）提高心理素质，达到提高大学生社会适应能力和就业能力的目的。就业能力是指大学生在知识学习和综合素质发展中实现就业理想的能力，满足社会需求并在社会生活中实现自身价值的能力。具有较强社会适应能力、较高职业认同感、较丰富的人力资本和社会资本的学生将表现出更加优秀的就业能力。心理健康教育有助于提高大学生的社会适应能力。一方面，它可以帮助大学生提高对不同环境的容忍度。另一方面，它可以帮助大学生形成积极的人格，并积极探索不确定和模糊的场景，促进大学生在新的环境中保持相对自由，同时更容易识别和把握机会，积极应对就业中出现的各种现实和心理问题。

2. 心理健康教育促进大学生正确对待情感和理性增强

心理健康教育有助于大学生正确对待职业选择和职业发展的情感、兴趣、动机，科学认知和坚持自己的职业动机、生命意义和个人价值，帮助大学生在新的专业环境中减少职业轨迹的外部定位，甚至在混乱的专业环境中能够独立地代表自己的个人价值、动机和专业兴趣。同时，心理健康教育有助于大学生获得人力资本和社会资本的收获能力。一方面，通过塑造大学生的独立人格特征，互助与合作的人际交往能力，以及适当的自我认知状态，帮助大学生自主学习，建立与职业相关的知识和技能，提高个人职业发展的人力资本。另一方面，通过提高人际交往能力和技能，提高他们的就业能力，形成正式或非正式的职业关系网络，为职业选择和发展提供重要的信息和资源。

可靠的接班人是指培养在道德、智慧和能力上完全发展其前辈职业的人才。可靠的继承者有两个含义：一是思想素质高，政治信仰坚定；二是具有较高的知识能力，是人群中的先进代表。因此，促进社会发展，实现可靠人才发展的教育目标体现在以下两个方面。

（1）从思想素质和政治信仰的角度出发，培养大学生对实现社会主义现代化的全面认识，引领社会主义宏伟目标实现的心理认同和情感融合。心理健康教育可以为提高思想政治素质提供两个重要力量。一方面，它为学生对形成意识形态品质和政治信仰的合理性的理解提供了基础。大学生在学习过程中对社会的理解是一个过程。在这个过程中，首先是国家和社会发展的感觉。通过经验积累，它发展成为感性信息保存在大学生的头脑中。一系列的心理活动帮助大学生形成客观和感性的社会发展认知，以及心理健康教育赋予的丰富心理材料，促进心理思维从感性到理性。从自我发展的自我认同和其他心理需求的角度，帮助大学生与国家、社会紧密联系，形成一种思想政治观念，以及对社会、国家的情感和理性观，从而实现对社会主义的建设、自然及法律的科学理解。另一方面，心理健康教育帮助大学生了解自己，发现自身最大的身心潜能，学习和锻炼克服困难、经受考验、经受挫折的能力，提升心理素质；培养和拓展人际关系，适应社会发展且自尊、自爱、自律、自立的心理素质；引导大学生走出狭隘、封闭、自我的精神状态，促进其精神世界的完善与发展。

（2）从知识能力和素质的发展来看，心理健康教育为提高知识素质的目标奠定了必要的心理基础。任何知识和能力的发展都不是一个简单的理解过程。获取知识离不开大学生的需求、动机、兴趣、态度和其他人格心理素质的参与。心理健康教育帮助大学生结合个人发展的需要，了解自我发展与知识能力获取动机之间的密切关系。同时，它对个人知识获取能力的进步及保持积极的态度，并为不断追求文化素质和个人能力提高提供不懈的动力。它不仅在个人对外部世界的知识和文化认同中有一定的积极作用，同时也为个体心理素质提高奠定了基础。

### （二）奠定大学生健康成才的基础

大学生处于身心发展的重要阶段。心理健康教育为其成长和成功奠定了重要基础，指导他们的发展，形成自己的价值观。

1．为培养世界观、生命观和价值观奠定思想基础

建立和稳定世界观、人生观和价值观需要基于世界、人类、本身的理性知识。没有客观理性的认知能力和思想基础，世界观的形成和稳定就是一句空话。这一方面的心理健康教育从以下两点为理解人生观和价值观提供了心理基础：一是心理健康教育有助于大学生正确认识和处理个人与社会、权利和义务、个人理想和目标实际情况之间的关系，增强大学生的自我控制能力，并引导学生认识、体验、控制、统一个人态度、价值观念、理想等。在这个过程中，帮助大学生提高自我意识水平，重新找回矛盾中自我意识的统一，找到理想自我与现实自我相结合的矛盾，从而解决大学生的思维成熟和社会经验不足之间的矛盾。自我意识中对理想自我与现实自我之间矛盾的认知状况，是理性认识世界与社会的心理基础。二是心理健康教育促进了儿童心理向成人心理发展的转变，帮助他们逐步放弃儿时对社会的评价标准，强化成人标准的评价取向，增强其社会化角色的确定性。

2．为人才奠定智力素质的基础

智力素质是指用于实现人的全面发展，实现人生主要目标的智慧，它可以使个人在综合发展的基础上采取相应的行为。心理素质的水平和发展也影响着智力素质的发展。一方面，它为创造智力提供了必要的逻辑思维和推理能力；另一方面，它为智力素质的培养和训练提供了积极的情感保护。

（1）心理健康教育为大学生创造性思维的发展提供了信心、动机和科学的逻辑思维能力。创造性思维是21世纪顶尖人才能力和素质的体现，心理健康教育从三个方面为创造性思维能力奠定了基础，实现了顶尖人才的展示。首先，心理健康教育是基于大学生的心理特

点，帮助他们处理自我意识中的自我管理、自我激励，在全面了解自己的基础上发现自己的长处，并获得其他人的肯定和支持，以增强自信心，在培养和塑造创造性思维能力中获得自我激励。其次，心理健康教育引导大学生了解自己、征服自己、超越自我，明确培养创造性思维和能力的动机和目的，学会用积极情绪增强创造性思维和能力。第三，心理健康教育从多角度、多层次帮助大学生用辩证思维对待事物和问题，在尊重法律的基础上打破惯性和定向思维，并将心理训练、思维训练或头脑风暴的内容作为其中之一，它是提升大学生创造力的重要力量。

（2）心理健康教育为大学生的智力发展提供积极的情感保护。积极情绪是提高智力质量的基础。它可以帮助人们在智力发展中监控和区分自己和他人的感受和情绪，并利用这些信息来指导他们的思考和行动。心理健康教育可以帮助大学生适应社会环境，增强自尊，减少问题行为和焦虑情绪，以积极的应对方式处理工作和生活中的问题和困难。同时，生命意识教育是在心理健康教育、生活质量改善教育中实现大学生正确面对压力和挫折目标的，具有充分的社会价值感也有助于大学生在各种环境和事件引发的极端情绪状态下保持客观、理性、乐观心态，调节极端情绪，防止行为的偏差。可以看出，心理健康教育为塑造高质量的情商提供了抗压和情绪控制的基本支持。

3．为塑造健康人格的非智力因素奠定基础

人格是心理特征的整合、统一，是一个相对稳定的结构组织，并影响人在不同时间、不同地域下的隐性和显性心理特征和行为模式。大学生健全的人格包括和谐的人际关系、良好的社会适应能力、乐观的生活态度、良好的情绪控制和创新能力。可以看出，一系列非智力因素，包括建立健康的自我理解、情绪情感的合理表达、形成良好的人格心理素质，已成为塑造健康人格的基本支撑和动力。

（1）心理健康教育可以提高大学生的情绪和情感控制能力，增强他们在非智力因素中的情感交流能力。通过培养和引导大学生掌握自己的资源，可以合理分析消极情绪产生的原因，调节情绪状态，保持积极乐观。通过培训形成大学生正确自我认知的健康心理状态、积极的情绪状态和良好的人格心理素质，这是塑造健康人格所必需的情感基础。只有在积极健康的情绪状态下，大学生才能以正确的态度看待社会，在社会中担当适当的角色，并充分发挥作用。

（2）心理健康教育有助于培养大学生良好的心理品质，为健全人格的塑造奠定基础。通过大学生健康心理的培养，为个体心理素质的提高打下良好基础，锻炼大学生意志，弘扬和激发勤奋精神，激发和引导积极健康的生活态度，增强学习和工作的动力，培养良好的生活习惯和强大的社会适应能力。这些非智力因素是个人在现代社会中生存和发展的必要能力，它们可以帮助大学生抵御在现代社会发展中遇到的挫折和压力，实现高效、积极的人际情感交流，形成健全人格。

## （三）激励大学生开发潜能的积极性

大学是素质发展的重要时期，这一时期的人具有很大的发展和完善潜力。然而，大多数大学生并没有意识到他们自身存在的巨大潜力，不太了解自身潜能的无限性和可塑性。心理健康教育可以洞察和指导大学生潜能的发挥。一方面，它引导大学生充分了解和理解他们的潜能，并引发发展潜力的动机。另一方面，它创造了一个健康的人格，并创造了积极发展潜力的心理状态。全面系统地介绍和培训潜力，可以刺激其发展。因此，心理健康教育不仅可以帮助大学生解决自身发展中不可避免的客观问题，而且可以指导和激发大学生更多更深层次的发展动力，即激发大学生开发潜能的兴趣和动机。

1. 心理健康教育涉及大学生潜在发展的精神要求

心理健康教育将大学生的潜能开发从被动转变为主动，促使大学生成为他们潜能的主人。在心理健康教育的直觉和感性实践中，引导学生动脑，掌握自身的兴趣和心理特征，探索个体潜能，开发奥秘，并将涉及个人利益的实际问题与生活尽可能结合起来。潜在的发展和兴趣的强大力量带动学生，让学生接近并感受潜在发展的可行性和可靠性，并“积极唤起他们的怀疑”，调动大学生的注意力和发展他们潜力的积极性。

2. 心理健康教育使大学生对发挥潜能的可能性和方法充满信心

基于心理学、教育学的研究成果，我们安排科学合理的潜能开发培训，利用学生的潜在发展经验和效果，展现潜力及其巨大价值，从而激发大学生的发展潜力。可以说，心理健康教育综合系统地介绍和培养潜力，不再局限于解决大学生成长过程中遇到的基本质量问题，而是激发了发展潜能，提升他们促进自我发展的兴趣。

3. 塑造健康人格，营造积极的心理发展潜力

积极的心理状态是发展潜力的重要影响因素，它有助于激发潜能。它促使学生以积极乐观的心态适应社会环境，以客观和现实的态度处理个人需求与现实之间的关系。这种关系可以创造有利于发展潜力的生理和心理环境，最终实现高发展潜力。

心理健康教育致力于塑造健康人格，健康人格有助于克服身心困难，让生活充满乐趣，正确认识自身人格的不足和优势，正确对待发展潜力的全过程，保持积极向上的心理状态。首先，心理健康教育关注大学生人格发展的个体差异，引导大学生探索和发展其固有的人格特征，促进每个学生找到自己的个性和特长。引导大学生在自己的人格特征方向发展潜能，努力实现潜在发展的效果。其次，潜力的发展需要由高度积极的精神力量和内在动力驱动。这是一项创造性活动，也是一项非常艰难的探索过程。塑造健康人格的心理健康教育是承受各种困难的基础。几个月、几年的潜在发展过程无法后退，健康的个性有助于大学生在这个过程中抵御挫折，忍受寂寞。在潜在发展的过程中，心理健康教育可以让大学生打开眼界，认识自己，建立自信心，保持乐观积极的心理健康状态，并始终在展示潜力方面发挥推动作用。因此，塑造健康人格的心理健康教育不仅要实现自己的教育目标，还要为发展潜能创造积极的心理状态。

# 第三节　大学生心理健康教育的内容和原则

## 一、大学生心理健康教育呈现良好发展态势

近年来，我国大学生心理健康教育的研究和实践在数量和质量上都有了很大提高，逐步走向专业化、规范化和综合化，这是大学生心理健康教育研究的一大历史性进步。

### （一）心理教育理论研究日渐丰富

进入20世纪80年代以来，我国一些高校着手对大学生心理健康教育进行研究，历经几十年的探究，逐步走向丰富和完善。近几年来，党中央和各级教育单位分别提出了一系列加强和完善大学生心理健康教育的办法和条例，得到了全社会的广泛重视、集体认可和一致好评，大学生心理健康教育开启了全面发展的新征程。

21世纪以来，我国的学者、专家陆续开展了一些心理健康教育相关科研课题，发表的相关理论专著、论文更是不胜枚举。例如，姚本先撰写了《学校心理健康教育——理论研究与实践探索的整合》（2008）；王银兄撰写了《高校大学生心理健康教育存在的主要问题及对策研究》（2011）；陈方、李小光撰写了《现代学校心理健康教育与原理应用》（2014）；卞西春、李淑娜编写了《大学生心理健康教育》（2014）；王道阳撰写了《学校心理健康教育课程原理与操作》（2014）；等等。这些研究成果对于准确、真实地评估我国大学生心理健康状况有着重大意义，也为心理健康教育工作有关方针政策的制定提供了理论和实践依据，有助于提高心理健康教育事业的科学化和制度化水平。此外，建立了能够促进心理健康教育更加专业、规范发展的相关机构。全国大学生心理辅导与教育学术研讨会相继召开，社会、政府和高校有关心理健康教育的讲座、论坛、宣传活动陆续进行。这些学术性理论研究和实践探索更好地促进了高校心理健康教育的普及和完善。同时，大学生心理健康教育相关的研究课题和实践活动更是数不胜数。如郑日昌、郑和均、姚本先等学者分别主持一批心理健康教育重点课题。北京师范大学郑日昌教授主持的“学生心理健康教育研究问题”、安徽师范大学张履祥教授主持的“优化学生心理素质结构，全面提高基础教育质量”、姚本先教授主持的国家社科基金项目“思想道德建设视野中的大学生心理健康教育模式与机制创新研究”和全国教育科学重点项目“学校心理健康教育理论体系构建研究”、林崇德教授主持的教育部重大招标课题“高校心理健康教育工作标准研究”等，它们涉及范围广、参与研究的人员多、持续的时间长、整体效率高，在社会和高校中产生了广泛而深刻的影响，为推进学校心理健康教育发挥了巨大的作用，取得了巨大的成效。

总之，近年来社会和高校的专家、学者在大学生心理健康教育方面的研究数量和质量上都出现了日益增长的态势，高校心理健康教育研究更加大步向前，显现出良性发展的势头。

### （二）心理健康教育实践活动蓬勃开展

心理健康教育是一个新生事物，任何新生事物出现之时，实践活动总是先于理论而行，从实践中来，又归于实践。自20世纪80年代以来，我国大部分高校都进行了一系列心理健康教育研究工作并举办了大量相关实践活动，有丰富多彩的内容和各式各样的形式。

党中央、国务院及教育部相继颁布了一系列文件，要求学校从大学生心理健康教育的需求出发，以自身实际为出发点，实施切实可行的教学大纲和实践活动，为大学生心理健康教育提供保障。开设专门的心理辅导课程对该工作的发展无疑是最具成效的直接实践。心理健康教育课程不仅能帮助宣传心理健康知识，也能帮助学生更好地认知心理健康教育这门学问和转变思想观念。专门的心理咨询机构、心理健康热线、心理服务电台等项目也开始兴起。高校也开展了大学生心理测量，建立大学生心理档案，同时运用多媒体如广播、电视、网络等手段来拓宽心理健康教育的途径。心理咨询机构、心理辅导班等服务环节不但为大学生提供咨询、调节、矫治的全方位服务，也为大学生提供了具有可参考意义和有价值的心理健康辅导。心理健康知识讲座也在高校中开展起来，在轻松娱乐的氛围中普及了大学生的心理学知识，该寓教于乐的教学方式深受广大师生的好评，极大增强了心理健康教育的有效性。心理健康教育实践活动日益增多，如北京大学开展了心理话剧公演、心理健康辩论赛等活动；四川大学开展了“知识、理念、阳光、训练”的复合模式，对心理辅导志愿者不断培育，使他们的专业技能转化为帮助他人的实际能力。

### （三）心理健康教育开始走向规范化、专业化与综合化

近年来，由于党和政府的高度重视，心理健康教育已经在高校成为一门新晋独立科学，开创了隐性教育与显性教育共同发展、相互促进的新局面。这说明，心理健康教育在高校内引起了高度的重视，心理健康教育专业化课程也将更好地完成高校培养高素质人才的任务。教育部成立了普通高等学校学生心理健康教育专家指导委员会，加强了政府的宏观指导和监督。此外，大部分省、市、区都相继成立了由心理学专家、学者、奋斗在一线的优秀教师组成的专家组，来保障心理健康教育的顺利实施。教育部制定和出台了相应的规划和发展纲要，由这些指导小组进行指导和协调，这样高校的心理健康教育事业得到了制度和专业性的保障，心理健康教育向着规范化、制度化方向发展。

心理健康教育的师资培训工作也顺利开展。通过组织各级教学者培训班，培养心理健康教育专业人才队伍，要求学校教师必须持证上岗，不定期地对专业教师进行定性、定量的考核，不断提高教师的专业素养和知识水平，支持和鼓励教师学习心理知识，提高教育者或辅导者的心理适应能力。心理健康教育工作开始走向专业化道路。

最后，心理健康教育的发展模式也愈发综合化。心理健康教育是由社会、学校、家庭和大学生自我教育共同构成的综合教育网。家庭和社会在大学生心理健康发展过程起着不可忽视的作用。校园是大学生学习和生活的主要场所，但可想而知，现代大学并不是封闭的，大学生心理健康问题的产生和发展与他们的家庭和社会环境有着密切不可分割关系。从大学生个体成长发展来讲，家庭教育不仅是一种启蒙教育，更是一种终身教育，不融洽和谐的家庭或者心理健康水平较低的家庭都会多少引起大学生的心理问题，成为他们的心理障碍。心理健康教育事业想要顺利开展，必须要得到高校、家庭、社会的大力配合与全方位支持，三者的有机结合才能够实现心理健康教育体系的综合优势，才能把心理健康教育的作用和影响发挥到最大程度。

## 二、心理健康教育的内容

### （一）情绪稳定教育

大学生这个年轻的群体，由于受其年龄和激素水平的影响，很多时候情绪上容易出现大起大落的情况。高校通过对大学生进行情绪稳定教育，意在教会学生如何去正确认识自身情绪的特点，教学生一些自我控制情绪和排解压力的方法，使他们意识到不良情绪并不可怕，也并不代表不健康的心理，但是需要采取积极的措施应对，保持乐观、开朗的心态对负面情绪的产生也具有积极的作用。避免因不良情绪引起的反应过度，如情绪的大起大落、心理失衡状况的出现等。情绪是大学生行为问题产生的主要原因之一，现今大学生中发生了很多过激的行为，很多是由行为失控造成的，其中有少数产生了严重后果。

### （二）认知发展教育

大学生的身体发育虽已经成熟，但心理的认知程度在很大程度上还不够成熟，学校开展认知发展教育可以帮助大学生对自身的多个方面有更清晰、全面的了解。学校也可以采取科学的方式，让大学生意识到他们存在的某些不正确的认知，并通过对这些认知的了解和纠正使自己的正确认知得到进一步发展。认知教育中最重要的内容是对学生进行学习指导，并通过指导能够较快适应大学学习的特点，科学掌握学习方法，养成自律的学习习惯，学会独立思考，具备必要的探索精神，同时学会调节自身在学习上的心理及行为，进而提高学习效率。

### （三）人际和谐教育

人际和谐教育是指教育大学生人际交往的基本知识、特点规律及其他相关内容，并通过对大学生的训练逐步对其人际交往能力进行培养，使大学生学会如何与他人和睦相处，如何有效、和谐地与他人进行沟通，并具备换位思考的能力等。这种能力具体表现为在学习生活中乐于同他人合作，掌握基本的交往技巧；懂得如何与他人保持友好、融洽的人际关系；在交往中遵循彼此尊重、互利互惠的基本原则；能够在群体中发挥自己的作用，找到自己在群体中的位置。

### （四）意志力优化教育

为了让大学生形成更加坚强的意志，高校可以对大学生进行意志力优化教育。一方面，意志力优化教育可以使大学生更好地意识到坚强的意志在自身成长道路上的重要性；另一方面，可以使大学生对自身意志力的薄弱方面有清醒的认识，并通过克服自身在意志力上的弱点，积极培养自身的意志力。

大学生进行意志力优化教育不仅可以增强其自身的调节能力、决断能力、面对挫折并主动克服的能力、遇事有较强的自制力，还可以使大学生不因偶发事件受到很大影响，逐步具备较强的意志力品质。

### （五）个性健全教育

个性健全教育可以帮助大学生形成更加良好的个性。高校通过对大学生进行个性健全教育，一方面可以使大学生了解到个性健全教育的具体内容，另一方面也可以让大学生了解到培养出健全个性人格的方式。在接受个性健全教育后，大学生能准确地对自身做出客观的评价，矫正自身的不良个性，并通过一定的训练形成积极、上进、开朗、乐观、热情、有同情心、正义感强的优良人格。个性健全教育应对全体学生进行发展性教育，同时对个别问题学生进行矫正、指导，争取做到每位学生的人格都能健全发展。

### （六）积极适应教育

高校开展积极适应教育的重点对象是大学新生，它可以引导新生更快地融入大学校园这一新环境，帮助大学生尤其是大一新生积极主动地克服自身对环境变化的不适应，并主动转换自己的学习习惯、生活习惯、社交习惯等，更好地去适应大学校园生活的方方面面，保证大学生更好地融入校园。

大学生的适应涉及了学校环境方面、学习方面、生活方面、交往方面、恋爱方面、自我心理认知和发展方面、竞争及就业方面等许多内容，一方面大学生需依靠自身努力增强其社会适应力和心理承受力，懂得如何进行自我调节及心理适应，另一方面高校心理健康教育也应起到帮助大学生提高心理适应能力的作用。

### （七）恋爱观教育

大学生刚刚成年，处于这一阶段的大学生，他们的生理已接近成熟，对爱情的朦胧和渴望也随之而来，很多大学生也开始有了对性的探索和冲动。在这个时期对大学生进行恋爱观教育是十分重要和必要的，通过对大学生的性教育可以避免大学生因为对性的困惑造成不必要的问题或麻烦，进行恋爱观教育可以使大学生对爱情的本质有更加深刻的了解，在性行为、性道德等方面树立科学的观念和行为规范。因此，高校对大学生进行恋爱观教育也是心理健康教育中的又一项不可忽视的内容。

## 三、高校心理健康教育的原则

### （一）主体性原则

全体大学生是高校心理健康教育的对象，大学生是整个心理健康教育过程中的主体。迄今为止，各高校日益重视大学生身心的和谐发展及素质的全面提高，并通过多种途径，采取各种形式对大学生开展心理健康教育。大学生作为教育的主体，通过不同的教育方式，其目的是为了使大学生的心理持续健康地发展，不断改进大学生的心理健康状况。心理健康教育更主要的是需要依靠大学生自身主动的认知自我，接受心理健康教育辅导，具备完善自我的意识等。因此，大学生自我发展的主体性应得到尊重。

### （二）协调原则

高校心理健康教育工作不单是某个高校、某个社会机构、某个学校部门或某个人的事情，它是每一所高校都必须开展的一项工作。通过多个高校以及高校心理健康教育部门之间联合的方法，一方面可以更好地交流经验使得心理健康教育工作水平进一步提高，另一方面还可以使得教育资源在高校间、部门间、社会机构间得到共享，有利于心理健康教育的良性发展。协调原则也包括了家庭、社会和大学生自身努力的协调。

### （三）点面结合原则

每一名大学生的心理健康状况、心理健康发展水平是不相同的，因此在进行心理健康教育时的侧重点也不尽相同。少数大学生可能存在着严重或较为严重的心理疾病和心理障碍，需要更进一步进行辅导与教育；有些学生可能是一时轻微的心理消极反应，进行及时的辅导便可以解决问题；而对于更多的大学生来说，他们需要最多的是心理健康的知识。高校在对大学生进行心理健康教育时需要注意点面结合的原则，既要加强对全体大学生的心理健康教育，也要做好对少数存在问题学生的教育与辅导。

### （四）尊重与理解相结合原则

各大高校积极开展的高校心理健康教育，对大学生的心理健康来讲，是非常必要和重要的，在开展过程中应始终坚持尊重与理解相结合的原则。因为只有尊重和理解，才会赢得大学生的信任，才能更好地与大学生进行沟通与交流，有利于增加师生间的感情，为心理健康教育工作创造有利条件。此外还需注意，切不可把学生的心理问题与思想问题混为一谈。

### （五）积极培养和早防范相结合原则

对不同情况、不同问题的大学生在进行心理健康教育时应有所不同，并坚持积极培养和早防范相结合的原则。绝大多数大学生在当前是没有严重心理疾病或心理问题的，所以对于绝大多数的大学生，教育的重点应是教会大学生培养自身具备保持心理健康的意识，塑造良好人格并不断优化，预防心理疾病和不良心理问题的发生，随之开发大学生的心理潜能，使大学生的心理健康状况向更高层次、更和谐的方向发展。而对于已经存在心理问题、心理障碍的大学生，教育的重点应放在帮助其克服不健康心理上，用教育、引导等手段使其向积极的方向转变，使得这部分大学生适应现实生活。

# 第四节　大学生心理健康教育的可行性和重要性

## 一、大学生心理健康教育的可行性

培养全面发展的高素质人才是时代赋予高等学校的历史重任，其核心是加强大学生的素质教育，培养社会主义合格建设者和可靠接班人。从培养什么人才、如何培养人才的视角着手，我们不难发现，大学生心理健康教育是目前高等学校面临的迫切而艰巨的历史任务，是高等教育目标实现的关键。

### （一）培养社会主义合格建设者和可靠接班人的迫切要求

培养社会主义合格建设者和可靠接班人，要求当代大学生既要有崇高的共产主义理想，坚定的政治信仰和良好的道德素养，还必须具备建设社会主义强国的本领。当前，我国的改革开放正进入攻坚阶段，经济建设进入调整结构的转型期，急需大批政治素质高、思想观念新、掌握现代科学技术知识的建设者和接班人。在这样的背景下，培养社会主义合格建设者和可靠接班人就显得更加紧迫。

#### 1. 心理健康教育是提高大学生政治素质的必要途径

政治素质是社会成员对国家公共权利及其行使过程的态度取向和相关参与能力，具有较高的政治素质是大学生在未来发展中为社会和国家做出贡献的政治保证。心理健康教育从以下两个方面为提高政治素质提供了必要条件。

（1）积极有效地帮助大学生协调和平衡成长过程中的心理发展矛盾，增强独立的政治意识。例如，刚进入学校的新生必须经历他们对父母的依赖与独立之间的矛盾。在心理健康教育的介入和指导下，使学生认识到他们原有的心理状态和思想认识不再适合新的环境，依赖心理和自我中心的思想状况不被当前环境所接受，从而激励大学生找到改变现状的途径，以客观和理性的方式认识自己，表达自己的思想和政治诉求。

（2）心理健康教育引导大学生实现政治社会化。大学生政治社会化是个体大学生和社会政治群体的政治价值取向、政治态度、政治和情感互动，学习政治知识、行使政治能力、培养政治素质的过程。政治共同体也是一个文化共同体，更是一个群体心理学共同体。大学生对党的发展和中华民族的发展有了更广泛的认识和影响，并与社会政治制度紧密结合，获得更广泛的社会理解、认同和支持。因此，大学生在心理健康教育课中获得的政治意识形态和国家发展战略的情感认识，将在很大程度上决定国家政治、社会的稳定和发展。从目前的情况来看，随着全球化进程的加快和中国改革开放的深入，各种思想都在侵蚀着我们年轻的大学生，大学生对我国政治的认知存在很多困惑和误解。心理健康教育应该帮助大学生在认知和情感上认识到现行政治制度的合法性，并产生对参与政治生活的渴望。这样，未来的大学生才可能成为社会主义政治文化的继承者和创新者。

2．心理健康教育是培养创新思想的必要措施

创新思想和观念并没有完全颠覆已有的思想观念，而是体现在以下两个方面：一是解决旧观念中的问题，提高思想品质；二是发展积极价值观，践行核心价值观。

（1）心理健康教育通过有效引导和解决心理问题，解决与心理问题交织在一起的思想问题。大学生成长和发展中的思想问题往往与心理问题交织在一起，心理健康教育可以帮助大学生在心理辅导和教育过程中实现社会主义认同。有道德、有文化、有纪律的公民道德素养为提高大学生的思想道德素质指明了方向。可见，心理健康教育已成为大学生思想道德建设和素质不断提高的检验标准。它不仅有助于大学生健康心理素质的形成和发展，更重要的是，它可以为提高大学生思想道德素质奠定基础。心理发展的基础为解决思想矛盾和问题提供了必要的准备，为社会主义合格建设者的培养提供了强有力的思想道德素质保障。

（2）心理健康教育通过培养积极健康的心理素质，为大学生社会主义核心价值观教育提供健康、向上的情绪和情感动力，使他们以正确的态度面对社会发展的挫折，以坚定的社会主义核心价值观和稳定积极健康的情感动力面对社会矛盾。心理健康教育有助于大学生以乐观积极的心理状态应对各种失败和挫折，形成更好的情绪调节能力。这样的心理健康状态之下大学生能够更加正面地理解、认可和接受社会主义核心价值观的内涵，不以少数社会不良现象以偏概全，不以少数糟粕思想全面否定传统文化的精髓，不以少量个人利益的牺牲否认社会价值的存在，客观合理地面对国家、社会、公民的价值，用正面的力量指导自己的言行。这是以心理健康为标准来评估他们是否具有坚定的社会主义核心价值观，以及通过心理健康教育培养社会主义核心价值观的重要意义，也是心理健康教育促进社会主义核心价值观培养的必要措施。

3．心理健康教育是培养大学生掌握现代科技知识的必要手段

21世纪要求大学生结合创新思维和社会实践，勤于学习，善于思考、探索，敏感创新，激发好奇心和求知欲，在打好知识基础的前提下，提高创新思维能力，不断理解和掌握真理。这要求大学生对现代科技知识充满渴望和心理需求，对新事物敏感，执着追求真正的知识，而这些品质离不开心理健康教育。

（1）心理健康教育为大学生充分掌握现代科技知识提供了创新的精神动力。创新先进科技知识的好奇心和动力源于对个人发展和自我实现的高度追求，追求全面发展和自我实现是健康人格的基本体现。换句话说，人们对现代科学技术知识的追求是他们自我实现和全面发展需要被激发的特征，是他们发挥自身能力的最佳状态。因此，心理健康教育通过激发大学

生自我实现和全面发展的需要，为培养不懈追求现代科技知识的精神提供了支撑性环境。

（2）心理健康教育创造了坚毅的个性和心理品质，提升了获取现代科技知识的能力。充分的好奇心和创新精神只是具有展示才华的内在品质，能否产生社会价值和个人价值需要实践能力。它可以将掌握现代科技知识的潜力转化为社会效益，从而实现社会发展进步。心理健康教育为从业者培养了乐观进取的个性品质，为实践的实施提供了充分的动机和理性的情感调节，并提供了在实践遇到挫折时克服困难的意志品质；帮助大学生充分了解自己在现代科技知识的实践和学习活动中的变化和发展，承受住困难和磨难的心理压力，平息狂暴或激动的情绪，坚决投入实践，从而实现现代科技能力不断提高。

### （二）大学生心理健康教育是提高育人质量的保证

培养人才是大学的基本职能，提高大学教育质量意味着通过新的努力来满足新的需求，创造新的价值，有必要明确质量改进的目标和途径。加强大学生心理健康教育，全面实施科教兴国战略和人才强国战略。一方面，它着重于塑造大学生的身心健康，满足提高大学教育质量的基本要求；另一方面，提高大学生的心理素质，应是改善大学教育质量的基本途径。

1. 塑造身心健康是提高教育质量的基本要求

提高教育质量的目的是培育有理想、有道德、有文化、有纪律的健康人才。可以看出，随着社会经济的发展和社会竞争的日益激烈，培养社会主义合格的建设者和身心健康的可靠接班人已成为高校教育的根本目标。身心健康是学生获取知识和技能的基础，也是学生全面发展智力的基础。品格、能力、创新精神的塑造也必须通过身心健康的支持来实现。一方面，心理健康教育已经成为整个大学生活中不断的需求，并已成为确保大学学习和生活质量的必要条件。心理健康教育从大学生心理发展问题入手，帮助大学生解决身心健康问题，为大学生不同阶段、不同时期的综合发展提供健康的身心保障。例如，帮助低年级大学生解决心理断奶期的困惑和问题，帮助高年级学生充分了解生理成熟和心理成熟的发展，然后稳步向独立和成人意识发展，促进人格发展的稳定性，并提升情绪认知、意志和其他方面的成长和进步，增加挫折感和压力承受能力。另一方面，它还旨在提高特殊群体大学生的心理素质，确保每个学生的教育质量。例如，一些独生子女受到家庭和特定生活环境的客观影响，他们很容易陷入心理不健康的状态。一旦他们的自尊和自我实现要求得不到满足，他们就会有情绪波动，轻者悲伤、颓废，重者离家出走，甚至毁了自己，这一特定群体的大学生的教育质量从根本上反映在心理和行为的社会化，以及健康人格和心理素质的提高上。心理健康教育通过营造积极健康的乐观心理氛围，提高思想认识，采用科学训练方法，探索自律，促进身心健康。了解他人，了解社会，以显示社会、他人与自身危机的密切关系，通过心理咨询和同伴咨询，以解决心理危机，拯救生命，促进身心健康发展。因此，保证每个大学生的生命价值和身心健康，也是提高教育质量的保证。

2. 心理健康教育是实现教育人才素质内涵发展的基础

育人质量的提升要朝着内涵式方向发展，必然要提炼校本精神，注重大学生的可持续发展，创新课堂教学，提高教师素质。心理健康教育将积极健康的学校心理氛围注入校本精神，为大学生可持续发展提供健康、个性化的心理素质，为课堂教学提供新颖的学术辅导模式，引导师资队伍素质全面发展。

（1）心理健康教育营造积极健康的心理氛围，培育健康向上的心理素质。在大学生成长过程中，心理健康教育不仅使其心理认知过程合理化，而且使学生乐于学习和接受新知识，努力实现学生在成长过程中探寻与世界接触的最佳途径。在校园内营造一种倡导健康人格、追求个性心理素质和社会发展的校园精神和文化氛围，充分整合大学生自身发展与价值实现，以及对校园精神的追求，充分调动内在需求和动力。

（2）心理健康教育指导教师的教学和素质提升朝着生活化方向发展。一方面，心理健康教育正在创新教学方法。基于教育学、心理学和思想政治教育咨询、咨询和教学方法等最新研究，指导教师在生活化方向上创新教学模式和方法。例如，心理健康教育学辅导、角色扮演、沙盘游戏等，直指人类的思维和成长，让学生体会社会人际氛围，让学习知识并得以成长，专注对每个学生的心理感知实践全面发展。另一方面，心理健康教育作为全体教师的义务，肩负着引导大学生在日常生活中健康成长的责任，从而促进和引导全体教师提高心理素质和心理教育能力。每位教师都必须具备塑造积极和强大心理素质的能力，提高人文关怀和心理咨询的质量和能力，引导教师的素质全面发展。

## （三）大学生心理健康教育是促进其自身发展的内在需要

在新时代，大学生应具有鲜明的个性特征和广阔的视野。他们强烈希望发展自己的能力和素质。在如同小社会这样的大学校园里，出色的表现是他们渴望发展和实现社会需求、尊重需求和自我需要。因此，大学生对心理健康教育有着强烈的内在需求。他们必须从心理健康教育课堂和实践活动中获得学习和生活的目标，激发从心理健康教育到心理素质全面发展的动力。

### 1．实现在大学阶段成长的目标需要进行心理健康教育

年轻人进入大学最重要的是满足学习科学、文化知识的需要，提高他们的专业水平。同时，实现社会转型也是大学生的一项重要内部需求。大学是社会集中学习的最后阶段，大学生必须在此阶段完成社会人的能力和心理素质的转变。因此，他们必须认识到心理健康教育中专业学习和社会生活的内在需求，促进自身发展。

（1）从专业学习的发展需要来看，心理健康教育提供了积极和良好的学习动机。心理健康教育引导和激发大学生的积极性，通过寻找知识来探索真理，使学习活动在一定的方向上继续。同时，心理健康教育以健康的学习动机帮助大学生面对学习生活，保持生活的好奇心，探索学习中的各种问题，促进大学生学习目标的实现，满足他们获得专业知识和能力发展的内在需求。

（2）从实现社会生活发展需要的角度出发，心理健康教育为适应社会人际环境、塑造社会认同的心理素质提供了必要的帮助。人际交往是社会生活中非常重要的一个方面。它反映了大学生在社会的爱和归属方面的发展，包括被爱和爱他人，结交朋友，保持和谐的人际关系，被团体接受，有归属感等。这是大学生进入一个陌生的校园环境后的一个紧迫的发展需

要。它还能够促使学生适应不熟悉的环境，建立适合自身发展的人际环境。这是大学阶段最紧迫、最重要的人生目标。正如大学生所期望的那样，心理健康教育可以帮助学生了解他们的人际关系，鼓励他们反思朋友和朋友的素质，帮助他们建立适当的友谊，为获得良好的社会友谊奠定基础。同时，要培养大学生与他人互动所必需的心理素质，提高他们学会解决冲突的策略，正确处理和应对各种人际关系，最终促进大学生社会生活目标的实现，以满足其逐步社会化的内部发展需求。

2．激发全面发展的持久动力需要进行心理健康教育

综合发展是大学生学习和成长的终极目标，也是大学生最长久最核心的内在需求。全面发展和自我实现是人类的最高发展目标。它们是社会中人类最高价值的体现，最和谐、最完美的状态是每个人的生活追求。心理健康教育主要从两个方面促进大学生持续全面发展。一方面，心理健康教育帮助大学生尝试了解自己，发掘潜能，发现身心发生变化和成长带来的能力，帮助大学生充分体验全面发展的快乐。另一方面，心理健康教育显示了大学生的全面发展和自我实现。这就像是一次“巅峰体验”，让人感到兴奋，吸引了大学生的兴趣，不断投入到自身可持续发展的进程中。总之，心理健康教育是为了满足大学生追求全面发展的内在需求，有效地帮助大学生在个人心理素质方面保持全面发展，为大学生全面发展提供必要的精神动力支持。

## 二、大学生心理健康教育的重要性

现代社会把心理素质作为人才和大学教育评价的重要标准，因此，心理健康教育起着重要作用。它不仅成为思想政治教育的重要课题，也是提高大学生心理素质的必要条件。心理学是实现大学教育目标的前提。

大学生心理健康教育作为高校思想政治教育的重要任务体现在两个方面：一是承担高校思想政治教育工作，成为高校思想政治教育工作的重要环节。二是承担高校思想政治。教育责任，促进大学生思想政治素质的提高。

1．开展大学生心理健康教育是完成高校思想政治教育工作的重要内容

大学生心理健康教育在理论和实践上积极为高校思想政治教育服务，已成为教育人才的重要环节。

（1）心理健康教育必须服务于思想政治教育。人类发展的最高形式是“以个人全面发展为基础的自由人格与社会共同生产能力作为社会财富的结合”。思想政治教育旨在培养人才的全面发展，也一样要注意人格的发展。一方面，思想的发展离不开心理的成熟、兴趣和爱好、气质和性情、积极的活动等，它们为健全生理、心理基础的形成和稳定提供了客观和理性的认识。心理健康通过培养和发展认知、情绪、气质和其他方面综合素质，实现思想政治教育全员生活指导心理成熟的基本准备。另一方面，心理健康教育塑造了大学生独特的个性品质和健全人格，凸显了社会主义社会规范行为和健全人格在育人中的重要作用，符合思想

政治教育的突出理想和观念。心理健康教育也侧重于塑造合格的建设者可靠接班人，而不是那些具有杰出技能的缺乏个性的人。

（2）心理健康教育已成为推动大学生思想政治工作，协助教育工作者开展思想政治工作的有效途径。《关于进一步加强和改进大学生思想政治教育的意见》充分肯定大学生心理健康教育是新形势下扩展大学生思想政治教育的有效途径。爱国主义与民族精神教育在实践中逐步显示出丰富的内涵和功能，用心理健康教育解决学生思想问题的根源，已成为完成思想政治教育任务的重要途径。《普通高校辅导员队伍建设规定》也明确要求辅导员开展思想政治教育中的日常心理健康教育，引导学生培养良好的心理素质，辅导员的工作是引导大学生的心理健康和心理素质提高，从而使大学生自尊、自爱、自律、自我完善的工作任务。此外，《学院辅导员的专业能力标准》还将心理健康教育相关知识和技能纳入辅导员开展思想政治教育的基本能力，成为支持思想政治教育的必要专业基础理论、知识和方法。可以看出，心理健康教育在思想政治教育中的重要性得到一致肯定。

2．心理健康教育承担着促进大学生思想政治素质提高的重要任务

如今，大学生的思想问题不再是一个简单的政治和道德问题，它经常与心理问题交织在一起，甚至是心理问题的明确表现。因此，心理健康教育已成为思想政治问题的突破口，也是道德问题的切入点，承担着促进大学生思想政治素质提高的重要任务。

（1）心理健康教育肩负大学生思想政治素质内化和外化的任务。思想政治素质是一种相对稳定的心理特征、思想倾向和政治行为习惯，在形成和促进时有两个内化和外化的过程。大学生思想政治素质的内化过程是社会发展和政治思想的选择、分化、融合、适应过程，包括感觉和认知、分析和理解、选择和接受等阶段。这些阶段也对应于大学生的心理过程、心理健康支持和心理健康教育。同样，大学生思想政治素质的外化也是将已形成的思想政治信仰转化为其思想政治行为，包括行为动机、行为选择、行为实施、行为习惯等阶段。这个过程也需要在大学生健康心理活动的情形下实现。它受大学生心理健康状况的制约，从而也受受大学生心理健康教育的制约。这表明大学生心理健康教育制约着思想政治素质的提高。前者的发展和进步对于促进大学生思想政治素质的提高具有重要意义。例如，心理健康教育消除了大学生反社会人格障碍的心理问题，也有助于消除以自我为中心的自私和冷漠的思想和行为特征，防止大学生表现出思想政治素质和与社会主义建设相矛盾的行为。

（2）心理健康教育肩负稳固思想政治素质的任务。没有心理健康教育的支持，大学生心理的迷茫和困惑将加速思想政治素质的下降，动摇思想和信仰的基础。社会关系不适等心理价值会影响大学生对自身和社会的科学认识，然后表现出理想的淡化、信仰被动摇、社会道德和责任感缺失、价值取向倾向于功利主义和其他思想道德方面问题。这些问题也必然会动摇大学生的思想政治素质和行为表现。例如，靠近党组织作为实现个人利益的手段也将导致对党的功利性理解。同时，大学生在生活发展中也面临许多实际困难，这些困难造成的心理影响，如果缺乏科学的指导和教育，也会积累不良的情绪和心理问题，导致他们的思想道德

素质下降。因此，心理健康教育有助于大学生确认自我价值，为实现大学生思想政治素质的稳定提供必要的支持。

### （二）大学生心理健康教育是提高心理素质的要求

心理素质是中国素质教育中提出的本土化概念。基于个体的生理条件和现有的知识和经验，它将外部获得的刺激内化为稳定的、基本的、衍生的并与个体的适应和创造行为密切相关的心理品质。提高心理素质是大学生心理健康教育的主要目标，需要长期的系统和专业教育来引导，大学生的心理健康教育应运而生。

1．心理素质的科学体系的培养需要提高大学生心理健康教育的地位

大学生的基本素质包括身体素质、科学文化素质、思想道德素质与心理素质。相对而言，传统教育更注重前三个素质，心理素质的培养一直被忽视。事实上，心理素质与前三个素质有许多相似之处，它是人才培养的基本素质之一，是青年发展中大学生素质的系统展示。在不同的青年时期，大学生的心理发展将经历不同的过程，例如青少年早期对友谊的极度渴望、对家庭的依赖，在青年中期对亲密人际关系的需要，以及所追求社会角色的成功转型等。不同时期心理发展的成熟与心理素质的提高自然有关，这一系列不同阶段的不同心理发展和心理素质的提高并不是一种方法可以实现，这需要在科学、专业、系统的教育指导中有效实施。这就要求要对大学生心理健康教育充分重视，提高大学生心理健康教育的地位。

在实践中，大学生心理素质的科学系统培训确实在提高大学生心理健康教育现状方面取得了一定的进展。改革开放初期大学生心理健康教育处于自发组织、自发行动的状态，它的科学地位刚刚得到认可。大学没有一般的心理健康教育课程，只是通过哲学和社会科学课程和社会实践活动，才会有一些零星的教学和培训来提高心理素质。但是，这种教学和活动缺乏高度的科学性和系统性，不利于提高大学生的心理素质。在大学生心理健康教育得到党和政府的大力支持之前，教育教学和活动的现状得到了充分肯定，大学生心理素质的培养进入了科学体系的发展阶段。特别是《关于进一步加强和改进大学生心理健康教育》等系列文件的相继出台，各高校都将心理健康教育纳入人才培养工程，提升了教育质量，继承了民族文化的进步，探索了大学生，最大的身心潜能，注重培养自尊、自爱、自律、自我提升等良好的心理素质，提升大学生克服困难的心理素质。可以看出，大学生心理素质的科学系统培养需要充分肯定和不断提高心理健康教育的地位。

2．提高大学生心理素质需要提高心理健康教育质量

大学生心理素质的提高应以科学的标准和机制为基础，走向规范化、科学化。只有这样，大学生心理素质的提高才能从经验升级到理论，再从理论升级到科学，最后从科学升格到模式和制度。这对于认真学习和把握心理健康教育规律、提高心理健康教育水平、完善心理健康教育机制和制度、确保其质量快速提高至关重要，心理健康素质的提高最终要求大学生心理健康教育向高质量的方向发展。在改革开放以来的实践中，大学生心理素质因心理健康教育的推行确实发生了变化，但仍然需要并不断提高心理健康教育的质量。在改革开放初期，随着拜金主义、享乐主义、个人主义等不良现象的出现，以及心理健康教育质量低下，这些消极因素得不到很好的控制，学生在观察了解生活和社会过程中产生了从未见过的混乱

和困惑。一项全国范围的调查显示，超过1/5的大学生存在心理问题。大学生自杀和凶杀等极端事件也成为困扰社会的问题，如刘海洋的硫酸熊猫事件、云南大学马加爵谋杀案等。在此之后，质量逐步提高的大学生心理健康教育为学生的心理发展提供心理辅导和援助，以社会进步的方向审视自己，以民族文化认同的情感回归社会，看待生活，让大学生在社会发展方面表现出心理上的改善。他们中的大多数人在激烈的学习和社交竞争中表现出强硬的品格，并能充分展示自己的才华。他们不仅顺利毕业，而且还赢得了适合自身发展的职业和工作，有的还积极参与国际竞争，出国留学并在跨国公司工作的大学生正在经历快速发展。心理健康教育质量提高的直接效果是大学生心理素质的提高。

### （三）大学生心理健康教育是营造集体心理的必备条件

集体心理是指集体成员在参与集体活动过程中形成的整体心理氛围。集体心理是集体的一个重要特征。集体心理包括集体需求、利益、意见、情绪、信念、动机、传统等，其中最重要的是集体利益和集体情感。大学生心理健康教育是建立集体心理的必要条件。

#### 1．为集体心理的发展奠定心理素质和归因价值的基础

高质量的心理素质是集体心理发展的前提。集体心理的发展需要健康积极的心理素质，尤其是集体合作意识和集体压力管理的心理素质，以使大学生在意识和认知层面上具有集体意识，尽最大努力争取集体目标。心理健康教育在培养和塑造健康积极的集体心理中起着不可替代的作用。一方面，心理健康教育有助于培养大学生积极向上、对他人友好、合作竞争、自信独立等集体心理素质，让大学生在感性和理性上获得集体心理意识。另一方面，各种心理健康教育方法也为大学生创造了提高集体心理素质的环境。大多数心理健康教育课程和活动都是在集体氛围下进行的，不仅有标准化、系统化的团体心理咨询模式，而且还以集体团队辅导和教育的形式整合学生的心理发展问题。许多培训任务专门针对集体心理素质培训，如团队中人们之间相互信任的培训、分享个人经验和集体培训中的美好时刻、如何在集体培训中正确表达思想观点。这些任务的开发使学生能够以积极、健康的态度参与集体活动、协调集体关系、维护集体利益。因此，心理健康教育具有一套集体心理发展的心理素质训练模式和训练方法，已成为大学生集体心理发展的有力保障。归因价值是集体心理发展的基础。心理健康教育为培养大学生集体归属的集体价值奠定了基础，创造了集体所必须拥有的集体归属感。培养大学生的集体归属感是为集体心理的发展奠定基础。大学生心理健康教育通过课程、活动，搭建人与人之间的言语和非言语交流的桥梁，增强情感交流，分享经验和教训。随着人际交往与情感活动的频繁接触，大学生逐渐从自我中心转向主动融合。在这个过程中，他们尊重个体差异，建立诚实和互信，从而改善集体人际关系，最大化个人价值和集体价值，并融入集体与个人共同成长的情感状态。

#### 2．创造必要的心理调节能力，调和集体价值观的冲突

集体的存在有其独特的关系模式、情绪需求、标准规范、价值取向，集体中的每个成员也具有不同特征的表达方式、情绪需求、价值标准、目标方向。因此，个人与集体之间、集体与集体之间、个人与个人之间的差异使得价值冲突与矛盾不可避免地发生在集体中。如何解决集体矛盾，如何处理与集体其他成员的关系，如何调整集体价值与个人价值之间的矛

盾，如何在集体矛盾等中找到自己的定位和价值，是否能在集体中长期发挥自身价值并得到集体的肯定。要解决以上问题就要求大学生具有一定的集体冲突调节能力，解决集体矛盾的能力，以及在集体中调节个人心理状态的能力。心理健康教育中的自我意识、个人成长、情绪调整、人际关系、学习能力和专业素养等主题都将渗透和整合个体价值与集体价值之间的关系，通过实现集体价值来实现个人价值。同时，在教育活动、群体辅导、扩展训练等方面，大学生还可以亲身体验群体中的人际交往、心理共享、个人幸福和集体幸福。一方面，通过了解个体与集体价值矛盾的形成过程，科学地理解冲突的存在和解决意识中的矛盾，与集体学习更多的共识，从而解决冲突，实现集体价值观的心理调和意义。另一方面，通过指导自我发展和社会人际关系的协调，我们在情感和行为中客观地将学习、表达和沟通等技巧表现在集体价值矛盾中。可接受的情绪和行为，是对调解和解决集体价值冲突的最大肯定。可以看出，心理健康教育为调节情绪与行为冲突的心理调节能力奠定了基础。

# 第二章
# 大学生心理健康教育面临的挑战

## 第一节　大学生心理健康教育发展的回顾

### 一、大学生心理健康教育的恢复阶段（1978—1993年）

#### （一）大学生心理健康教育恢复阶段的背景

改革开放是一项伟大而艰巨的社会改造工程，它无疑对社会大众的心理承受力是一个严峻的考验。因而，改革开放对大学生心理健康提出了新的要求，教育界也开始普遍关注大学生心理健康教育，心理咨询等心理健康教育活动也受到重视。

*1．改革开放对大学生心理健康提出了新的要求*

改革开放起步以后，社会节奏不断加快，人际关系日益复杂，价值观念日趋多元化。在社会观念交替和激烈心理碰撞中，心理发育尚未完全成熟的青年大学生出现了两个方面的心理问题，相应地对心理健康教育提出了两个方面的新要求。

一是盲目自信和盲目依赖的躁狂、偏执心理问题。这部分大学生对改革开放取得的成绩和发展盲目自信和乐观，“一改就富，一包就灵”“改革就是带来更多的挣钱机会”等简单化的改革观成为左右大学生思想和情绪的导火索。他们对改革缺乏理性思考，对改革中出现的问题和存在的不足也缺乏心理承受力，思想偏激、执拗，情绪难以控制，甚至以暴力化的方式处理问题，这是这一部分大学生心理问题的集中表现。这给心理健康教育提出了帮助大学生理性对待社会改革变化、适应社会改革发展的新要求。

二是缺乏调和能力,出现严重心理失调和心理冲突。这部分大学生难以处理改革开放带来的大信息量，对各种思潮的理解和判断缺乏理性的选择、加工和吸收，以至于在西方以自我为中心、忽视和否定集体主义及献身精神、唯利是图的价值观念影响下失去了行为规范的“参照系”，焦虑、不满、厌世等极端情绪和行为开始出现。这要求大学生心理健康教育必须以科学、系统的方式与思想政治教育相结合，从解决大学生社会适应不良、人际交往障碍、焦虑和抑郁等心理问题和心理疾病入手，引导大学生矫正和改变错误的思想观念。

2. 大学生心理健康教育引起教育界的普遍关注

教育界对大学生心理健康教育的普遍关注随着一系列心理问题的出现，以及一系列心理健康教育与人才培养成绩的展现而越发凸显出来。

一方面，随着改革开放的不断深入，大学生中出现的一系列心理问题成为阻碍人才培养的重要障碍，于是探索解决心理问题的心理健康教育就成为专家学者普遍关注的对象。另一方面，经济快速发展也让大学生生理发展的物质基础日益丰富，智力、体能已经不再成为人才培养的主要障碍，而心理健康与人才培养之间的矛盾则在上升，这一现象引起了高校的普遍关注。这一时期，北京大学、北京师范大学、华东师范大学、杭州大学、华南师范大学先后建立了心理系，北京师范大学、华东师范大学和中国科学院心理研究所分别建立了儿童（发展）心理研究所或发展心理研究室，中央教科所建立了教育心理研究室，一批“文化大革命”中下马或失散的心理健康教育研究者纷纷归队并产生一系列心理健康与人才培养密切相关的研究成果。非智力因素、社会认知能力对学生素质和能力提升的积极作用，心理素质对政治教育、思想教育的影响等研究成果纷纷诞生，这让教育界的学者普遍关注心理健康教育促进大学生全面发展的重要价值和意义。

3. 心理咨询活动受到重视

改革开放以后，心理咨询在中国的城市和高校逐渐揭开了其神秘面纱，科学地位得以承认，大学生也逐渐开始接受以心理咨询解决心理问题的方式。广州的赵耕源、北京的钟友彬、南京的鲁龙光等专家最早在医院开设心理咨询门诊，随后上海交通大学、华东师范大学、北京大学、浙江大学等高校也相继在大学生中开展心理咨询活动。一些从国外归来的心理咨询专家、长期从事心理咨询实践和研究的专家为高校心理咨询活动提供专业性的指导，设计布置让人放松和安全的心理咨询室，提供面对面和电话热线等不同形式的咨询途径，咨询内容主要涉及学习、交友、情绪障碍、社交障碍等。这一时期的心理咨询虽然涉及面和活动开展途径有限，但它的兴起打破了人们的认识壁垒，大学生也不再视心理咨询活动为陌生和异化的事物，心理健康的观念也开始进入到大学生的价值体系中，并且在活动中开始认识到心理健康对于个人发展的重要意义。高校心理咨询活动的开展也把一些过去被误认为是思想问题或政治问题的心理问题辨析出来，一部分患有心理疾病的大学生得到及时挽救，避免了一些极端事件的出现。

### （二）大学生心理健康教育取得的成效

改革开放初期，大学生心理健康教育在其学科地位得到肯定的激励下逐渐恢复，在排解学生心理危机、开展科研活动、促进学生健康成长等方面取得显着成绩。

1. 心理健康教育的学科地位得以肯定

改革开放后，教育部门从以下三个方面确立了心理健康教育的学科地位，恢复了研究机构的建设和科学研究的探索。一是1978年中国心理学会在保定召开学术会议，初步对包括心理健康教育在内的所有心理学相关学科恢复名誉。随后，在中国心理学会第二届学术年会上分析批判了“四人帮”对包括心理健康教育在内的心理学相关学科的摧残破坏，并为受迫害的心理健康教育学者平反昭雪。二是恢复心理健康教育相关学科的本科招生。1978年高考前，北京大学向教育部提交《关于在北京大学建立心理系的请示报告》，在北大恢复心理学，成立1949年以来首个心理学系，面向全国招生（第一届招收本科生20名）。同年，教育部恢复了心理学类目的原有心理学专业，在《普通高等学校理科本科基本专业目录及简介》中展示并供考生选择。三是恢复心理健康教育相关课程设置。一方面在心理学、教育学专业的培养方案中恢复心理健康教育课程设置，另一方面在师范院校的培养方案中恢复公共心理学等相关课程设置。

2. 心理健康教育工作逐渐恢复

改革开放以后，心理健康教育工作逐步恢复，课堂教育在部分高校开始重新设立，教材编写也在逐渐恢复，日常心理咨询和心理健康教育开始复苏和发展。一是恢复了心理健康教育教学机构和课程设置。北京大学、杭州大学、华东师范大学和北京师范大学先后建立心理系，并依托心理系的理论和实践研究恢复心理健康教育的教学活动。二是恢复心理健康教育教材编写工作。一方面依托传统心理健康思想编写富有中国传统文化特色的教材，比如再版孙中山的《心理建设》，出版《唐宋心理思想研究》《个性心理学》《心理调节术》《人生心理发展与培训》等；另一方面借鉴和学习西方心理健康教育的研究和实践成果，编译了一部分具有实用价值的心理健康教育教材，比如编译怀特的《生存中的心理平衡》等。三是恢复心理咨询和心理健康教育的日常工作。据统计，全国有30所以上的高校聘请专家定期到校开展心理坐诊、讲座、论坛等宣传心理健康知识的活动，部分学校联合心理咨询福利机构、医学研究部门等开展专职日常心理健康工作，逐渐恢复心理咨询和心理健康教育的日常工作。

3. 排解学生的心理危机取得显著成绩

排解学生心理危机的成绩突出显现在以下三个方面。一是高校心理咨询机构从青年学生中有效地发现并防止部分学生的心理危机。北京、上海、四川等高校尝试对大学新生进行心理测量，筛查大学新生中最普遍出现的青春型精神分裂症，及时给予有针对性的治疗，有效防止病情的发展和危机的出现。二是综合性医院的心理咨询门诊有效帮助大学生心理危机的化解。这段时期，医院心理咨询门诊中大约有80%的来访者是15~30岁的青年学生，大多患有神经症（63.3%）、精神病（13.5%）、心身疾病（10.2%），他们在心理咨询门诊获得心理疏导、情感宣泄，得到专业咨询员对生命和生活的激励与鼓舞，成功减少了青年心理危机对社会造成的压力。三是社会性心理咨询机构辅助排解大学生心理危机的出现。如地方性心理咨询热线电话就多次化解大学生自杀等极端行为的出现，仅南京危机干预中心在1991年7月至1994年9月期间所接受的3 514人次的青年咨询电话中，就有4.92%涉及自杀意念，其中有0.09%的来电者有自杀企图，而咨询员对来电者给予无条件的关注和倾听，提供情感支持，使大约0.46%的来电者从咨询专家这里得到了应急和防范心理危机事件发生的措施，有效挽救这部分青年人的生命。

4. 大学生心理健康教育科研活动蓬勃兴起

大学生心理健康教育的科研活动日益蓬勃发展，研究成果量逐年上升，研究领域也逐渐拓宽。从研究成果数量上来看，通过中国知网的搜索显示，1989—1995年发表的大学生心理健康教育相关论文呈上升趋势，多刊登在《中国心理卫生杂志》《中国临床心理学杂志》《心理卫生》《健康心理学》等专业学术刊物上。从研究成果的领域上来看，研究内容拓展和涉及以下三个方面。一是具有实证研究色彩的测量和调研研究、实验和临床分析，以大量客观的科学数据呈现出大学生心理问题和心理健康教育的现状，为解决问题、改善心理健康教育质量提供有力的支持。二是具有思辨、内省、解释和经验总结形式的逻辑演绎和理论分析，丰富了大学生心理健康教育的理论体系，为实践工作的开展提供科学指导。三是丰富和扩展了心理健康教育领域：大学生心理健康与个性心理行为特点、个体心理发展、学业成绩等关系的研究，大学生心理健康干预研究，以及跨文化研究等多个维度和层面的探索，为丰富大学生心理健康教育内容、科学规划大学生心理健康教育活动提供理论和实践基础。

5. 大学生心理健康教育促进了学生的健康成长

大学生心理健康教育促使大学生开始关注自身的心理健康，以前视心理问题为密不可宣的隐晦内容，而现今则以科学的态度去面对心理健康。科学理解心理知识、积极面对心理问题，成为帮助大学生解决人生困惑、应对重大挫折的有力武器。首先，高校不仅对遭遇心理困惑的学生进行个别面谈，疏导情绪，使之重塑健康的人生方向，得到学生和家长的高度赞誉，同时还举办“性科学知识”“心理卫生”等讲座，让“性”涉及的心理问题也成为大学生可知可探的领域，杜绝因知识和意识上的盲区而造成对学生不可挽回的伤害。其次，心理咨询让大学生的心理问题得到消解，心理疾患更早发现，心理疾病得到及时治疗。

## 二、大学生心理健康教育的探索阶段（1994—2000年）

1994年，《中共中央关于进一步加强和改进学校德育工作的若干意见》正式下发，明确了大学生心理健康教育作为德育工作内容的重要地位。由此，科学构建具有中国特色的大学生心理健康教育体系的理念由设计逐渐变为现实。大学生心理健康教育在教育制度、教育内容、教材采纳、科学研究等方面展开了不懈的追求和探索，取得斐然成绩。

### （一）大学生心理健康教育探索阶段的背景

随着党的十四大顺利召开，邓小平南方谈话精神得到贯彻，国家加快了改革开放和现代化建设的步伐，向小康社会逐步迈进。这一时期，素质教育蓬勃兴起，市场竞争日趋激烈，大学生心理健康教育在探索中向前推进。

1．党和国家高度重视大学生的心理健康教育

党和国家对大学生心理健康教育的重视主要体现在两个方面。一是在政府文件中肯定了心理健康教育关系到社会主义高等教育在培养身心健康、全面发展、适应社会主义市场经济要求的新型人才中的作用，以及在全民族素质提高和社会主义事业发展中的重要意义。二是党和国家高度重视和积极引导大学生在心理健康教育机构的发展，大学生心理健康教育开始由民间机构和组织的自由式发展转而进入党和国家重视和引导阶段。在党和政府的号召和肯定下，大学生心理健康教育得到高校的支持和响应，全国大部分高校都开始设立大学生心理健康教育中心等机构，心理咨询、心理健康教育课程开设、心理健康教育社团创办等活动纷纷开展，大学生心理健康教育已然成为大学教育和人才培养不可缺少的一项重要内容。

2．加快改革开放和现代化建设步伐提升了大学生心理健康教育的地位

随着改革开放和现代化建设的深入推进，大学生心理健康教育也在以下两个方面迅速提升自身的发展地位。一是高校学费制和自主择业制的改革促使大学生心理健康教育地位提升。上交学费制度的实施，淘汰制度的推行，“双向选择、自主择业”毕业分配制度的变革使得大学生不再是不愁嫁的“皇帝女儿”，大学生也必须适应优胜劣汰的社会人才市场和面对如何生存的严峻考验。因而要求大学生具备较高的心理素质和承受能力，以适应市场经济优胜劣汰的社会竞争环境。二是社会急速变化和竞争机制的日益激烈，危机感和紧张感给大学生带来巨大的精神负担和心理压力，心理健康教育成为大学生追捧的对象。改革开放和现代化建设步伐加快，带来社会的急速变化，学习生活也日益紧张，竞争的危机感和紧张感对于心理尚未完全定型的大学生来说是一个严峻的挑战，而着力帮助大学生舒缓精神压力、提高心理素质、应对挫折和困难的心理健康教育成为适合大学生心理发展需要的热捧对象。

### （二）大学生心理健康教育取得的成效

随着改革开放的快速发展和心理健康教育的逐步普及与完善，大学生心理健康教育取得了斐然成绩。大学生心理健康教育更加科学和规范，大学生心理素质显著提高，大学生心理健康教育的科学研究成果日益丰硕，大学生心理健康教育队伍也日渐壮大，网络心理健康教育的途径更是不断探索创新。

1．大学生心理健康教育更加科学和规范

心理健康教育被列入德育内容写进中央文件中，受到教育部门的高度重视，既是对心理健康教育科学地位的肯定，也是对心理健康教育工作更加科学化发展的期望。大学生心理健康教育在这一阶段从三个方面构建起更加科学和规范的体系。一是形成科学的心理健康教育内容。大学生心理健康教育的权威专家对教育内容多次论证，严格指导大学生心理健康教育内容的科学实施。北京师范大学林崇德教授就多次强调“心理健康教育路一定要走正”，要对大学生心理健康教育涉及学业、生活、性与恋爱、社会交往、情绪调控、压力调节、意志品质、个性品格和潜力开发的内容形成比较一致的意见，为大学生心理健康教育的工作提供

了内容规范。二是形成科学的心理健康教育措施。一方面以地方文件的形式督促高校心理健康教育工作的开展，给予经费、场地、专家指导等方面的支持；另一方面成立专家指导委员会，以专业和富有经验的专家帮助高校心理健康教育工作制定制度、指导科研、参与培训和评估检查，推进心理健康教育工作在科学规范的监督下展开，推进高校的心理健康教育工作迈向体系化和科学化的道路。三是形成科学的工作方法。一方面探索以符合中国大学生心理状况实际的量表来评估大学生心理健康状况；另一方面探索心理咨询内容和方式的科学性，针对大学生中表现突出的发展性心理问题实行治疗模式向教育发展模式的转化，由神经症的治疗模式逐渐转化成学习心理、交往心理、择业心理、恋爱心理、心理保健几方面的内容辅导和咨询，为提高大学生心理素质奠定坚实的基础。

2．大学生心理素质显著提高

随着大学生心理健康教育体系的科学化和规范化，大学生心理素质也得到显著提高，开始登上健康的快车。有研究发现，1993—1996年的三年间，大学生心理健康干预成功促进50%的大学生个性特点发生变化，精神健康状况明显改善。这一时期，大学生心理素质的显著提高集中体现在两个方面。一是对社会环境变化的快速适应，对现实挑战的无畏精神。1994年开始大学生进入自主择业的市场，然而激烈竞争的就业局面和求职压力却没有让新生代大学生气馁和放弃，他们表现出的快速适应市场变化的能力、乐观面对就业压力的精神面貌让全社会惊讶，尤其扩招后第一批大学生甚至以活力、朝气和充满自信的就业面貌，实现90.12%的自主择业，在心理健康教育培养下的大学生社会适应能力显著增强，抗压能力也显著提升。二是对和谐人际关系和团队协作精神的追求，对学习和工作的热情饱满。大学生在“青年志愿者学雷锋奉献日”“万支大中专学生志愿服务队暑期科技文化行动”等群体性志愿活动中团结协作，乐于奉献，表现出了积极处理和协调人际关系的能力、热爱学习和生活积极进取的精神面貌，展现了大学生积极融入社会和真诚服务社会的个性心理特征，尤其在困难面前合理调节情绪，理智对待问题，坚韧不拔地攻克难关，更是展现了大学生的进取精神和良好的心理素质。大学生已然摆脱了象牙塔里文弱书生和娇气小姐的形象，而成为具有优良心理品格和积极人生信条的社会主义合格建设者和可靠接班人。

3．大学生心理健康教育的科学研究成果丰硕

这一时期各种专著、文章的出版和发表，为心理健康教育工作提供了很好的理论指导和实践依据，从中国国家图书馆收藏的书名有“大学生心理健康”或“大学生心理卫生”字样的专著来看，1994—2000年出版的专著就是之前自1990年席子明出版的第一本名为《大学生生理与心理卫生》专著以来的20倍。新的理论观点和实践案例层出不穷，其研究成果主要体现为以下两个方面。一方面是对改革开放后大学生心理健康和心理健康教育状况的研究，提出不能只是全盘采用国外的测量和教育技术，而应该针对中国大学生心理健康的现实情况建立适合中国国情的心理健康教育模式和体系，开发符合中国学生心理特点和发展趋势的测量工具。另一方面是拓展心理咨询方法和技术，探索本土化的心理咨询途径和方法，虽然西方

传统的精神分析、行为疗法、认知疗法具有一定的作用和效果，但是在不同文化背景下的来访者接受心理治疗的效果存在差异，因而学者们开始强调以本土化和具有本土特征的治疗手段和方法解决大学生的心理问题。

4. 大学生心理健康教育队伍日渐壮大

随着心理健康教育在高校重视程度的加强，以及把心理健康教育纳入到德育工作中，一支由心理学家、教育学家、辅导员和社会工作者组成的专兼结合的大学生心理健康教育队伍日渐壮大。一方面，从心理学和教育学家的队伍来看，这一时期随着学科硕士和博士点的设置，以及一批海外留学专家的回归，一批年轻有为的心理学和教育学硕导、博导涌现。以北京师范大学心理学院为例，这一时期新增硕士生导师有13人，新增博士生导师有3人，有8人从海外研修或访学回国执教心理健康相关专业的本科和研究生培养与教学。他们成为大学生心理健康教育队伍的核心力量，为心理健康教育的发展提供科学的指引。另一方面，高校中从事心理健康教育实践的专职人员和辅导员队伍逐渐扩大。以广东省为例，全省30所高等院校中设置有专职心理健康教育工作人员的高校已占到被调查高校的50%，并且全国高校中有70%左右的咨询员是由思想政治教育人员发展而来的，他们在国家教委思政司专门举办的“大学生心理咨询教师培训班”等学习中提升心理健康专业学识，培养职业素养。

5. 探索网络心理健康教育的新途径

随着改革开放的快速发展，大学开始兴建校园网，并接入学生宿舍，越来越多的大学生加入网民的行列，互联网与大学生的学习生活日益紧密。大学生心理健康教育也随之与时俱进，利用网络所具有的匿名性、信息量大、互动及时等特征探索网络心理健康教育的新途径，把心理健康教育发展到大学生触手可及的任何地方。这一时期探索网络心理健康教育的途径主要有两个方面：一是建立心理健康教育宣传网站，通过网络媒体向更广大的大学生群体宣传心理健康知识，普及提高心理素质和化解心理问题的方法和途径，让大学生在课外也能获得心理健康教育的资源，提升自我调节心理状态的能力。二是建立网络心理咨询平台，大学生遇到自己无法解决的心理问题时，可以随时随地通过网络求助专业的心理咨询师。网络的特征让大学生不必担心对方知道自己过多的个人信息，也不用受咨询场地和时间的限制，他们对网络心理咨询有着良好的信任感。网络心理健康教育开辟了新的教育途径，让大学生心理健康教育形成多途径、立体化的教育防护网，在挽救生命、传播健康、促进成长方面为大学生的培养和塑造起到积极作用。

## 三、大学生心理健康教育的发展阶段（2001 年至今）

进入全面建设小康社会的新世纪之后，大学生心理健康教育成为社会关注的焦点。党和政府陆续发文强调大学生心理健康教育建设的重要性和必要性，形成一揽子从管理到课堂教学的制度，规范的制度化发展成为工作的导向。

## （一）大学生心理健康教育发展阶段的时代背景

进入全面建设小康社会阶段，大学生心理健康教育成为社会发展的焦点，更是教育部门和高校的重要职责。

1．大学生心理健康教育成为全面建设小康社会的焦点之一

进入全面建设小康社会时期以来，大学生心理健康教育和党的工作密切相联，多次在党代会和党的重要工作中成为建设的焦点和目标。先是党的十六大提出把包含心理健康素质在内的全民族健康素质的提升作为全面建设小康社会的目标之一，把心理健康和心理素质上升到国家发展的高度，上升到全面建设小康社会重要标准的高度。党的十七大、十八大两届党代会更是在报告中明确指出实现全面建设小康社会的心理健康教育途径。大学生心理健康教育在党的指导下得到政府和社会的一致关心，不仅成为教育领域的中心工作，也成为国家经济和社会发展的重要任务。加强心理健康教育在2001年成为国民经济和社会发展五年规划的目标，在2010年成为教育改革发展的战略主题。大学生心理健康教育由自下而上的自组织形式转向自上而下的发展模式，它以建设小康社会的重要目标的姿态成为政府、教育机构、社会舆论共同关注的焦点。在政府工作中成为涉及教育、经济和发展工作的重要目标，在教育部门成为完善建设标准、实施措施、教学要求等的核心任务，大学生心理健康教育的地位已然上升成为全面建设小康社会的焦点。

2．大学生心理健康教育成为教育部门和高校的重要职责

心理健康教育先是被纳入国民经济和社会发展五年规划，之后又成为十七大和十八大培养人才和党的思想政治教育的重要途径，党和政府把大学生心理健康教育的任务和提高大学生心理素质的责任交给了教育部门和高校，这主要体现在以下两个方面。一是教育部门承担起制定和落实加强大学生心理健康教育工作的相关政策，并负责监督实施的职责。这一时期，教育部门积极组织开展大学生心理健康教育工作的课题研究和政策制定工作，力争做到领导责任落实、机构设置落实、队伍建设落实、制度建设落实、工作场地落实、经费投入落实。二是各高校承担起全面开展大学生心理健康教育的教学，并动员全校教师参与提升大学生心理素质的行动。一方面高校将大学生心理健康教育纳入学校人才培养体系，设置教育教学活动开展和研究的专门机构，增设心理健康教育课程，开展心理健康教育活动，普及心理健康教育知识，关心大学生心理健康发展；另一方面号召所有教职员工都担负起教育引导学生健康成长的责任，在哲学社会科学的教育教学中贯穿有心理健康教育内容，在团委学生活动中指导心理健康成长，在后勤保卫部门安排协助消除心理危机的任务等。

3．大学生新心理健康问题的产生

随着社会变革的持续深入，以及科技和时代变化的日新月异，大学生心理健康问题也发生着新变化，产生了以下两类新问题。一是涉及犯罪和违法的极端性心理问题。一些大学生因心理问题而触及法律底线，甚至危害他人生命，引发重大社会问题。比如2013年4月复旦大学医学硕士林××因为长期处于嫉妒、自卑、敏感、脆弱的性格缺陷状态下，处理人际关系及情绪调节能力低，在与同宿舍同学的一些生活琐事中发生矛盾，就产生愤怒、怨恨、敌视等消极情绪体验，并长时间无法自我排除，于是失控地向室友的饮用水中投毒，杀害了自己相处多年的室友。不健康的心理状态让大学生迷失了人生方向，甚至丧失了人性的善良，

成为危害社会发展的阻力。二是网络成瘾等成为困扰大学生心理健康发展的新问题。中国互联网络信息中心（CNNIC）发布的《第35次中国互联网络发展状况统计报告》显示，2014年新增网民学生群体占比为38.8%，继续成为第一新增用户来源，并且在我国网民中学生群体（20岁左右）占比长期居于最高位，截至2014年12月，学生群体网民占比为23.8%。大学生沉迷于网络世界而与现实社会脱节所带来的社会适应不良、性格缺陷突出等问题成为新的心理健康问题。这主要包括四类，即色情成瘾、强迫信息收集成瘾、网络交际成瘾和游戏成瘾，表现为对网络空间中各种信息的依赖和认知麻痹，严重影响正常生活和学习，甚至留级退学。

## （二）大学生心理健康教育取得的成效

全面建设小康社会阶段，大学生心理健康教育获得蓬勃发展，在多个方面取得长足进步。大学生心理健康教育展开向专业化迈进的步伐，相关学生活动的开展丰富多彩，大学生心理素质明显提高，其成果和业绩也得到社会的广泛认可。

### 1. 大学生心理健康教育向专业化迈进

心理健康教育专业化是指其在自身的发展过程中逐渐符合专业标准，成为社会的专门职业并具备相应的专业学术地位。大学生心理健康教育的专业化道路体现在以下三个方面。一是师资队伍的学历背景和知识储备逐渐迈向专业化。二是在实践过程中形成心理健康教育的专业化模式，建立起学校、院系、学生骨干组成的网络化心理健康教育系统，系统中的每个成员都具备一定的心理健康教育专业知识和技能，共同搭建专业化的教育体系。三是大学生心理健康教育制度建设的专业化，科学规范心理健康教育工作各环节的标准，比如心理危机干预办法、心理咨询中心职责、辅导教师工作制度、专职教师考核制度、督导培训制度等。

### 2. 大学生心理健康教育活动丰富多彩

心理社团的组建和丰富多彩的心理健康教育主题活动的开展发挥了传播心理健康知识的重要作用，成为心理健康教育教学的有益补充，也为“学校、学院、学生组织”三级心理健康防护网增添了重要一环。大学生心理健康教育活动主要包括以下三类，一是宣传普及心理健康知识，引导大学生重视自身心理素质提升和发展，这类活动以调动大学生参与和关心心理健康为目标，让他们了解心理健康知识、检验自己的心理素质、探索心理品质养成，为大学生解决心理问题和提高心理素质营造良好的氛围。二是成立大学生心理健康社团，培养大学生称为开展心理辅导的骨干，引导大学生开展朋辈互助的心理辅导，这类活动一方面提升了部分大学生的心理健康专业素质和助人为乐的高尚品格，另一方面也缓解了心理健康教育师资短缺的困境，一些常见和容易解决的心理问题可由心理健康教育的学生骨干辅导。三是开展主题式的心理健康大赛和心理健康研究的活动，展示心理健康的大学生成长历程和典型形象，以榜样和优秀代表带动更多的大学生加入到提升心理素质和完善人格发展的道路上来。大学生心理健康教育活动的丰富多彩在大学生中掀起关心自我心灵成长和探索自身心理发展的热潮，心理疾病的恐惧感得以消除，学生普遍接受心理疾病如同生理疾病一样常见的观念。同时，心理健康教育的方式也得到拓展和创新，学生活动和学生社团更易于被大学生所接受，也促进心理健康教育中的观点和理念被学生乐于接受。

3. 大学生心理素质明显提高

通过这一时期的心理健康教育，大学生心理素质的显著提高体现在以下两个方面。一是通过心理健康测评体系，以科学的数据展现大学生心理素质的显著变化和发展。在2004年2月针对12个省区市35所高校运用《中国大学生心理健康测评系统》进行的测评中显示，确认患有心理疾病的学生只占总人数的0.32%，显著低于中国人患心理疾病平均比例。2006年北京市22所高校大学生心理状况调查也显示47%的大学生心理健康，比1998年的调查数据提高了3.84个百分点。可见，随着大学生心理健康教育的深入开展，大学生心理健康水平在不断改善和提高，患心理疾病的人数在逐渐减少，并且其心理素质远高于一般普通民众，大学生心理健康教育的成果显而易见。二是大学生在这一时期的重大历史事件和灾难事件面前表现出让世界惊叹的积极奋进、勇于担当的心理品质。在2008年奥运会、世博会等重大历史事件中，大学生用微笑迎接八方宾客，用奉献助推精彩奥运，用汗水赢得众人称赞，展现出大学生乐于奉献、分享爱心的人格魅力，圆满完成礼宾接待、语言翻译、观众指引、竞赛组织支持等高强度工作，获得全世界人民的高度赞赏，时任奥委会主席的罗格也称赞北京奥运会大学生志愿者极大地推动了奥林匹克价值观的传播。

4. 大学生心理健康教育成果得到社会的广泛认可

这一时期大学生心理健康教育的不断发展和深入建设，使得心理健康观念深入大学生的思想，注重心理素质的培养在大学生中不再是新鲜的话题，大学生心理健康教育取得的成果也得到社会的广泛认可，这主要体现在以下两个方面。一是社会通过报刊杂志等媒体形式肯定大学生心理健康教育的成果，媒体上涉及大学生心理健康教育的建设和成果的内容得到社会的关注和肯定，先进典型、发展先锋陆续出现在报刊杂志上，从2001年至今有超过150篇展示大学生心理健康教育成果的相关报道，社会对此持肯定和赞赏的态度。同时，社会对大学生心理健康教育的内容具有全新的认识，对心理咨询的态度也开始发生转变，过去对大学生心理问题讳莫如深，如今则能够坦然接受心理问题大学生的存在，以及心理健康对社会发展和大学生成长的重要意义。二是社会对各高校处理大学生心理危机的有效措施予以高度认可，大学生心理健康教育已然成为维护高校和社会稳定的重要途径。高校心理健康教育特别重视对因为生活困难、就业困难、社会公平机制等原因而感觉到“弱势感”的大学生的帮助，积极给予心理支持和引导，培养健全人格，把心理危机事件的发生率降到最低点。

## 第二节　大学生心理健康教育发展的启示

### 一、大学生心理健康教育必须以科学理论为指导

#### （一）用科学理论转变社会对大学生心理健康教育的观念

心理健康教育一方面具有西方发源的异质性，与中国的本土文化有着或多或少不相融合

的地方，这需要扭转传统观念以调和对异质信息的理解和接纳；另一方面心理健康教育的发展也要与时俱进，迎接新的心理问题的挑战，应用新的教育方法，这同样需要扭转传统观念以适应对新问题新方法的探索和突破。如何才能打破传统观念的束缚，转变旧有观念的桎梏呢？这要靠科学理论所具有的真理性作为大学生心理健康教育的指导来实现。科学理论是在长期的实践中得到检验的理论，它的内容和方法在一定时期内具有真理性，能够在一定范围内获得重复性验证，在一定群体内获得长期的认可。因而以科学理论指导大学生心理健康教育的发展能够转变社会对大学生心理健康教育的旧有观念，能够帮助社会认清大学生心理健康教育自身内涵、发展方向和实施道路的科学性，获得更广泛人群的理解和支持。

大学生心理健康教育从恢复到建立、从怀疑到肯定的发展历程，证明了科学理论的真理性对大学生心理健康教育的指导意义。改革开放以来，科学理论的真理性四次转变了社会对大学生心理健康教育的旧有观念。一是在改革开放初期，社会上和学术界仍然有一批人对大学生心理健康教育以及心理学、教育学的学科地位持怀疑态度，阻碍其正常发展，但通过运用马克思主义关于人的本质和人的全面发展理论对大学生心理健康教育科学性的论证，转变了对大学生心理健康教育的学科地位和价值的错误观念。不仅让大学生心理健康教育作为心理学的二级学科获得应有的学科建设机会，而且作为思想政治教育的重要途径得到党和政府的高度重视，成为思想政治工作者的必备知识能力。二是在社会广泛认识心理健康教育的科学理论和知识的过程中，逐渐转变对心理健康教育方法的漠视和排斥，接受了心理咨询、辅导和教学能够改善个体的心理健康状况、提升心理素质的观念，并且为大学生所喜爱。三是在我党科学发展观和构建和谐社会理论的指引下，党和政府科学地厘清了心理健康问题与思想问题的关系，并发展出一套较为完善和系统的大学生心理健康教育理论和实践体系，转变了过去单一地看待思想问题存在的视角，转变为从心理与思想两个维度共同看待大学生发展问题的观念。于是颁布一揽子大学生心理健康教育文件，肯定心理健康教育在思想政治教育中的突出作用和重要价值。四是在继承中国传统身心哲学，借鉴西方心理学、教育学的科学理论的基础上，理顺大学生心理健康教育的基本概念、实质、理论基础、德育与心理健康教育的关系、大学生心理健康教育的模式等问题，转变了学校心理健康教育目标和模式等模糊不清的状况，扭转了大学生心理健康教育单纯的心理疾病治疗观念，肯定大学生心理健康教育在提升心理素质、塑造健康人格、培育社会主义合格建设者和可靠接班人的过程中的重要价值。这也使得心理健康教育由自发性活动转变为有组织、有标准的面向全体大学生的规范运作。可见，科学理论的指导以真理的标准促进了人们对大学生心理健康教育诸多问题的认识、辨析、讨论和再认识，让大学生心理健康教育得到全社会的认同和重视，形成强有力的合力，推动心理健康教育工作朝着科学性和系统性的方向发展。

### （二）以科学理论为指导构建中国特色的大学生心理健康教育体系

心理健康教育虽然发源于西方，但是它在中国大学生教育中的建设和发展需要适应中国大学生群体的心理和思想特征，需要适应中国特色社会主义的社会和文化发展，因而本土化和中国特色化是不可回避的发展趋势。然而无论怎样的发展都不能失去科学性，这就需要科学理论作指导，时刻保持科学的标准。尤其是大学生心理健康教育在中国的发展是前无古人的开创性举措，没有任何固有模式作为参照和标准，因而只有以科学理论的标准构建中国特色的大学生心理健康教育体系才能够保证大学生心理健康教育发展方向、道路、内容和方法的科学性，保证发展的成果能够经受得起实践的检验。

改革开放以来我国初步建设起来的具有中国特色的大学生心理健康教育体系就证明了用科学理论指导心理健康教育发展的重要意义，这主要体现在以下三个方面。一是以马克思主义理论为指导，以正确的价值观来认识心理咨询的作用和意义，逐渐转变西方“不求不治”的被动式咨询方式，建立起较为符合中国文化氛围和思维方式，以治病救人、惩前毖后为价值理念的较为主动的咨询方式。让心理咨询进入电视、媒体，主动进入大学生的生活、学习，甚至宿舍卧谈之中，主动打开和满足大学生心理发展的需求，实现中国学生在集体主义文化内的心理与行为需求。二是在马克思主义全面发展理论指导下，放弃西方心理咨询中价值中立的原则，而以正确的世界观、人生观和价值观引导大学生的健康成长和全面发展，这符合社会主义社会精神环境，也有利于求助的大学生更好地融入社会主义社会的发展。同样也在心理健康教育过程中更多地关注学生的积极心理品质，这符合中国人的思想接受方式和喜欢正面性、积极性信息的特点，更加贴近中国大学生的心理发展需求和实际。三是在教育模式和师资配备上，以科学发展观和重视实践的理论为指导，形成乐于被学生认可的又具有一定心理健康理论基础的辅导员和心理健康教育专职教师组成的师资队伍，在实践中形成心理健康教育与德育、思想政治教育的有效融合模式，由此得到广泛大学生的认可，也获得显著的教育成效。可见，科学理论的指导能够保证大学生心理健康教育发展的科学方向，形成合理且恰当的教育方式，有效地与中国社会发展的现实融合，实现中国特色大学生心理健康教育体系的构建。

### （三）以科学理论为指导解决大学生心理健康教育出现的新问题

大学生心理健康教育的发展除了要适合大学生群体心理发展的特点，更要解决大学生群体中出现的新问题，以适应时代前进的步伐。科学理论则是指导心理健康教育解决新问题的有力保障。一方面，科学理论自身具备的修正能力让它能够得到广泛的科学依据和事实证明的支撑，获得更扎实的认同和肯定；另一方面，它长期的历史总结和经验积累能够预示解决新问题的方向，因而它能够正确引导对新问题的探索。

解决改革开放前进中心理健康教育出现的新问题，需要探索适合解决新问题的新方法，需要引导新问题的解决方向，因而用科学理论才能够指导大学生心理健康教育新问题的解决有序有效地开展，这主要体现在以下三个方面。第一，改革开放初期的社会变革使得大学生的社会阅历和思维方式发生转变，学习、生活、人际关系、自我意识等各方面开始出现心理失衡的问题，在马克思主义全面发展理论的指导下，心理健康教育开始针对大学生的学习心理、情感和生活问题以及人际交往障碍进行探索。第二，随着改革开放的深入推进，独生子女、单亲家庭、留守儿童逐渐成为大学生群体中的绝大多数，要用以人为本和科学发展观理论指导高校心理健康教育探索群体特征变化下的大学生的心理健康保障，改良心理健康教育教学，丰富心理健康教育活动等措施，指导心理健康教育适应时代发展，完成时代赋予的使命。第三，时代发展和科技进步也随之带来网络成瘾等新的心理问题，同时也要求大学生具备更强的创新创造能力。在科学发展观和和谐社会理论的指引下，大学生心理健康教育又从新的起点出发探索网络、微博、微信等自媒体心理健康教育的新途径和新方法，同时提出发展大学生的创新思维和创新能力，以适应社会的发展和变化。可见，以科学理论为指导，才能够督促大学生心理健康教育以有序、有效的途径解决新问题。

## 二、大学生心理健康教育要有与时俱进的制度作保证

改革开放以来，大学生心理健康教育的发展经历了从自发呼吁到官方主导的历程，这一历程也是政府政策和相关制度陆续建立和完善、始终与时俱进的过程，由此保证大学生心理健康教育始终适应社会发展的需要。

### （一）建立科学合理的建设制度是大学生心理健康教育发展的需要

制度是要求所有对象共同遵守的办事规程或行动准则，一方面，制度带有价值判断的特点，制度的制定要符合大部分对象的价值利益和追求，因而它的建立必然要经过设计、论证、试行、修正等过程以确保其价值实现的科学性和合理性；另一方面，制度也要适应时代发展的要求，对时代发展的未来变化、趋势、目标做出科学和理性的预测。所以，对大学生心理健康教育的发展而言，要确保其发展的科学性和合理性，就要建立适应时代发展的心理健康教育建设制度，以制度本身所具有的科学论证、建制过程、理性预测特征来保证大学生心理健康教育的发展方向、内容、方式具有科学性和合理性，保证未来的一段时间内所有对象和所有力量都拧成一股绳，集中于大学生心理健康教育目标的实现。

改革开放以来，大学生心理健康教育从个别化的自由发展到有制度保证的组织化发展历程，特别能够证明科学合理和与时俱进的建设制度是大学生心理健康教育存在和发展的基础，这主要体现在以下两个方面。一是通过与时俱进的建设制度，可以解决一个时期内心理健康教育发展的瓶颈问题。改革开放初期的大学生心理健康教育只在个别高校中存在，只有少数大学生有机会获得相关的教育内容，大量学生的心理问题得不到解决成为心理健康教育的困境。然而，《加强普通高等学校大学生心理健康教育工作的意见》出台之后，科学合理地规划了大学生心理健康教育发展的方向，制定了包括设置大学生心理健康教育机构的要求。由此推动大学生心理健康教育向着组织化的方向发展，也为更多的大学生提供了心理健康教育服务，成为解决那一时期困扰心理健康教育组织保障的最大利器。二是通过与时俱进的建设制度，为心理健康教育的科学发展提供必需的软硬件保障。改革开放初期，虽然社会和部分高校设置有零散的一些心理健康教育或心理咨询组织，但是其教育和咨询实施者的素质、相关设施的专业性、教育和咨询的质量等没有保证，许多人只是因为兴趣或热情而投入心理健康教育或心理咨询队伍中。直到《关于进一步加强和改进大学生心理健康教育的意见》《普通高等学校学生心理健康教育工作基本建设标准（试行）》等关于心理健康教育软硬件设施要求的建设制度出台，才使得大学生心理健康教育有了较为科学的领导机构、逐渐职业化和专业化的工作队伍，投入经费支持心理健康教育课程的开设和研究，心理健康教育也才逐渐走上为更广泛大学生服务的道路，取得更为丰硕的成果。可见，建立科学合理和与时

俱进的建设制度是大学生心理健康教育存在和发展的基础与保证。

### （二）建立健全的本土化制度是发展中国特色大学生心理健康教育的必要条件

我国大学生心理健康教育要以适应中国大学生心理特点和中国特色社会、文化特点为发展目标，因而我们的心理健康教育要走出一条没有前人走过的本土化道路，它的探索和实施大多是由思想政治教育工作者在开展，在观念、操作和管理上都体现着与德育、思想政治教育密不可分的特点。这也就要求建立适合大学生心理健康教育本土化发展的本土化制度，以制度有效地推动大学生心理健康教育向着中国特色的方向发展。

大学生心理健康教育本土化进程证明，切实有效的本土化制度对中国特色大学生心理健康教育发展探索具有积极的推动作用，这主要体现在以下两个时期。一是1995年《中国普通高等学校德育大纲》从中国大学生人才培养的本土要求方面对心理健康教育的地位和作用给予了积极的肯定，认可大学生心理健康教育工作是高等学校德育的重要组成部分，由此确定了心理健康教育与高校德育相结合，探索出在德育教育中发展心理健康教育的中国特色道路。二是2004年《关于进一步加强和改进大学生思想政治教育的意见》中明确了心理健康教育是新形势下大学生思想政治教育的有效途径之一，探索出心理健康教育与思想政治教育相结合的新的中国特色道路，并且在发展过程中探索出与思想政治教育紧密联系的教育内容纲要、咨询辅导规程等方面与时俱进的制度，建立《普通高等学校大学生心理健康教育工作实施纲要（试行）》《普通高等学校学生心理健康教育课程教学基本要求》等本土化的心理健康教育制度，推动大学生心理健康教育朝着科学、规范、富有中国特色的方向持续发展。

### （三）建立合理的选才和用才制度是大学生心理健康教育发展的保障

师资队伍建设也是大学生心理健康教育发展的重要内容，专职指导和专业人才是心理健康教育工作开展的智力保证。诚然，职业化、专业化和专家化的心理健康教育人才需要科学合理地选拔和恰如其分地任用，但这不能靠某个领导或者某个专家的意志来决定，人才建设不仅要具有科学性和实效性，真正选出和用好符合大学生心理健康教育要求的人才，更要保证选拔和任用过程的公平和公正，因而只能用求真务实的制度来保证选才和用才目标的实现。

大学生心理健康教育在改革开放以来的发展中也在努力与时俱进地探索这类制度的发展，这一过程中取得的成果也证明了求真务实的选才和用才制度是大学生心理健康教育的保障。改革开放初期，大学生心理健康教育的专职人员极度缺乏，许多学校连心理咨询师都是外聘的医生或心理专业学生，没有专职岗位，招聘不了专职教师，没有心理健康从业人员标准，选才也无据可依。随着《普通高等学校大学生心理健康教育工作实施纲要（试行）》《普通高等学校学生心理健康教育工作基本建设标准（试行）》《心理咨询师国家职业标准》等制度的颁布，大学生心理健康教育的选才有了科学的标准和依据，用才有了规范的职业要求和从业职责。专兼职教师业务发展需要培训认证，心理咨询教师必须持证上岗，从业人员学历和专业资质都有了迅速提高，可见求真务实的选才和用才制度保证了大学生心理健康教育发展的智力需要。

## 三、大学生心理健康教育应紧密联系学生的思想实际

大学生心理健康教育不能脱离学生的思想实际，否则就失去了教育内容的可接受性和教育方法的科学性。因此，心理健康教育内容要紧扣大学生对学习和生活实际的思想认识，教育方法要紧密联系大学生喜欢谈心和体验的思想转变方式。

### （一）心理健康教育内容要紧扣大学生在学习和生活中产生的思想问题

心理问题的产生与大学生的学习和生活密切相关。许多心理问题都是由于社会快速发展和变化，新兴事物不断涌现，学习和生活节奏不断加快，大学生对社会、生活、学习的思想认识发生量变和质变，当思想变化跟不上学习和生活变化的节奏，或者思想变化的方向和价值观产生偏差，就会引起认知失调、心理失衡，进而引起心理问题的快速发展，因而大学生的心理问题常常和思想问题交织在一起。

一方面，心理健康教育要着力宣扬大学生学习和生活中积极进步的思想认识，引导大学生对学习和生活充满热情。大学生虽然在思想认识的发展上并不完全成熟，但其对学习和生活的认识也有积极进步的方面，在心理健康教育中宣扬并联系这些积极进步的思想，将引导大学生更多地关注事物进步发展的一面，乐观和富有热情地投入到学习生活中。改革开放40年，大学生的学习和生活经历了许多重大的变化，每次变化后的心理调整与适应都与宣扬大学生学习生活的积极思想密不可分。比如在20世纪90年代中期，大学生毕业分配制度取消，一时之间曾经的天之骄子也必须面对人才市场的竞争，接受双向选择、自主择业的考验，对当时的大学生而言是生活中的一次重大变化，许多人变得茫然无措、焦虑彷徨。然而，大学生对就业和自身能力的认识中存在许多积极进步的方面，他们对自身的知识和能力储备具备积极的肯定，充满在职业中施展才华的热情。高校的辅导员和教师正是紧密联系大学生思想中的这些积极因素，通过引导和宣扬这些积极的思想认识，帮助大学生理性分析就业变化给自身发展带来的机遇与挑战，更为乐观和积极地去适应就业市场的考验，从而以健康的心态度过生活中的重大转折时期的。

另一方面，心理健康教育要着力消除大学生学习和生活中的消极或错误思想认识，扭转错误思想认识影响下的不健康心理状态。大学生的人生阅历有限，思想认识必然存在许多狭隘的消极或错误方面，尤其在受到群体中典型负面事件或身边负面事件影响，容易激起情感的冲动和心灵的打击。因而，在心理健康教育中要着力消除大学生学习和生活中的消极或错误思想认识，使大学生感受到心理健康教育的力量，扭转负面情绪和消极心理状态。在时代不断发展的过程中，大学生心理健康教育内容的变化就是在纠正大学生的消极和错误思想认识中发展变化和逐渐完善的。比如，随着社会的快速发展，大学生学习和生活的思想也随之向着多元化和复杂化的方向发展，有的学生对大学生活的思想认识就显得片面、狭隘，认为进入大学就可以放松学习，应该热烈地追求恋爱和婚姻，追求网络化的虚拟自由生活。由此，引发大学生对为什么读大学的彷徨和迷茫，对自我认知和肯定的价值感逐渐降低。心理健康教育正是在密切联系大学生中这类消极和错误思想认识的基础上，相应地发展和扩充心

理健康教育内容，引入婚恋问题、网络依赖、就业困惑等大学生消极错误思想极易触发的领域，通过扩展对这些问题的科学认识和理性分析，帮助大学生走出思想狭隘的案臼，以更加阳光和自信的心态投入到学习和生活中。可见，心理健康教育只有始终遵循大学生思想认识发展的规律，紧密联系大学生学习和生活的思想实际，才能帮助大学生有效解决心理问题。

### （二）教育方法要根据大学生的思想变化转换方式

任何一个群体都有自身乐于接受的事物和易于学习的方式，大学生群体也有适合于他们接受的学习方式，心理健康教育也要根据大学生的思想变化转换教育方法和方式。

一方面，“谈心”是大学生思想政治教育常用的方式，这一方式在改革开放以来的思想政治教育实践中取得良好效果，并且成为转变大学生思想认识的有力武器。而心理健康教育作为同样通过主客体思想交流和情感感染扭转大学生认知、情绪等不健康状态的教育，可以吸收借鉴“谈心”这一思想政治教育有力武器的优势，让大学生更乐于接受，也更易于扭转错误的思想认知和情感体验。比如，改革开放初期的一些高校虽然设立了心理咨询室，但前去咨询的学生寥寥无几，学生对“心理咨询”这个外来教育方式感到陌生和恐惧，甚至一度在学生中流传着“有精神病才去心理咨询”的错误观念。但是有的高校却运用“谈心”的方式把心理咨询引入大学生群体中，他们乐于接受“谈心”方式来获得思想上的引导和情感上的支持，再融入心理咨询的方法和技巧，由此叩开了大学生的心灵之门，通过改变认知状态和行为状态实现对其情绪和现实生活的改善。可见，心理健康教育的方式要紧密联系大学生喜欢谈心这种思想转变方式的实际。

另一方面，喜欢体验和参与，也是大学生群体的思想转变特征。他们对于新鲜事物有充足的好奇心，敢于且乐于尝试，并且在体验和参与过程中的直观感受是大学生认识事物最有效的途径，也是大学生思想转变方式中最容易接受的一种。因此，给大学生讲一堆道理倒不如让其亲身体会一次相关的经历来得更为有效。所以，心理健康教育要紧密结合大学生喜欢体验和参与的思想转变方式。在改革开以来的心理健康教育历程中，充满体验和参与式的教育方法也更多地得到大学生的认可，其良好的效果既体现在贴近大学生思想转变的实际状况中，也体现在学生对课外辅导活动的评价中。每年5月25日“大学生心理健康日”就是一项强调亲身参与和体验式的心理健康教育精品活动，它一经推出就受到大学生的热捧，许多大学生主动参与到团体辅导、心理游戏等活动中，亲身感受心理健康和心理健康教育带给自己的精神养料和心理变化。这样的方法也融入和发展成角色扮演、话剧排演等教育方法，激活了大学生扭转思想认识的方法与心理健康教育方法之间的渗透作用，既贴合了大学生喜欢体验的思想转变方式的实际，又获得大学生对心理健康教育的认可和实效。

## 四、大学生心理健康教育需要高素质的师资队伍

高素质的师资队伍是推进大学生心理健康教育发展必不可少的条件，这是教师发展的专业化、职业化和专家化的要求。

### （一）大学生心理健康教育的专业化呼唤高素质的师资队伍

大学生心理健康教育不仅吸收了心理学、哲学、思想政治教育学、社会学、生物学和医学等学科的研究成果，形成了自身独有的理论体系，同时也产生许多专业性的工作和研究方法，比如"会谈"技术、心理测量、心理和行为矫正技术等，因而它是一项专业性很强的工作，要求从业者必须具备高素质的专业能力，有专业化的理论知识储备，专业化的工作和研究方法，专业化的素质和涵养，这都呼唤着建立一支专业化的高素质师资队伍。大学生心理健康教育师资队伍专业化发展也是实际工作和现实需要的体现。改革开放初期的心理健康教育教师多是由从事学生思想政治工作的学工干部承担，他们缺乏专业的知识和技能，许多心理问题不能及时发现，有时错把心理问题当作思想问题进行处理。但随着心理健康教育相关学科建设的发展，学界普遍意识到心理健康教育从业者所具备的专业知识和能力技术需要专门培养，既要有本科、硕士、博士的学历培养，也要有职业发展的长期培养。因而，心理健康教育的学科建设和人才培养迅速发展，同时举办各种培训班来提升辅导员和班主任的心理健康教育专业知识和理论基础。由此，师资队伍结构的专业化素质日益提高，大学生心理健康教育的科学性和有效性也得到了保证。可见，大学生心理健康教育师资队伍的专业化发展趋势不可阻挡，也充分要求师资队伍必须在知识和理论、方法和研究、素质和修养上具备专业化的素质。

### （二）大学生心理健康教育的职业化呼唤高素质的师资队伍

大学生心理健康教育不仅要求从业者具备专业化的知识与能力，也要求从业者具备特殊的职业化涵养和素质。从业者必须具有辩证唯物主义、历史唯物主义的认识论和历史、逻辑与现实相统一的发展观，以及心理健康教育教师的职业素养和精神追求。大学生心理健康教育教师一方面要通过课程和讲座对全校学生进行心理素质教育，另一方面要通过个体或团体心理辅导等方式帮助学生解决心理问题。这就要求他们既具备普通高校教师一样的教学科研素质，也具备心理咨询师的咨询辅导素质。这样的双重身份对大学生心理健康教育的师资队伍提出了行为规范和职业素养上的特殊需求，呼唤心理健康教育教师结合自身职业的特点，职业化自己的言行和从业标准。一方面要按照高校教师教书育人的职业特色施教，具备热爱心理健康教育事业和敢于奉献之心，另一方面要兼顾心理咨询师的职业规范和道德标准，尊重来访学生的人格和意愿，维护他们的权利和利益。同时，这份职业的特殊性还要求从业者具备自信、达观、敏感、合作的人格特质，以及亲切、真诚、宽容、善良的个性品质。可见，大学生心理健康教育教师的职业化发展成为大势所趋，并且在时代发展中逐渐形成一支专兼职的职业化心理健康教育队伍。改革开放初期，大学生心理健康教育没有职业化的师资队伍，而是由许多兼职教师自发或自愿支持这项工作。然而，职业化师资队伍的缺乏，一方面无法保证教师投入到心理健康教育工作的时间和精力，另一方面也很难要求学历背景和实践经验参差不齐的队伍具备工作所要求的职业素养，于是工作所要求的保密原则、督导原则常常得不到保证，影响心理健康教育的成效。教育管理部门和高校都充分意识到这一问题的存在严重影响了大学生心理健康教育的发展，于是颁布制度组建了以辅导员为主体的专兼职心理健康教育师资队伍，对学历学位、专业和职业素养提出一定的要求，由此保障了高校心理健康教育机构的设置、运转和教育实效。可见，大学生心理健康教育师资队伍的职业化发展不可逆转，要求这支队伍具备心理健康教育教师的职业特点所要求的能力素质，同时高度规范职业行为和职业修养，这样才能保证大学生心理健康教育发展目标的实现。

### （三）大学生心理健康教育的专家化呼唤高素质的师资队伍

当前，大学生心理健康教育正处于从普及拓展向专业化跃升的关键时期，专家化则是指导这一跃升的实现，推动中国特色大学生心理健康教育事业科学发展的重要智力和队伍保证。教育部原党组副书记杜玉波在教育部普通高等学校学生心理健康教育专家指导委员会换届会议上指出，以专家指导委员会成员为核心的一大批专家学者为大学生心理健康教育工作取得显著成效发挥了极其重要的作用。我国的大学生心理健康教育虽然发展时间较短，但具备与西方国家心理健康教育所不同的特征，教育客体的被动式接受教育痕迹明显，教育主体的专业化水平不高，教育过程有别于中国传统教育的途径和方式。因而如何让心理健康教育这个西方科学发展的产物与中国教育的特点相融合，实现心理健康教育的中国化和富有中国特色，成为解决心理健康教育发展的关键问题。这个问题的解决不仅要求教育者具备心理健康相关的专业知识和能力，更加要求从业者掌握心理学、教育学、思想政治教育学等学科知识，熟知我国心理健康教育状况，具备探索心理健康教育与我国教育特征相融合的研究能力。可见，心理健康教育的发展呼唤着具备以上高素质和能力的专家化人才队伍，以推进心理健康教育的发展。党和政府已然认识到专家化的重要意义和价值，积极推进和组织了一批高素质的心理健康教育专家队伍，成立高校心理健康教育专家指导委员会，在教材出版、教法改进、咨询技术发展、人才队伍培养等方面取得了可喜成绩。因而，继续探索培育大学生心理健康教育专家化队伍的方法成为这支队伍获得更强大的科学和智力支持的保证。

## 五、大学生心理健康教育要有良好的环境氛围

良好的环境氛围具有导向和强化功能，能有效促进大学生心理健康教育的发展和实施。

### （一）良好的环境氛围能促进大学生心理健康教育的发展

心理健康教育作为外来新生事物进入到大学生的学习和生活中，它的一些教育内容和教育方法与我们传统的教育理念有或多或少的差异，在短时间内并不被大学生所接受，它在发展过程中探索出的新内容和新方法也同样会遇到这样的窘境。然而，良好环境氛围则能够促进大学生心理健康教育的发展摆脱困境，通过在社会、学校、班级中普及心理健康教育发展的知识，宣传心理健康教育对于提高心理素质的积极作用，展示心理健康教育对个人发展和健康生活的有利影响，营造出关心、重视、支持心理健康教育发展的良好环境，以引导大学生客观看待心理健康教育存在的必要性和发展的积极作用，正确对待心理健康教育的发展，也引导社会关心和帮助大学生提高心理素质，支持大学生心理健康教育的发展。

党和政府坚持在社会上弘扬心理健康教育的幸福观、健康观，营造幸福的社会环境；高校则制定支持政府意见和满足社会要求的政策，倡导全员全过程参与心理健康教育，并且实

施学校、学院、心理委员为一体的心理健康教育“三级网络”，把促进大学生心理健康成长的理念注入到教学、管理、服务和实践等环节；班级普遍设置心理委员，增强班干部的心理健康互助能力，辅导员和班主任也努力把心理健康教育融合在班级文化建设中，为心理健康教育提供支持环境。这一系列营造良好环境氛围的措施让社会对大学生心理健康教育的认识发生翻天覆地的变化，由一开始的排斥并认为是精神病人的需要，直到唤起整个社会对大学生心理健康教育的关注和重视。可见，良好的环境氛围可以转变社会成员对大学生心理健康教育的旧有观念，唤起全体社会成员积极参与这项工作的主动性，从而成为促进大学生心理健康教育发展的有力支撑。

#### （二）良好的环境氛围能促进大学生心理健康教育的实施

良好的环境氛围能够促进大学生心理健康教育的实施，体现在以下两个方面。一是通过一定的制度来引导高校开展大学生心理健康教育工作，调动高校管理者和教育工作者的积极性和主动性。党和政府在机构上组建心理健康教育的专门部门，各高校陆续成立大学生心理健康教育中心或咨询中心，在经费上建立依托思想政治教育的资源保障，教育中心和咨询中心关于教育和咨询的一系列制度则对辅导员的工作给予引导，比如咨询制度要求咨询师与学生之间建立单纯的咨访关系，避免出现亲属、恋人或其他亲密关系，以免干扰和影响咨询效果，这就以制度的强化功能保障了大学生心理健康教育实施的成效。二是舆论强化，通过媒介形成一定的舆论来引导高校重视大学生心理健康教育工作，塑造辅导员实施心理健康教育的典型，促进心理健康教育师资队伍的“三化”工作。党和政府也高度重视良好舆论环境的营造，甚至在环境建设自身的问题上也提供了指导性意见，辅导员在心理健康教育工作中的优异业绩和典型人才在《中国教育报》等媒体上广泛宣传，引导社会和大学生正确认识和对待辅导员所从事的心理健康教育工作，强化辅导员在大学生心中的专业化、职业化和专家化形象，为辅导员的心理健康教育工作实施和发展奠定基础。可见，营造良好的环境氛围能够促进社会和大学生正确认识和对待心理健康教育，强化心理健康教育教师的工作内容和工作方式的科学性和规范性，保证心理健康教育实施的良好效果。

## 第三节　我国大学生心理健康教育存在的问题与原因

### 一、我国大学生心理健康教育存在的主要问题

#### （一）社会教育干预不足，社会心理环境欠缺

在现代社会中，各方面都在快速发展，出现了不公平的社会分配、公民道德滑坡等不良现象，人的精神和心理肯定会被各方面快速的变化所影响，这些现象使认知能力欠缺、涉世尚浅的大学生感到不安、困惑与迷茫，产生低落的情绪，动摇了信念，会产生叛逆极端的心

理，表现出一些比较偏激的行为。他们缺乏理性的思考和分析能力，对于改革进程中的这些表现无法正确理解，不能辩证地看待问题，会因此出现各种不适症状。对于大学生出现的各种心理不适，表现出来的各种心理问题，社会上把责任简单地推卸到大学生身上，责怪大学生心理承受能力差，认为这只是大学生自己的问题，认为他们总是以自我为中心，将消极、任性、懒散、堕落、不思进取这些词作为现在大学生的代名词，认为大部分大学生在遇到困难时，总是会不知所措、寻找借口，怪罪于其他方面的影响。大学生自身的原因确实与大学生存在的这些问题相关联，但这只是一方面，社会的责任也不可推卸，也要对大学生出现的这些心理问题负责。职责意识不清的社会教育会对大学生的心理健康产生影响，社会教育的功能和作用没有得到有效发挥与大学生心理健康问题也存在密切的关联性。

"社会心理环境是指人脑对社会生活中的生产力、生产关系和社会意识形态等要素构成的生活环境的反映，并在此基础上所形成的社会心理氛围。"大学生的心理健康会受到这种心理环境的直接影响，这种影响对于大学生的心理发展是深远的、潜移默化的。我国正处于社会转型期，各种思想、信息因现代信息社会特别是互联网的发展，得到了快速传播，并且被紧紧地绑在一起。一些媒体为了追求眼前的利益，开始传播低级、庸俗的信息，过度地报道一些负面新闻，还有一些网站论坛为了获得点击量，得到广大公众的注意，会发布一些虚假消息来扰乱大家的视线。这些不良信息的出现不仅会让涉世未深的大学生的心理阴暗面增加，还给他们的心理发展带来严重的负面影响。社会制度的不健全是导致这些问题出现的主要原因之一，制度的不完善，让这些媒体钻了空子，导致不健康信息的传播，严重污染了整个社会大环境。

### （二）心理健康教育形式化严重，教育内容存在误区

在教育部多次要求以及教育学者不断呼吁加强大学生心理健康教育的情况下，大部分高校依照上级政策规定也确实建立了大学生心理健康教育机构，但这只是表面上的一种做法。在大家看来，高校确实开展了积极的心理健康教育，但是实际上大部分心理健康教育机构没有实质作用，不少部门形式化严重，有的只是搞个形式来应付上级的检查。一些学校号称自己拥有心理健康教育的全部配备，如场所、经费以及专业人员，但实际上这些配备都只是摆个样，为了应付上级检查，以备不时之需而已，并没有开展任何实质性的工作，只是对学生的心理做一些测试，并建立形式上的心理档案。尽管心理健康教育工作确实在一些高校得到了开展，但由于上级领导没有给予足够重视，对于其他院校的先进经验也没有积极地借鉴，把心理健康教育摆得很低，认为它可有可无，从而造成只会说、不会做的严重形式化局面。在高校中，开展大学生心理健康教育的工作者大部分并不是专业出身，缺乏专业知识和实践，观念落后，没有跟上时代的发展，不能解决大学生的现实问题。他们认为对于学生的心理问题，通过开展心理咨询和辅导就能解决，仅凭自己的经验和想象制订规划、随意操作，不能根据大学生和学校的实际确定科学的方法和手段，只是在表面上让人认为很重视，实际上只是搞形式工作而已。还有的高校为了让自己看起来对心理健康教育工作极其重视，加大对于大学生心理测试的力度，可测试完成后，就把资料装入档案便草草结束，更不会在具体教学工作中对测试结果加以应用，这些测试只是为了响应上级的号召进行所谓的建档工作以

及为了应付上级的检查、院校之间的评比而进行的。心理健康教育的真正目的和作用被形式化的教育所遮盖，并没有得以真正地开展，学生的心理问题不但没有解决，过度的形式化反而让他们更加反感和抵触心理健康教育。

目前，有很大一部分高校只是模糊地理解大学生心理健康教育内涵，在一些方面错误地开展大学生心理健康教育工作，表现在如下几个方面：第一，具有严重的医学化倾向。大学生心理咨询机构从20世纪80年代中期以来先后在我国高校中设立，心理健康教育得到开展，很多人把少数存在心理问题的大学生作为大学生心理健康教育的主要目标，将工作重心倾向于咨询和治疗，对于发展心理教育的理念十分缺乏，这是将心理健康教育工作当作医学工作的典型行为。这种倾向是将给学生诊治疾病当作心理健康教育的主要任务，主张治疗学生的心理采用药物或医疗技术，从事心理健康教育的教师当起了职业的心理医生，出现了错误的角色变换。目前存在的这种状况不但对解决学生心理上的问题没有帮助，反而会让学生害怕心理健康教育教师，抵触与这些教师进行接触，怕别人把他误认为患有心理疾病，害怕受到别人的嘲笑和讥讽，更不愿去心理咨询中心进行咨询。第二，严重的课程化倾向。一些大学存在这样一种认识，既然大学生的健康成长离不开心理健康教育，那么就“让教师按课时和学分一节一节地教，学生按部就班地学”。虽然这些高校已经把心理健康教育纳入课程计划，但学校领导和教师并没有重视这门课程的开设，认为把相关知识传授给学生就可以，完全不重视实际应用，更没有认识到这门课程对于学生发展的实际意义，认为上完课、考完试就完成任务了，这种思想是十分错误和短浅的。看起来这种做法好像对心理健康教育比较重视，“实际上是把大学生心理健康教育带入了应付考试的死胡同”，根本无法完成心理健康教育的预期目标，实现应有的效果。除此之外，一些高校对于思想政治教育缺乏充分的认识，没有深入了解其本质，将其完全等同于心理健康教育。很多人并没有充分认识心理健康教育的本质，存在两种错误的观点：一种认为“心理健康教育与思想政治工作应该划清界限”；另一种则认为思想政治工作的开展和心理健康教育完全一样，没有本质上的不同。因此，如果大学生并没有很好地解决思想政治方面的问题，高校就把这个问题推给心理咨询机构去解决，在高校中，有很大一部分人都有这样的思想观点。

### （三）教育机制不顺畅，缺乏有效的督导和评估

心理健康教育与学生很多方面的发展密切相关。心理健康教育的开展存在其现实意义，它的意义不仅在于可以帮助学生解决学习方面的困难，使他们的人际关系得到改善，心理素质得到提高，实现个性的全面发展。心理健康教育并不能被学校其他方面的工作所取代，它有其相对独立性，但又广泛地交叉和渗透于学校各方面工作，只是单纯依靠一两名心理健康教育专职人员进行心理健康教育，这显然是不够的。心理健康教育需要各部门的广泛参与，只是依靠专门的心理健康教育机构来进行，大学生的需求无法得到满足，预期的目的是无法达到的。目前，一个有效的心理健康教育运行机制在一些高校中并不存在，大部分都是形式化的，虽然成立了相应的机构，但只是表面上的，机构没有清晰的归属。对于心理健康教育的工作人员来说，这就有很多不便，并且在实际工作中，各部门之间为了避免麻烦事件的发生，相互推脱，都不愿意承担责任，尽可能选择逃避的方式。在各个部门之间，并没有协调

统一部署，无法切实地进行大学生的心理健康教育工作，难以充分调动各方面的教育力量。

目前，心理健康教育虽然得到了顺利的开展，但并没有很好地解决评估问题，如果心理健康评估得不到很好的解决，就无法确定心理健康教育的实际效果，导致心理健康教育的开展失去方向，缺乏开展的前进动力。通过心理健康教育评估，学校开展心理健康教育的实际效果可以让上级行政部门准确地了解，制定下一步工作步骤，确定后面的实行环节，提供大量充实的依据，从而方便制定正确有效的决策；通过评估可以及时了解学校在心理健康教育方面所取得的成效与存在的不足，对心理健康教育工作起到导向和示范的作用；通过评估的客观成果，把心理健康教育的实际效果和开展意义不仅要让上级有关部门所知悉，还要让学生家长及社会所了解，从而可以得到各方面的支持与赞同，使这项工作更好地开展。心理健康教育评估可以有效地提高心理健康教育整体水平，也可以促进心理健康教育工作的整体优化。目前，虽已全面开展高校的心理健康教育工作，但现在的工作还具有比较大的随意性，并没有取得预期的效果。这些问题主要表现在如下几个方面：第一，督导和评估缺乏。一些学校没有深入了解心理健康教育，对其评估又缺乏科学的认识，不知道该如何进行评估，并且也没有进行专业评估的相关部门，所以只是简单地开展心理健康教育工作。第二，评估太过简单化和片面化。许多高校的心理健康教育评估缺少专业的配备，基础设施相当不完善。当前心理健康教育评估均没有统一标准，在评估内容上只是采用单一的评估指标，在评估手段上缺乏统一的模式，只是采取最简单的方式、手段。一些学校的评估标准只是看是否将心理健康教育活动课列入教学计划；还有些学校只调查学生心理问题的发生率，以此作为评价标准；更有相当一部分学校的评估标准只是看心理咨询中心是否设立或心理咨询活动是否开展等，致使缺乏时效性和引领性的评估结果。

### （四）教育专业队伍力量不足，教育条件得不到保障

目前，心理健康教育工作在大多数高校都得到了开展，但是一些保障条件还是不够完备，不能保障心理健康教育的有效实行，这一般会致使心理健康教育的实施不能按照预定的教育目标进行，因而在实施过程中出现了比较多的问题。专门从事学校心理健康咨询的老师与学生之间的比例有一定的国际指标，大约是1：500的标准。但是当前大部分高校的心理健康教育教师的比例在很大程度上满足不了教育教学的需要，有很多教师没有专职心理咨询教师资格证，完全没有达到相关的标准，更不能有效解决学生的心理问题，满足学生的需求。大部分学校的心理健康教育工作都是由班主任、辅导员兼任，他们不具有专业资格，更缺乏专业的心理健康教育知识，采取的方法和措施也不够科学，这对于真正需要帮助的大学生来说是非常危险的。一些高校也确实引进过比较专业的心理健康教育工作者，但是只是凤毛麟角，对于学生出现的心理问题，不能及时帮助其解决，“心理咨询侧重教育和指导，心理活动过于形式化”。

## 二、我国大学生心理健康教育存在问题的原因分析

### （一）社会的转型变迁，管理制度缺失

响应国家的号召，各大高校都已实现扩大招生，政府也不断进行分配制度的改革，这些措施都有利于大学生未来的发展，前景非常广阔。“但改革是一把双刃剑，同时也是对大学生综合素质和心理素质的考验。”社会各方面存在的矛盾逐渐增多，公众之间利益的争夺以及权力的再分配，各种冲突和对抗也随之而来，人们由此感到迷茫，出现失衡的心理和行为。这种社会大环境会使人们产生心理冲突，大学生心理也必然会受其影响。人们生活水平在改革开放之后得到了很大的提高，人们的价值理念、生活模式也随着大环境的改变而改变，当今人们每时每刻都会受到社会上的不良风气、腐败现象的考验。社会应该采取积极主动的行动传播正能量，传递正确的价值观念，积极引导大学生树立科学的价值观，及时使社会认识偏差得到纠正，使大学生拥有良好的社会心理环境。

### （二）忽视家庭教育的影响

家庭是社会的重要组成部分，孩子的首任老师就是父母，虽然上大学之后，父母不能陪伴在自己身边，但与自己的家庭在情感、经济等方面还有很密切的联系，家庭环境对学生心理发展的影响是持久深远的。如果家庭气氛良好，则有利于大学生良好心理素质的形成，家庭中每个成员的心理活动都会受到家庭成员间的言谈举止以及家庭氛围的直接影响，大学生正处于个性成熟发展期，家庭中的这种影响对于大学生来说更具有十分重要的意义。父母的教育态度和方法对于子女的成长是至关重要的，开明、平等的教养态度与民主的教育方法对于大学生心理的健康发展是十分有利的，否则会阻碍大学生的心理发展。现在的大学生大多都是独生子女，从小就受到父母的宠爱，大多数父母只关心孩子的成绩如何、在班级中的名次以及未来的升学情况，而忽视培养与锻炼他们应对困难的意志力以及面对挫折的心理承受力。在进入大学之后，很多大学生的生活自理能力缺乏，不能融洽地与他人相处，心理承受力低下，不敢勇于面对困难与挫折，从而导致心理困惑；不和谐的家庭关系、不健全的家庭结构，使得很多大学生无法与自己的父母敞开心扉，进行有效的沟通。大学生爱的需要和归属感得不到满足，心理压力会极其的大，容易形成有缺陷的性格特征，如自卑、焦虑、暴燥、孤僻甚至逆反，这对于大学生心理健康的发展是非常不利的。另外，大学生的心理也会受到家庭经济状况的影响，一些生长在家庭经济水平比较低甚至较为贫困家庭的大学生容易产生自卑的心理，对自己信心不足，产生心理不适感。

### （三）教育观念滞后，对心理健康教育认识不清

导致大学生心理健康教育问题突出的主要原因就是观念的陈旧、保守，对心理健康教育不够重视，认识不足。实践表明，心理健康教育不只是一套技术和方法，“它体现了一种实践性很强的、科学的教育观念”。我国的心理健康教育工作已经进行了很长一段时间，根据这些年发展的状况我们不难发现，不管是教育者还是管理者都没有充分认识到心理健康教育

的重要性。受落后传统思想的影响，人们没有把心理出现的问题作为一个重要问题来抓、来管，没有给予它应有的重视。有些人不能科学地认识心理问题，他们错误地认为那些心理有问题的人都是不正常的，应该将他们排斥于群体之外。而那些真正需要帮助、需要解决问题的人在周围落后观念的灌输、影响之下，将自己隐藏起来，不敢表达自己，不敢去进行治疗，从而错过了最佳治疗时机，对自己的未来发展产生了十分恶劣的影响。

### （四）传统教育模式束缚

当前以应试为主的思维模式，固守成规，安于现状，致使狭隘、浅薄的心理健康教育意识的出现，内容非常简单、落后，手段不科学，跟不上时代的进步。虽然教育部门多次要求对现行的教育体制进行改革，大力推进素质教育，但是整个心理健康教育工作的积极开展仍然被目前的教育体制严重阻碍着。在一定程度上来说，传统的教育模式有利于大学生迅速、系统地获得专业知识，培养专业技能，但这种教育模式并不能发展学生的个性、发挥学生的自主性、激发学生的潜能，它所导致的发展只能是片面的发展，不能促进学生的全面发展。很多高校管理者在正规课程中加入心理健康教育，但是他们受到传统教育体制影响，心理健康教育课程的教学安排按照正规的课程方法进行，引进相关老师教授心理健康教育课，每学期课程结束后，学生要进行考试，考试分数算入大学学分。在传统教育模式的影响下，心理健康教育的教学充斥着“注入式”这种传统的讲课方式，结果学生只得到了一大堆无趣的心理学知识，而真正能供自己所用的少之又少，这就是所谓的心理健康教育课程化。这种课程化的心理健康教育采取的是学科教学模式，没有注重知识的实用性，而学生更没有将所学知识内化为自己的行为，所以心理健康教育课程化的现象不但有悖于我们的教育目标，不符合素质教育的要求，让学生承受更加沉重的心理负担，更为严重的是，心理健康教育工作的开展由从事思想政治工作的教师负责，他们受限于自己的专业，被传统教育思想所束缚，只是单纯地把心理健康教育等同于对学生的思想政治素质等方面的教育，极其缺乏大学生心理健康发展性教育，而这就是心理健康教育德育化。这种形式的心理健康教育以德育的目标来要求学生，用德育的方法和手段来开展心理辅导和咨询，对学生出现的心理问题只是从思想品德上、政治上去分析，而不是从心理的角度去分析。这种心理健康教育德育化的现象忽视了心理健康教育的内容和方法，使心理健康教育的作用没有得到发挥，甚至还会延误学生心理问题的治疗时机，使学生无法得到有效治疗，不仅会影响学生的身心发展，甚至还会出现无法预料的后果。

### （五）大学生缺乏正确的自我认识

自我同一性是指个体对“自己是谁”“自己自身是同一实体的存在”的统一的自我感觉和认识。大学生正处于青春期，在这一时期就会出现理想自我与现实自我的矛盾。现实自我是指大学生当前正处在的现实状态，理想自我则是指大学生希望达到的一种境界，两种自我之间还是存在很大的距离的。有些大学生从来没有思考过自我未来的发展，对于未来并没有很大的期待，只是浑浑噩噩地度过现在的时光；还有一些大学生将自己的理想目标定得过高，当目标无法实现时，他们就会感到难过和沮丧，就会出现无助感和挫折感，因而放弃追求自己的理想。这些问题都会让大学生不知道自己到底是什么样的人，自己想要成为什么样的人，从而同一性混乱状态一直缠绕着他们。一部分大学生不能正确、客观地把握当前社会，不能全面正确地了解自己的知识水平和能力，对自己所面临的社会现实以及处于什么样的社会地位感到非常迷茫。比如有的大学生对自己有很高的期望，但是在复杂的现实社会中并没有实现自己的期望，压力长期得不到释放，他们会感到难过与压抑，患了抑郁症或恐惧症，最后结束自己的生命。

目前很大一部分大学生没有充分地认识心理健康教育，许多大学生认为只有精神出现问题的人才会去接受心理咨询，进行心理健康教育，他们通常把精神问题等同于心理问题，把心理健康教育医学化，然而并非如此。通常来说，可将心理健康状态分为白色、灰色和黑色区域，完全健康的心理处于白色区域，不健康的心理处于黑色区域，很多大学生因为学习压力、不和谐的人际交往、未来就业困难等原因而在心理方面出现了一些小问题，他们的心理处于一般灰色区域，是一种亚健康的心理状态，这就需要专业的心理健康教育人员用专业的方法来对他们进行诊断和治疗，帮助大学生解决这些小问题，从而使大学生良性的心理健康状态发展为绝对健康良好的心理状态，这样会有利于大学生的学习以及生活，并对大学生形成良好的心理素质、塑造健全完善的人格都具有十分重要的意义。

## 第四节　大学生心理健康教育遭遇的困境

### 一、心理健康教育低水平重复研究多

#### （一）理论水平不高

我国学校心理健康教育研究面临许多方面的研究困境。在理论性研究方面表现为：有特色的研究少，高水平的研究少，系列化的研究少，争鸣类的研究少，发展层面的研究少，服务性的研究少等；在实践性研究方面表现为：研究对象不具代表性，研究结果不具公正性，分析不具准确性，研究变量失控性，数据统计随意性等。总体上，学校心理健康教育的科学研究水准不高，重复现象严重，缺乏系统的学校心理健康教育理论体系。例如有关学校心理健康教育的出版物是近年来教育心理类最为热门的图书，但高质量的书籍不多。而且作者队伍参差不齐，甚至缺乏心理学修养的作者还不是少数，这正是理论水平不高的表现。

#### （二）理论指导实践不力

一方面，对于心理健康教育的一些基本概念和基本理论未做深入的研究，如心理健康教育的内涵与实质问题、学生心理健康的标准问题、心理健康教育的目标问题、心理健康教育的系统化运作问题、心理健康教育与德育的关系及其双向结合问题、心理健康教育的模式问题、西方心理辅导理论与方法中国化的问题等。另一方面，对于心理健康教育的应用理论研

究较少。如结合实践对心理健康教育的操作方法的研究甚少。这些年来最常见的研究成果就是用心理量表对某一特定学生群体进行测评，然后得出该群体心理健康问题的严重程度，最后再提出一些表面化的建议。这类研究在涉及心理问题的机制方面往往采取主观推测的方法，因此对心理健康教育并无多少实质性的帮助。由于基础理论研究薄弱，应用理论研究甚少，因此目前心理健康教育的理论与实践相脱节，理论指导实践不力。

## 二、心理健康教育的师资队伍匮乏

心理健康教育是一项专业性强、要求高的工作，它不仅要求教师必须系统、全面地掌握心理学的基本知识和技能，而且对教师自身的整体素质，如知识水平、道德品质、职业责任感、人生阅历积累等，都有较高的要求。目前，我国高校从事大学生心理健康教育工作的师资队伍状况令人堪忧。

### （一）数量严重不足

联合国教科文组织规定，每6 000~7 500名中小学生要配备一名学校心理学家，每2 000~3 000名大学生要配备一名专职学校心理学家；而美国咨询心理学专家认为，一般250~400名学生配备一名咨询人员最为合适。而目前在我国高校从事心理健康教育的人员数量严重不足，以广东省为例：从广东省教育厅思政处和广东省高校心理咨询专业委员会对全省30所高等院校的心理健康教育工作的抽样调查情况来看，设置专职人员的高校有15所，只有兼职人员的高校13所，只有志愿者的高校2所。设有专职人员的高校仅占被调查高校的50%，心理健康教育的专职人员缺乏。以在校生人数为10 000~15 000的普通高校来说，30所高校至少需要配备60~90名专职人员。显然，目前还远远不能满足这一需求。专业人员的匮乏在一定程度上制约了高校心理健康教育工作的正常发展。

### （二）专业水平较低

心理咨询是一门技术性和专业性都很强的工作，它不仅要求心理咨询人员自身心理素质高，而且要求专业素质过硬、实践经验丰富。在国外，只有经过系统的心理咨询和心理治疗的培训，在相关领域具有一定的实践经验，获得心理学博士学位，并且通过资格考试之后，才能独立从事心理咨询和心理治疗的工作。目前我国高校心理健康教育教师大多数是“半路出家”，有的是学科教师兼任，有的是管理干部兼职，有的则是来源于基层德育室、进修校、科研室的研究人员。这些人员虽有丰富的实践经验，但缺乏系统的心理教育理论。有的人虽然受过系统的专业训练，但在知识结构上存在一定的缺陷。如由心理学和医学专业的人员担任高校心理咨询的专职或兼职工作，他们无法解决大学生较为严重的心理障碍，临床经验和实践操作需要进一步积累和提高，甚至也有的人从未受过专业培训。

## 三、心理健康教育认识上的误区

### （一）心理健康教育即心理障碍矫正或心理疾病诊治

这种观点对心理健康教育的目标和作用存在片面认识。关于心理健康标准，综合国内外心理学者的观点，大致可以归纳为以下几条：第一，能正确地认识和评价自己，客观地评价他人，反思自身；第二，情绪、活动控制得当，心胸开阔，乐观向上，热爱生活，积极进取；第三，人际关系和谐，与人和睦相处，具有一定的交际能力；第四，遇事冷静、理智，能够妥善处理个人与集体、个人与社会的关系。总而言之，所谓心理健康者，通常是指具有正常的智力、完善的人格、和谐的人际关系，能积极适应学习、生活交往和环境，能主动寻求、探索自我发展途径和具有开拓创新能力的人。根据这个概念，我们完全可以界定，心理健康教育是高校素质教育的重要组成部分，其目标是：培养学生坚韧不拔的意志、艰苦奋斗的精神，增强学生适应社会生活的能力，维护和增进学生的心理健康水平，提高学生的心理素质，加强和改进高校的德育工作，全面推进素质教育，培养身心健康、具有创新精神和实践能力的高素质人才。因此，教育的对象应是大众群体，即全体学生，而不能把教育的对象局限在少数有心理障碍或心理疾病的学生身上，仅从生理或心理的角度进行防范性教育。

我国大学生心理健康教育工作始于20世纪80年代，全国高校的心理健康教育和心理咨询工作从无到有、从少到多，在优化大学生心理素质、开发大学生心理潜能、提高大学生心理健康水平、减少心理疾患发生、促进大学生全面发展方面发挥了积极的作用，取得了良好的效果。但长时间来仍然有少数人对心理健康教育的目的不明确，说因为现在许多人心理不健康，所以要进行心理健康教育，从而把教育的对象局限在少数有心理障碍或心理疾病的学生身上，仅从生理或心理的角度进行防范性教育。这是人们对心理健康教育认识上的最大误区。由于认识上的误区，目前不少高校虽然重视心理健康教育，投入了一定的物力、财力和课时量开展心理测试或心理咨询活动，但强调的是对个体心理障碍的咨询与矫正，试图通过诊断、干预和治疗等手段，解除学生的种种心理不适。对于这类现象，首先应该承认，学校在开展心理健康教育过程中，进行一定的心理测试是完全必要的。作为一种重要的手段，它可以帮助教师客观地了解学生心理发展水平和状态，确定问题的性质和程度，设计有针对性的教育和防治的方案。但是我们更应以科学的态度，谨慎地使用。因为心理测试本身有局限性，受各种因素的影响，它并不能替代学生的自我观察以及教师对学生的观察、访谈，不是对学生心理状况进行评价的唯一手段。再说，任何心理测试都有其适应性，且专业性极强，操作难度大，技术要求高，一般的辅导教师不易把握。如果轻易地给学生下判断、贴标签，对学生的健康教育发展不仅无益而且遗害无穷，完全违背了教育原则，对心理健康教育事业的发展极为不利。还有不少学校认为心理健康教育就是开设心理课。诚然，每周固定的课程安排，在时间上有了保证，使学校心理健康教育建立了稳定的知识传授的阵地。但从目前对各个学校开课情况的分析来看，如果将学校心理健康教育的内容主要放在开设心理课上，则难以保证学校心理健康教育的效果。因此，这种把心理健康教育的目标放在个体和防范性教育而不是在全体学生的发展性教育上的模式是错误的，它制约了心理健康教育作用的全面发挥，弱化了其在大学教育中的功能。

### （二）心理健康教育即人格补救教育或心理补救教育

有一种观点认为：学校心理健康教育是对人格缺陷学生的一种心理补救，目标是使这类学生形成完善的人格。这种观点人为地窄化了心理健康教育的内容，弱化了其功能。学校心理健康教育工作有促进学生人格完善的功能，但如果学校心理健康教育工作关注的仅仅是有人格缺陷的学生，那就是学校心理健康教育工作对象发生偏向。人格作为人的心理素质的重要组成部分，包括性格、素质、气质、信念、兴趣、道德品质、荣辱感等心理特征。心理健康者往往具有良好的人格特征，他们自我意识（包括自我观察、自我评价、自我体验、自我监督、自我教育、自我控制等）较强，人生目的正确，人际关系和谐，适应能力强。大学生正处在心身急剧发展和自我意识由分化、矛盾逐渐走向统一的特殊时期，因而，大学阶段依然是大学生人格不断发展的时期。改革开放的社会背景和校园文化氛围则为大学生的人格塑造提供了一个广阔的空间，然而急剧变革、观念多元的社会文化亦使人格的形成变得困难，变得不确定，使大学生社会化延迟。这一方面使大学生人格发展出现更多的迷茫和冲突，另一面可以说使大学生有了更大的适应性、灵活性和更大的发展可能性。因此在高校开展大学生心理健康教育时，不仅有人格缺失的大学生需要帮助，而且对全体学生进行有效的人格的塑造，帮助广大学生深刻理解人格塑造的意义，充分了解自己人格的现状，明确人格塑造的目标、内容、途径、方法，具有更深远的意义。

### （三）心理健康教育即德育或思想政治教育

《中共中央国务院关于深化教育改革，全面推进素质教育的决定》在强调学校德育工作时要求："针对新形势下青少年成长的特点，加强学生的心理健康教育，培养学生坚忍不拔的意志、艰苦奋斗的精神，增强青少年适应社会生活的能力。"心理健康教育工作是新时期高校德育工作的新途径、新方法、新手段。但目前在高校有一种"德育途径论"的观点认为：因为有许多学生违法违纪与学生的心理问题有关，所以可用心理健康教育代替德育工作。这是一种片面的观点，虽然学生道德品质的形成与某些心理发展水平密切相关，但心理健康教育工作与德育工作不能互相替换，二者既有联系又有区别。其联系是：

（1）二者的工作目标是一致的，都是把学生培养成身心健康和德智体美全面发展的接班人。心理健康教育通过特定的形式增强人的心理素质，提高人的心理健康水平，健康良好的心理状态是形成良好政治、道德品质的基础。

（2）二者在工作方法上可以互相借鉴、相互补充。心理健康教育的方法和技术可以在德育教育中移植或借用；德育工作中的一些成功经验和做法，如正面引导、典型示范、舆论导向，也值得心理健康教育借鉴。

其区别是：

（1）二者的侧重点不同。心理健康教育重点是提高学生的心理素质，帮助学生更好地调整好自己的心态，开发潜能，完善人格，促进全面发展；德育教育侧重于思想政治、道德品质的灌输与教化，解决学生的世界观、人生观等问题，提高思想觉悟和认识能力。

（2）二者的工作手段与方式不同。心理健康教育工作者运用心理学的理论、方法与技术对大学生进行心理辅导；德育工作是由思想政治工作教师、班主任、党组织根据党的教育方针和高校的中心任务，针对政治思想、道德品质存在的问题有的放矢地进行教育。

综上所述，二者不能混为一谈，各有自己的理论体系和工作方法，在大学生全面发展的过程中发挥特殊的作用。心理健康教育是德育工作的组成部分，心理健康教育能促进大学生良好道德品质形成，不能用心理健康教育包揽德育工作，心理健康教育和德育两者的关系是相互促进、相互补充、相互兼容。

## 四、心理健康教育体制不健全

### （一）心理健康教育机制存在缺陷

一是“点”“面”分离，主要依托学生心理测试和辅导机构开展心理健康教育，从事心理健康教育的部门主要是学生管理部门，学生只有进入专门的心理健康教育机构才能接受到心理健康教育，接受教育的时间和次数都非常有限，而在广阔的学习、生活空间里都没有接受心理健康教育的氛围和契机。二是“点”“线”分离，没有将心理健康教育纳入到学生综合素质教育的系统之中，使心理健康教育游离于高校素质教育整体之外。事实上，心理健康教育应当渗透到学生素质教育的各个环节，培养学生的心理素质应贯穿于以育人为中心的整个高等教育的全部系统。三是没有充分发挥家庭、社会的丰富资源优势，使心理健康教育的空间和手段显得狭小和单一。四是没有处理好集中教育和日常教育的关系。许多高校注重专题性的心理健康教育，甚至把组织多少场报告、集中咨询辅导多少学生作为衡量工作成效的主要指标，对于日常的个体心理辅导重视不够，而许多学生心理状态的恶化恰恰是由于没有得到及时有效的个别辅导和治疗。

### （二）部门之间的工作缺乏协调

大学生心理健康教育工作涉及方方面面，不能仅仅指望掌握几个心理调节的方法或经过心理咨询就能解决学生的心理问题，单纯依靠1~2名心理健康教育专职人员显然力量不够，需要来自各方面的大力支持和积极参与。高校领导和教师对大学生心理健康问题的认识较之以往有了明显提升，但对心理健康教育的重要性认识不足：一是认为心理健康教育是学生心理辅导人员和学生管理人员的职责，只要建立起学生心理辅导中心等机构就万事大吉了。二是过高估计学生的心理自我调节能力，认为一般的心理问题学生可以自行解决，心理健康教育主要是针对有严重心理障碍和精神疾病的学生而开展。三是认为与学校其他工作相比，心理健康教育实效性和紧迫性相对较弱，因此心理健康教育要经常为其他工作让道。这种观念上的误区导致许多学校把大学生心理健康教育的重要性体现在口头上、文件里，而没有真正落实到经费保障、设施配套、专业队伍建设等具体领域，使心理健康教育偏重于形式而缺乏显著成效。因此，在工作中相互推诿、怕麻烦的现象时有发生，各部门之间缺乏统一部署，致使大学生心理健康教育工作无法落到实处，整体教育力量尚未被充分发挥出来。

### （三）缺乏有效的督导和评估

当前心理健康教育虽开展得轰轰烈烈，但评估问题一直没有得到很好的解决。这方面的问题主要表现为：其一，无评估。许多学校由于不懂得怎样评估，或者也没有什么部门要求进行评估，所以“只做不估”。其二，简单化甚至单一化的评估。评估的方式、手段及内容均趋于简单化，评估指标单一。有的学校只以是否开设心理健康教育活动课为评估标准；有的学校只以是否建设心理咨询室或开展心理咨询活动为评估标准；有的只对师资队伍建设、心理健康教育效果等少数几个指标进行评估；有的教育行政部门对辖区内的所有学校不论条件差别，一律“公平”对待，一样要求，统一评估。其三，错位的或片面的评估。目前不少学校在心理健康教育的评估上陷入误区。有的学校把评估当作评比，目的是提高学校知名度或为领导添加“政绩”；有的只对学生心理问题的发生率或检出率进行评估；有的甚至只以学生的学习成绩是否有提高作为标准，把心理健康教育评估与升学率挂起钩来，所评估的仍然还是升学率。

## 五、心理健康教育工作效率不高

### （一）心理健康教育空间孤立化

目前，心理健康教育主要是针对大学生自身心理发展的疏导和干预，而疏离了大学生的生活世界，缺乏对大学生可能生活的构建，忽视对个体和群体生活于其中的现实而又具体的环境的呈现和创设，教育空间变得狭窄而孤立。人们已经看到自然生态环境的恶化给人类的生存和发展带来了严重后果，而现代心理学的研究也提出了“心理生态”问题，这种研究认为，要解决人的心理问题，不能只着眼于个人，造成心理问题的原因不可能仅来自于自己内心，事实上心理问题是心理生态系统失衡的反映。因此，要解决大学生的心理问题，还应该考虑到如何改变影响其心理健康发展的周围环境和氛围，这包括创设出共同参与和支持心理健康教育的家庭环境、学校环境和社会环境等。

### （二）心理健康教育对象狭隘化

当前，许多学校的领导和教师认为心理健康教育只需要针对少数问题学生，而不是针对全体学生。把心理健康教育的主要任务和重点放在少数甚至个别学生心理问题的辅导、咨询和治疗上，忽视和消极对待绝大多数学生，从而使心理健康教育的路越走越窄。20世纪80年代中期，有些从国外学习和考察归来的人介绍，美国等国学校的心理健康教育就是心理医生在学校设点坐诊，进行个别心理辅导、咨询与治疗，而此时，我国许多精神医疗和心理卫生工作者正积极介入学校的心理健康教育；同期，国内多项调查发现，大中小学生中都有相当数量的学生有严重和比较严重的心理健康障碍。既然调查认定学生有严重的心理问题，那么教育工作者就选择个别心理咨询与治疗的方式来解决这些问题，再加上已介入的医学工作者专业背景的强化作用，一时间心理测量、心理咨询、心理治疗等发展迅速，这一切仅仅是围绕诊治个别学生的心理问题而展开的。结果，绝大多数学生心理发展的需要得不到满足，心理健康水平无法得到提高。面向全体学生的成长是学校教育的一个基本原则，也是心理健康教育的原则之一。在心理健康教育实际工作中针对少数心理和行为“有问题”的学生而忽视绝大多数发展正常的学生，这是非常错误的做法，违背了教育的全体性原则。心理健康教育应当面向每一个学生，无论是在制订心理健康教育的计划还是在选择具体的内容和形式的时候都要考虑大多数学生的共同需要和普遍存在的问题，要尽可能让所有学生都参与其中，尤其是那些平时不太引人注意的学生。学校心理辅导应当无偏见、无成见、无条件地面向全体学生，以全体学生为服务对象，一切辅导的设施、计划、活动都要顾及全体学生。心理健康教育要完全摈弃只为少数学生服务的做法，应当为每一个学生的身心健康、充分实现其自身潜能服务。面向全体的原则是指一切为了所有学生的成长和发展，而不论其有无问题，问题的性质和程度如何。不应当说是因为有些学生的心理障碍未被检测出来、还不够严重或被故意掩盖了，或是为了提高心理健康教育的效率，所以才要对全体学生进行心理健康教育。

### （三）心理健康教育内容片面化

一般来说，高校心理健康教育的内容由学习辅导、生活辅导和职业辅导三大块内容构成。然而在当前大学生心理健康教育的实践中，似乎更侧重生活辅导（如帮助大学生掌握情绪调控的方法，训练人际交往和沟通的技巧，进行青春期教育等），而忽略或减少了学习辅导和职业辅导。当然，生活辅导是必要的，但学习辅导和职业辅导对学生来说也是至关重要的。对大学生而言，学习是他们的责任和义务，学业成绩直接影响他们的前途。当前，学业压力是大学生最大的心理压力，学生大多数的心理问题由此而产生。因此，学习辅导是学生最为迫切的心理需求。职业辅导也同样是学生的一种极为迫切的心理需求。对于大学毕业生来说，将要做出的选择有可能决定自己一生的发展方向和前途命运，而此时他们的心理发展还不成熟，缺乏准确的自我认识和足够的心理准备，极其需要接受职业辅导。然而心理健康教育内容的片面化，忽视了大学生的心理需求，回避了大学生需要解决的心理问题，使心理健康教育的实效性打折扣。

### （四）心理健康教育途径单一化

心理健康教育一般有三种途径：课堂教学、活动课程和隐性课程。课堂教学主要是设置心理教育课；活动课程主要包括心理训练活动、心理辅导活动和心理咨询活动等；隐性课程即环境陶冶，主要通过创设有利于学生心理发展、维护学生心理健康的教育环境，使学生心理得到潜移默化的陶冶。在进行心理健康教育课时，目前普遍存在成人化、课程化、知识化的弊端，把心理健康教育机械地理解为开设心理学、心理卫生、心理健康等课程，或举办一些知识讲座，向学生传授心理健康的有关知识等，有些学校还采用简单生硬的说教，生搬硬套心理学概念，要求学生机械记忆心理知识和原理，课堂教学中大量讲授系统的心理学知识，甚至像其他学科一样进行严格的考试等。课程化倾向的直接后果是，不但没有促进学生的身心健康，反因给学生额外增加一门课程，使学生承受更多的负担，最终损害了学生的身心健康，出现了事与愿违、适得其反的结果。应该肯定，通过相关课程的开设来丰富学生关于心理学和心理健康的知识是必要的，但从解决学生的心理问题和进一步提高其心理健康水平来说，仅传授知识效果是非常有限的，难以从根本上解决问题。这样的做法完全违背了心理健康教育中的主体性和活动性原则：要求在心理健康教育中，一切从学生的实际需要出发，让每一个学生充分参与其中，尊重学生的主体地位，发挥学生的主体作用，让学生在活动中接受心理健康教育。因为心理健康教育本质上是情感教育，这种心理教育过程用简单的说教是极难见效的。心理健康教育的目标是促进学生的成长与发展，而成长与发展是一种主动和自觉的过程，不能强制，否则只会引起学生对你的冷漠、敌意和抗拒。心理健康教育要走出教师为中心、教材为中心的误区，就必须一切从学生的实际需要出发，围绕学生的实际问题来进行内容的选取、活动的安排。在教育过程中，应当以教师为主导，学生为主体；让学生唱主角，教师当配角；教师和学生互动，学生和学生互动。让每一个学生都参与其中，身心投入。有心理历炼，有感情体验，方能达到最佳效果。

### （五）心理健康教育方法医疗化

当前心理健康教育在一些学校被简单、片面地理解为心理咨询和治疗。医学意义上的心理治疗，通常指通过对具有心理疾病的人进行心理爱抚、调适，帮助其走出心理阴影，形成健康积极的心理态度；心理健康教育则是通过一系列辅导活动，提高大学生的心理素质，预防心理疾病的发展。在这些学校中，不少教师错误地把大学生心理问题一律视为“障碍性心理问题”，似乎高校心理健康教育就是解决大学生各种心理危机，或者是对极少数心理障碍和心理疾病进行咨询和治疗，以至于忽视大学生的发展性心理问题，所采取的措施也只是消极防治，如用诊断病人的量表来对学生进行心理诊断，用医生记录病人病情的方法来建立学生的心理档案；有的学校让医生来充当心理健康教育工作者，这些心理健康教育工作者无论是讲课还是咨询，都穿上白大褂，故意营造医学和医疗的气氛。诸如此类的做法都会给学生造成心理压力和消极暗示，对学生的心理健康问题来说无异于雪上加霜，使心理健康教育在大学生心目中变得讳莫如深，似乎“只有心理障碍才需要心理教师的帮助和疏导”，这样不利于高校心理健康教育的深入开展。事实上，大学生心理问题可分为障碍性心理问题和发展性心理问题，障碍性心理问题极少，而发展性心理问题则是伴随学生生理、心理的成熟和发展所出现的一些困惑，是大多数青春期学生普遍会遇到的问题。如果这些困惑没有得到及时疏导，就可能演变成障碍性心理问题。换言之，绝大多数大学生的心理是健康和亚健康的，他们是正常人而非病人。大学生心理健康教育在于培养、发展大学生健康心理，高校心理健康教育就是要使大学生学会运用心理补偿方法，正确地评价和认识自我，勇敢地面对生活的挫折和逆境，克服自卑感，保持积极、乐观的生活态度。因此，心理健康教育的主要任务不是矫治少数学生的心理疾病，而是面向全体学生开展预防性和发展性的心理健康教育活动，以进一步提高学生的心理健康水平，优化其心理素质，促进其健康心理潜能的最大开发。

### （六）心理健康教育活动形式化

学校重视心理健康教育是21世纪教育发展与改革运动的一个成果，在某种意义上，它已成为现代学校的重要标志之一。这项工作之所以在我国短期内有较快较好的发展，其直接原因之一是处于“应试教育”下的广大青少年日益下降的心理健康水平，引起了众多有识之士的深深忧虑和高度关注。从深化教育改革、提高教育质量、培养面向21世纪人才、促进国家社会主义现代化建设的高度，学校开展心理健康教育是具有深远战略意义的举措。然而，目前高校心理健康教育做了很多工作，但形式主义倾向严重。各高校的工作重心在造声势、造影响、造品牌，不太重实效；重视硬件建设而忽视软环境改善。如心理卫生协会大部分会员从没选修过一门心理健康教育课程；如心理健康教育网站缺乏技术人员和专业人员的维护与信息更新；如大型现场心理咨询活动的开展，气氛热烈但对有心理困扰的学生来说，意义并不大。此外，即使是来访者，我们的心理咨询工作也缺乏有效的跟踪调查和效果评估，既不利于来访者的成长，也不利于咨询员的成长。究其原因是高校领导和教育工作者的思想观念未转变，认为素质教育、心理教育仅是形式而已，应试教育才是根本。这种形式化倾向使高校心理健康教育不能切实开展，成为当前影响心理健康教育真正全面开展最为有害的因素，必须加以摈除。

# 第三章
# 大学生心理健康教育实践应用调查

## 第一节　大学生心理健康教育课程体系构建

大学生心理健康状况和心理问题频发已引起社会各界的高度重视，大学生心理健康教育是教育部规定的高校教育内容。然而，如何从根本上解决大学生的各种心理问题，促进其健康成长，是当前大学生心理健康教育亟待解决但尚未解决的重要课题。基于心理素质培养的心理健康教育是以关注积极心理品质、注重潜能开发、着眼建设性和未来希望感塑造的本土化心理健康教育理念，它将关注点聚焦在人的健康幸福、积极进取、乐观开朗、勇敢创造等良好心理状态和积极心理品质方面，强调“标本兼治”，即解决心理问题与培养健全心理素质相结合。因此，以心理素质培养的心理健康教育理念为指导，建构大学生心理健康教育课程与教学体系，对于解决我国目前大学生心理健康教育课程体系“治标不治本”的问题，加强大学生心理健康教育课程体系的本土化建设，提高大学生心理健康教育的有效性，都具有重要意义。

### 一、心理健康教育课程的教学原则

心理健康是青少年走向现代化、走向世界、走向未来建功立业的重要条件，健康的心理素质是素质教育的重要内容。但从日常的心理咨询工作、相关的调查研究和近期媒体报道的大量案例中不难看出，目前大学生的心理健康现状不容乐观。因此，在高校开设大学生心理教育课程很有必要。

### （一）教育性原则

教育性原则是大学生心理教育课程的基本原则。贯彻教育性原则，要求教学内容有利于学生心理的健康发展，有利于提高学生的心理素质，有效地为学校的教育目标服务。大学生心理健康教育是为了帮助大学生保持心理健康，防患于未然。

### （二）发展性原则

发展性原则反映了大学生心理教育课程的目标。一方面，它有助于学生避免、解决生活中遇到的心理问题；另一方面，它对促进大学生心理健康发展起着积极作用，也有助于学生学会使用发展眼光看待心理问题，科学地对待心理问题，在很大程度上为他们未来的工作学习生活、巩固心理健康奠定了基础。

### （三）实用性原则

实用性原则反映了大学生心理教育课程对心理知识在具体情境中的具体应用。通过活动课程的练习，引导大学生掌握心理技能训练的简单方法，达到及时消除心理问题的目的。

## 二、心理健康教育课程的教学方法

### （一）体现出“个性特征”

在课堂教学中，由于学生的心理发展水平、心理特征等方面存在较大差异，在总体目标的背景下，课程应体现“特色特征”。反映“个性特征”要求教师在课程实施之前确定生成目标和表达目标。生成目标是随着教育过程在教育环境中展开而自然产生的课程和教学目标。表达目标是指学生在特定教育情境的各种“访谈”中的个性化表现。这种目标主张强调自我意识和差异的重要性。心理健康教育课程的目标是能够渗透到个体的内心世界，瞄准学生的心理需求，控制目标变量，实现教学过程中的课程目标。

### （二）师生共同致力于教学过程的完成

心理健康教学过程是一个自我组织过程，从教学到自主、对话式、探索性活动过程，是一个消解、转换、升华、从无序到有序的动态过程，是在师生之间共享经历的对话过程，是学生在体验中“倾听内在本质的呼唤”的过程。教师不要求学生接受教师的权威，但要求学生消除对教师的不信任，与教师共同参与，探索他们所经历的一切，并在共同反思中获得相互理解。教师和学生共同完成教学过程，具体方法如下。

1. 讨论分析方法

在教学过程中运用讨论分析方法，学生可以根据数据和经验对生活中的一些常见问题进行深入的讨论。例如，许多学生对恋爱问题有一些模糊的理解：有些人认为“没有恋爱的大学是不完整的”等。由此产生的问题是：对爱情挫折的容忍度低，失去爱情后心情低落，影响学习。针对这种情况，可以在教学中设计以下讨论主题，以帮助学生学会对自己负责并了解真正的爱情。讨论主题：大学生恋爱上的利弊究竟哪方面会多一些？什么是爱？什么时候是坠入爱河的最佳时机？当你真正坠入爱河时，如何正确对待它？讨论的方法可以采取多种形式，例如小组讨论、辩论讨论。学生们开始讨论、辩论，最后由老师做总结。

2. 案例分析方法

学生可以融入典型的自我认知、学习活动、情感、人际关系、个性等，然后师生们在这些心理问题的基础上对主要表现、校正方法等进行讨论。案例分析方法在课堂上有效的关键是教师对案例的选择。因此，在选择案例时，我们应该关注学生关心和渴望理解的问题，努力使所选案例切合实际、有代表性。一个好的案例将引起学生理解问题、分析问题的兴趣和热情，在分析和讨论案例时，不仅提高了学生的主动性和积极性，还达到了教学的目的。

3. 角色扮演方法

角色扮演方法是一种特殊形式的戏剧，允许参与者发挥一定的作用，专注于在某种心理冲突情况下的自发表现，使学生能够通过表现释放压抑情绪，学会处理人际关系。角色扮演应尊重学生的自主性、自发性，即兴创作，营造自由轻松的氛围，让学生可以减轻自己的心理压力，认清自己的问题，以展现自己的真实感受，即兴表演，当场发挥。演出结束后，老师和学生一起讨论并总结。

### （三）心理健康教育隐性课程的开发

隐性课程通过间接的隐式方式隐藏了校园生活和教育环境氛围中的教育目的，通过对学生的微妙影响实现了教育的作用。传统的心理健康显性课程教授学生认知知识。与明确的课程相比，隐性课程具有潜在性、非预期性和多样性的特点，其效果的不可预测性和二元性，以及结果的理解性和深刻性，为心理健康课程的发展提供了内在的可能性。对高校心理健康教育隐性课程的研究可以拓展课程的载体形式，将简单的知识型课程转化为将知识技能与情感态度相结合的课程。

1. 构建校园心理环境

心理环境是指实际影响人们心理状态的环境。校园心理环境也是校园内影响学生身心发展的整个空间。良好的心理环境利用其独特的象征符号巧妙地渗透到学生的某些价值观和精神追求中，使学生能够在自己的心理世界中内化。校园心理环境主要包括校园文化和心育活动。校园物质文化为塑造学生健康人格提供了良好的环境和保障。校园物质文化包括校园环境布局、建筑装修、教学设施配置管理、树木和花卉种植培育、图书馆建筑、教室宿舍室内布置等。校园物质环境建设应考虑到学校的发展方向，定位应准确，弘扬时代的主旋律，以学生为出发点，尝试将学习、生活、活动区设置成既相对独立又有机结合的整体。注重环境的人性化设置、花草树木的美丽布局，给学生一个美好的享受，增加一些温馨的提示让学生感受到家的温暖。

校园文化体系为培养健康人格提供了政策取向。校园系统文化主要是指在大学办学理念指导下形成的学校精神和一系列行为规范。它在各种规则和条例、道德规范、行为准则、人际活动、学校组织的活动中得到反映。校园精神文化是塑造学生健康人格的无形之手。精神文化的主题是强化社会主义理想信念，树立社会主义核心价值观。校园精神文明建设是校园文化建设的核心内容。

2. 以开展爱国主义教育为主导

爱国主义是一个国家发展的精神支柱，是对自己的国家的深度依恋。深入发展爱国主义教育是党中央的重大决策安排，是大学校园文化建设的一件大事。在校园文化建设中深入开展爱国主义教育活动，应该基于接近实际、接近学生的原则，在各种形式的活动中，让大学生感受到健康的心理教育氛围。

## 三、心理健康教育课程的教学要求

### （一）教师心理素质的优化

从系统论的角度看，教师的心理素质是一个复杂的、不平衡的开放系统，对教师自身和学生心理健康的发展起着关键作用。从隐性课程的角度来看，教师正在用自己的言行、人格魅力、身心健康水平影响学生，实现“心连心”的教育过程。教师好的心情、乐观的态度、高尚的精神得到有意识的传播和无意识的表达，影响着学生的情绪。

### （二）课堂心理气氛的激活

在高校心理健康课程教学活动中存在着一种氛围，所有学生都可以体验到这种氛围，影响课堂教学的效果。这种在课堂上弥漫的氛围是隐性的，它让学生保持良好的情绪状态，在调动学生积极性与参与性方面发挥着重要作用。课堂心理氛围的激活要求教师具有较强的教学能力、组织管理能力、语言表达能力和心理咨询技巧。教师以明确的节奏调整教学活动，用热情的语言激发学生的情感，并以熟练的方式处理学生的心理问题，赢得尊重和信任。

## 四、当前大学生心理健康教育课程体系的问题分析

大学生心理健康教育起步较晚。从20世纪90年代开始，初步建立了大学生心理健康教育在大学生心理发展中的主导作用。从目前的课程实施情况来看，存在以下几个主要问题。

### （一）课程目标重补救预防，轻发展促进

目前大学生心理健康教育课程体系的目标，主要是预防和解决大学生心理问题，使学生了解心理健康知识和技能。解决心理问题是大学生心理健康教育的终极目标。这样的课程目标使许多大学生只知道如何避免负面情绪，而不知如何改善他们的积极情绪体验；只知道防止悲观、自卑和其他不良人格形成但不知道如何去发展积极的人格素质，如乐观、自信、宽容等。

### （二）课程内容重学科专业性轻实际应用性

目前大学生心理健康教育课程的教学内容主要是阐述心理健康的专业知识和专业技能。一般来说，大学生的自我意识、学习心理、人格心理、人际心理、爱情与性心理、职业心理等忽视学科在特定生活领域的应用，缺乏深入的探索。例如，体育在促进大学生身心健康方

面起着非常重要的作用，艺术在大学生的情绪和心理教育中起着重要作用，学生宿舍文化的建设对促进大学生和谐人际关系、促进心理健康具有重要作用。大学生心理健康教育课程应充分利用多元化的教育载体，提高课程的针对性和有效性。

### （三）课程模式单一，实施途径简单

目前，我国大学生心理健康教育主要是课程模式。课程体系基本上是根据健康心理学的知识逻辑组织的，学生的心理逻辑很少被考虑在内。课程模式缺乏灵活性，而且相对简单。课程实施方法主要包括专题心理知识讲座、心理健康活动和心理咨询，也比较简单。大学生心理健康教育课程是一项复杂的系统工程，无论是课程模式还是课程实施，都应该建立在系统发展理念的基础上，科学有效地发展大学生的积极心理素质和自我发展能力，从而建构科学有效的课程模型和实施路径。

## 五、基于心理素质培养的大学生心理健康教育课程体系的特征

良好的心理素质是个体心理健康的内在条件。心理素质对心理健康有重要的直接调节作用。良好心理素质的形成是个体心理健康和解决心理问题的关键。基于心理素质培养的心理健康教育课程应以培养学生良好的心理素质为基础，并作为课程建设的出发点和归宿。这不仅可以解决学生的心理问题，还可以培养学生成为更加积极主动、乐观、幸福、进取的个体。课程体系将整合多个学科，并利用各种教育资源和有效手段，其基本特征如下。

### （一）发展与适应并重的课程目标设置

强调发展和适应意味着该课程以培养和发展学生积极心理素质的课程理念为基础。基于心理素质培养的心理健康教育坚持积极心理学对人性的积极评价，重点是重视人与社会积极因素的教育功能。积极的心理健康教育观认为，每个人都有积极的心理潜能，有自我向上成长的能力。基于心理素质培养的心理健康教育将着重培养学生的积极心理素质和心理潜能。因此，基于心理素质培养的心理健康教育课程体系的课程目标不仅要引导学生积极适应，还要促进学生积极心理素质的发展和良好适应能力的形成。

### （二）综合化的课程内容构建

综合化的课程内容是指与大学生有关的所有学习工作、生活娱乐和社会实践都可以融入大学生积极心理素质形成和发展的心理健康教育活动中，生活即课程的大课程理念。在心理素质培养的基础上，大学生心理健康教育倡导全面进行、全过程、全面渗透、全员参与，形成以学校领导为统领，以专业心理教师为核心，以班主任为骨干，以学科教师为生力军，以宿管员和同伴为社会支持力量，以正向校园文化、社会环境和媒体宣传为积极氛围的心理健康教育立体网络。基于心理素质培养的心理健康教育课程体系强调学校教育与社会活动的有机结合、课堂教学与课外实践的有机结合，以及自我教育与同伴互动的有机结合。

### （三）自主参与的课程组织形式

基于心理素质培养的心理健康教育课程体系，所有教育活动都以激发、调动大学生自主参与、自主体验、自主感悟为核心，形成围绕心理健康和积极心理品质的自我教育活动。实践活动是个体心理品质形成的主要形式。根据文化历史活动理论，从心理发生的角度看，心理品质是主体依托实践的共同体。大学生心理健康教育课程不是一个灌输课，而是一个实用而全面的体验课。教师应该真正以学生为主体，尊重学生在学习过程中的感知、体验和操作。因此，该课程体系非常重视大学生通过自主参与实践活动来培养积极心理品质，特别强调课程的情景性、参与性、互动性和体验性。

## 六、基于心理素质培养的大学生心理健康教育课程体系构成

根据理论探索和实践尝试，我们认为基于心理素质培养的大学生心理健康教育课程体系的构成包括以下几个部分。

### （一）专题训练课程

专题训练课程是让学生转变观念，提升认识，理解和掌握保持心理健康的方法和技巧。实施专题训练课程有两种方式，即专家讲座和心理训练（心理教育课）。专家讲座一般由心理健康教育专家讲授，受众相对广泛，使大学生了解常见的心理问题，学会如何解决问题。专家讲座的缺点是难以实施具体的行为操作，学生的自我体验和感悟成长较少。心理训练（心理教育课）是心理教师根据大学生的年龄特点和发展需要，用学科课程的形式，以大学生成长中的各种心理健康主题进行的课堂训练或团体辅导。心理教育课程允许大学生一起参与和交流，这可以帮助大学生解决学习、生活中遇到的一些心理问题或领悟形成一些积极的心理品质。

### （二）实践活动课程

实践活动课程是基于技能形成、心理素质改善的实践训练活动课程。基于心理素质培养的心理健康教育课程体系的一个突出特点，是要注重实践活动在培养大学生积极心理素质中的重要作用。大学生可以通过实践活动形成良好的心理素质。借鉴国内外实践经验，实践活动课主要以下列形式进行。

（1）营销活动。以市场竞争实践的形式促进学生的心理健康。实施方法是邀请营销专业教师参加，帮助学生运用各种营销方法和技巧消除或缓解某些心理障碍（如社会恐惧），达到维护心理健康的目的。

（2）媒体设计。让学生设计有关心理健康主题的多媒体作品并参加比赛。邀请对心理健康教育感兴趣的新媒体专业的教师参加，为学生提供有关心理健康主题的信息和校园心理健康服务资源。

（3）自我超越训练。自我超越训练可以培养良好的心理素质和积极的生活态度，增强大学生的团队合作和竞争意识，增强团队参与意识和责任感，为大学生未来的幸福生活奠定基础。

（4）健康体育对促进学生的心理健康起着非常重要的作用。体育运动教育不仅促进了学

生身体技能的发展，也有利于学生的社交技能、亲社会倾向、学业成就和认知能力的发展。

### （三）艺术陶冶课程

艺术陶冶课程是指利用艺术的审美心理教育功能进行心理健康教育。艺术审美心理教育主要是指个人通过艺术欣赏和实践，获得真、善、美的熏陶和感染。在潜移默化的影响下，它会引起个人的思想、情感、理想、追求发生深刻变化，引导个人正确理解生活，树立正确的人生观和价值观。艺术陶冶课程的具体实施方法包括以下内容。

（1）音乐心理调整。音乐不仅可以治疗心理问题，还可以培养良好的心理素质。音乐可以渗透到人们的灵魂深处，唤起大学生积极乐观的情感，形成积极的心理素质。

（2）舞蹈心理教育。舞蹈可以促进大学生的心理健康，提高他们的心理素质。舞蹈不仅是一种肢体表现艺术，也是治疗心理创伤的一种方法。舞蹈心理教育致力于充分发挥舞蹈的治疗和教育功能。这种类型的课程要求学生编排具有情绪愈合功能或积极情绪体验功能的舞蹈。

（3）美术心理教育。美术心理教育是一种情感教育。它通过美好的事物调动主体的各种心理功能，升华情感，通过丰富的内心体验使情感产生共鸣，从而促进其内在的协调发展和自身与外在环境良好共生关系的建立。美术心理教育也是一种有效的自我教育形式，这有利于促进自尊、自信和个性成长。

（4）电影和电视观看。大学生心理健康教育最忌讳讲道和指责，尤其要注意分寸。电影艺术非常重视人物情感的宣扬和抑制，使电影的情感心理教育功能成为可能且有效。观看电影后必须进行引导和分享。

（5）校园心理剧。校园心理剧是利用舞台创设的生活场景，通过行为表达的方法和技巧，再现了生活场景中的心理冲突，表达了心理问题和心理过程，促使观众和演员产生新的领悟、体验新的情绪，从而形成一种全面和富有表现力的心理干预行为。校园心理剧让参与学生的情绪得到发掘和梳理，认知结构发生变化，使参与的学生能够找到问题的解决方案，建立新的行为模式，引导学生探索现实社会，完善自我。校园心理剧以其独特的原创性、互动性、生动性和启发性等特点，对大学生的心理和个性产生微妙的影响，提高自我帮助、帮助他人的心理健康意识。

### （四）微环境文化课程

大学生活的微观环境对预防心理问题和提高心理素质有着非常重要的影响。大学生活中交往最多的人是微环境中的同学，如同班、同宿舍的学生。因此，宿舍环境和班级环境对大学生有着非常重要的影响。

（1）宿舍文化心理塑造。宿舍是大学生生活的主要场所。大学生和谐的人际关系可以使宿舍成员有归属感，更能深刻理解自己的价值观，从而激发他们的积极性和创造性，促进大学生的心理成长。

（2）班级文化心理建设。班级是大学生相互交往的重要组织形式。大学生与班级成员交往较多，班级的文化氛围对大学生的心理和行为影响很大。良好的班级氛围可以提高大学生的认同感和归属感，班级同学的情感支持对大学生保持心理健康非常有帮助。为了防止大学生出现心理问题，提高他们的心理素质，学校应该营造良好的班级文化，建立积极的班级人际关系，培养大学生的集体荣誉感和团队协作精神。

总之，基于心理素质培养的大学生心理健康教育课程体系是一个旨在培养全体大学生积极心理素质的课程体系，应充分考虑大学生的自我发展潜能，综合各种课程内容的课程体系。该课程体系的构成主要包括专题训练课程、实践活动课程、艺术陶冶课程和微环境文化课程等多种形式。大学生心理健康教育课程体系建设是一项庞大的系统工程，我们只进行了一些初步的探索，今后要继续完善理论研究和教育实践，努力使课程体系在培养大学生积极的心理品质等方面发挥更大作用。

## 第二节　大学生心理健康教育课程教学模式

近年来，随着大学生心理问题的发展，人们越来越重视大学生的心理健康教育。为全面提高大学生心理素质，促进心理健康，响应2011年教育部办公厅发布的《普通高等学校学生心理健康教育课程教学基本要求》，将大学生心理健康教育课程列为高校公共必修课。目前，各大高校心理健康教育课程基本达到以下两个教学效果：一是普及大学生心理健康知识，提高心理健康意识；二是从心理问题的角度促进大学生心理健康教育，让学生及时发现和认识自己的心理健康问题，及时解决或寻求心理咨询老师的帮助。但是，上述两种教学效果只能从问题的角度来改善大学生的心理健康问题，对于大多数身体和心理健康的学生来说，课程的好处就少了。因此，为了使大学生心理健康教育课程发挥更好的效果，有必要改变传统的基于问题为主导思想的教学内容设计和单向教学方法。

### 一、教学内容设计从突出以问题为主转变为以积极心理为引导

20世纪80年代著名的美国心理学家塞里格曼提出了积极心理学的观点。塞里格曼认为，心理学应该有三个任务：治疗心理疾病，使人生更有意义，识别和培养人才。心理学不仅应该研究心理问题和疾病，还要研究人类心理学的积极方面，如勇气、乐观、人际交往能力、职业道德、希望、诚实和毅力，这些特征可能在心理问题中起作用。如今，积极的心理学观点越来越受到学者的重视。例如，Bazo-Alcarez等人已开展相关研究；Vernberg等从积极心理学的角度研究了儿童和青少年心理健康的工作策略；Kobau等从积极心理学和策略的角度研究了公共卫生的心理健康促进。

在大学生心理健康教育课程中，积极心理学视角的应用和问题导向教学设计的转变主要有以下几个方面：

（1）尽管大学生心理问题发生率高，但大多数学生的心理是健康的。如果我们只设计针

对各种心理问题的教学内容，即只有普及心理健康问题或心理疾病知识的主题，可以说这种教学设计是片面的，它可能只适合少数学生的心理需求。

（2）关注大学生的心理特点，促进大学生的积极全面发展和成长更有意义。大学是青年学生自我意识、情绪情感、性格、人际关系和意志力等综合发展的时期，培养上述积极因素，将更有利于预防心理疾病，促进他们健康快乐地成长。因此，在大学生心理健康教育课程的教学设计中，为了扩大大学生心理健康教育课程的教学效果，应该改变课程的教学设计理念，即以突出问题为基础，以积极心理学为指导，反映积极心理学的理论取向。因此，大学生心理健康教育课程的开放不仅让大学生关注心理健康，解决心理问题，而且要激励大学生自身的积极因素，培养自己内在的积极力量和卓越的品质，并最大化他们自身的潜力。在具体的教学内容中，表现的重点是培养大学生的积极自我意识、积极情绪体验、积极的人格塑造和良好的人际关系，注重大学生心理潜能的发展和积极心理素质的培养。

## 二、讲授法中自我与资料的运用

### （一）自我揭露法

在心理咨询中，我们知道辅导员的适度自我揭露有助于建立良好咨询关系从而解决问题。在心理课上也是如此，老师自己的成长经历、生活经历是最好的材料之一。如果你能在课堂上分享自己的成长经历，“教师如何遇到人际关系问题？”“你是否经历过失去爱情？”教师可以诚实地与学生分享成长过程，这将使学生感到教师热情友善，并在学习和生活中发挥作用。例如，一位讲师在教室的大学宿舍里分享了他和同学的合影。通过大学四年的简单合影，可以看出宿舍学生从奇异异化变为亲密自然，展现了大学的人际适应性和友谊建构的过程。在这样的过程之后，每个人都必须成熟，而教师真正的成长经历会让很多学生印象深刻。当然，教师也应该注意自我表露，避免滥用，避免不真实，以免教学内容成为教师的个人成长故事，让学生感到单调无聊，甚至认为教师太自恋，其效果将适得其反。

### （二）展示绘本法

图画书是通过绘画和文字表达特定情感和主题的书。选择适合课程主题的经典图画书并将其制作成PPT可以为课程增色很多。特别是对于艺术专业的学生来说，视觉形象是他们擅长的学习渠道，应发挥他们的优势、激发他们的兴趣。学生带着好奇、兴奋融入图画书的故事，教师通过有意义的问题和指导，不仅培养了学生的心理素质，还激活了学生的想象力和创造力。如认识自我的章节选取《我很特别》、爱情章节选择《失落的角落遇见了大侠》等经典故事书，并与学生分享。这些图画书不仅画得很精美，而且构图、色彩使读者视觉上赏心悦目，每张图片都有丰富的内涵，图片与图片之间独特的叙事关系将给学生留下难忘的印象。

### （三）视频资料法

不难理解，学生希望在课堂上看到更多有趣的视频。在课堂上，如果只是老师单独讲，即使这是一个很好的案例，时间一长学生也会很无聊，而视频的影响更直接，最好通过视听等各种感官来感知。例如，在关于健康心理学的一节中，崔永元的一段关于抑郁体验的视频，让学生了解抑郁症患者的痛苦程度、学习心理学知识有多重要、心理治疗在康复中的作用等。例如，在关于珍惜生命的章节中，可以选择一个关于史铁生记忆的视频。“死亡是你不必急于寻求的事情。死亡是一个肯定会来的节日。”让学生知道生与死的价值与意义。同时，可以要求学生结合主题录制课程所需的视频资料，如环境适应、宿舍关系等。

### （四）意见反馈法

心理课程的互动不仅要体现在课程某一部分的师生互动中，更重要的是如何在整个教学过程中真正尊重学生，真正体现“教学与建构”。特别是在必修课程建立的初始阶段，由于教师的教学经验不丰富，通常是大班授课，所以如何吸引学生跟随教师的讲解而不是被手机、其他书籍所吸引也是一大挑战，教师在教学过程中保持积极开放的心态非常重要。在课程结束时，教师可以诚恳地邀请学生写下意见和建议，这将有助于教师很好地了解需要改进的地方，或者至少要了解学生的心声和愿望等。让学生在课堂上写下好的地方或收获，这对需要鼓励的新教师来说非常重要，让教师看到他们付出的结果。同时，这将使学生在欣赏他人的同时总结他们的成长和进步。在收到学生的反馈后，老师应及时将自己的感受反馈给学生，以便学生知道他们的“小笔记”是有价值的，老师愿意做出新的尝试，努力使课堂更加生动、更加丰富，教师也可以看到自己的优势。这实际上也是一种心理素质的“教学”。

## 三、体验式教学的具体实施

### （一）冥想练习法

课堂上所有学生集体进行短时间的冥想练习是一种可以实操的体验性练习。如在情绪调节一讲里，甚至在每次课程开始时，看到一些学生并没有进入课堂学习状态时，教师可以自然地引导学生做一段放松冥想，比如“请大家把手机关闭或调成静音放在一个不会打扰到你的地方，请你以舒适的坐姿坐好坐直，放平双腿，双手自然放在双腿上，你可以微微合上眼睛，什么都不用想，只是感觉自己的身体，感觉自己的呼吸……”当学生再次睁开眼睛时，大多都感觉神清气爽，精力集中。当然，集体冥想难免会有学生难以进入状态，甚至还有个别学生小声嬉笑。教师对这样的学生要做的是持以开放的态度，让他们不要影响他人，让他们知道观察其他同学的冥想体验也是一种学习。这种简短的冥想练习，让学生在体验中直接练习了积极自我暗示及呼吸放松的情绪调节技巧。授课教师在每次上课前做这样的练习，能够很好地帮助学生做好听课的准备，而学生也逐渐乐于接受这样的放松练习。这种由授课教师根据情况临时编排的放松练习，需要授课教师有一定经验，根据现场情况随时调整节奏和内容。

### （二）音乐放松法

选择经典音乐在课堂上播放也是学生喜欢的方式。特别是一些学业压力较大的学生认为，心理健康教育课程可以让他们适当地放松，成为他们的能量站。因此，如果你能在课堂上提供直接的放松体验，你就可以赢得他们的青睐。有时候课堂上的时间有限，你可以在课间播放。

### （三）角色扮演法

根据课程内容设计角色扮演环节，让学生体验扮演不同角色的过程。例如，在人际关系一章中，设立了宿舍冲突的情景，要求学生根据情况解释萨提亚的五种交流方式，并进一步练习一致性交流，使学生加深对不同交际方式的理解。在情绪部分，学生被邀请进行不同的情绪状态表演，如愤怒、悲伤等，以便台下的学生可以对情绪的表达做出更具体的感知。因为角色扮演是愉快的，它经常使课堂更活跃，而观众的学生也有参与、观看的热情。

### （四）实物体验法

根据课程内容选择简单易学的对象，让学生感受体验。例如，在自我意识教学中，教师购买一袋小橙子，让学生分组选择一个小橙子并仔细观察，再放回去，然后识别并找回自己的小橙子。最后，慢慢地、小心地剥去皮并品尝它。引导学生通过这样的过程来感受自我，体验自己的特殊，学生往往在这个过程中有着特别深入的体验。该方法受到教学对象人数的限制，并且难以操作，但是给学生带来的体验和记忆将是深远的。

## 四、合作式教学的具体实施

合作式教学是一种组织学生小组学习的策略。合作学习有助于加强学生之间的沟通和包容，促进团队合作，提高学生的学习成绩。由于是大班授课，在教学实践中主要使用班级合作和小组合作。

### （一）小组合作法

我们在大型心理课堂上探索和实施合作教学。例如，在课程开始时，帮助学生建立一个由6人或8人组成的小组。根据班级的具体情况，从自由组合到根据给定的要求组合，该组合的标准要容易理解。例如，每个组必须有超过3个不同的专业、有两个性别组。分配给小组的任务可以是与课堂内容密切相关的协作学习，如关于人际关系要求学生分享他们选择朋友的标准；或者可以在课堂外合作，如每组选择推荐心理学图书。课堂上的协作学习可以根据研究需要随机分为2组或3组。

### （二）班级活动法

一般班级人数是20~30个，每个班级都需要提交心理活动报告，由心理委员会专门负责，并且任务的完成与学习结果有关。在实践中，发现这些任务给心理委员会带来了一定的压力，但也给了他们工作的动力，使他们更能够明确自己的责任，并积极主动参加心理委员会成员的相关培训。

合作学习也有其缺点，例如，合作容易忽视个体差异，一旦有不足或不称职会导致合作失败等。教师部署合作学习任务尤为重要，因此如何明晰任务、分解任务、报告协同学习过程、评估结果等需要逐一细化。

## 五、基于案例问题的抛锚式教学

案例教学是大学生心理健康教育的重要教学方法。在实践中，我们发现如果教师只提供单方面案件和分析案例，这种基于案例的教学更像讲故事。这个故事可能很精彩，但还不足以充分调动学生的热情。基于案例问题的抛锚式教学为学生提出了一定的案例问题，激发了学生解决问题的主动性，提高了学生在解决过程中学习新知识的意愿和积极性。学生不同的问题解决策略使他们能够直接感受到不同的思维和情感模式。教师应该灵活应对，帮助学生学习新知识，提高解决问题的能力。在解决问题的过程中，让学生真切感受到自己的学习和成长。为了达到学生学习新知识、新技能的目的，这种基于问题的抛锚式教学要求教师清楚地掌握教学内容和目标，并认真设计问题环节，让学生收获更多。设立大学生心理健康教育的必修课或强制性课程，是为了在大学生心理健康教育中发挥课堂教学的作用，普及心理健康知识。如何利用第一课堂主流渠道的流行推广，建立良好的教育和其他活动，让学生通过第一课堂学习产生兴趣和需求，并理解和参与各种心理活动或服务项目，使这些活动或服务项目在课堂外辐射并贯穿整个大学生涯，也是必修课程的任务。

### （一）实地参观法

例如，在心理健康教育中引入心理咨询和学习帮助时，请心理咨询委员会和其他干部预约心理咨询中心，要求学生参观心理咨询中心，以便学生对心理咨询有一个更具体的感知。如果有学生经常去心理咨询室，他们会情不自禁地表达“如此温暖！”“非常有趣！”“我不想离开这里！”这时，心理咨询中心不再是面对陌生人的迫不得已的选择，而是一个让人感到温暖的地方。这要求第一课堂教员和学校心理咨询中心的工作人员建立工作联系，使课内活动和课外活动相互融合、相互支持，为学生提供和谐、连贯的教育资源。如果心理健康教育必修课教学和心理咨询中心的工作相互脱节，教学效果往往是事倍功半。

### （二）心理测试法

心理测试是学生非常感兴趣的一种方法，他们希望通过有趣的心理测试来了解更多关于自己的知识。但是，我们在心理普查之后的筛选面试中发现，也有学生收到邀请并拒绝去预约的情况。因此，让学生通过前期课程了解心理测试的初步知识是非常重要。对心理测试有一个科学的态度非常重要：既不能迷信心理测试，也不能通过测试来标记自己或他人，更不能漠不关心。他们也有必要了解心理普查后的筛选面试是一个难得的机会，可以与顾问沟通，互相了解，让学生意识到心理测试为我们提供了一种了解自己的方法。通过这种方式，第一课堂起到了普及心理测试基础知识的作用，为心理咨询中心的筛选顺利开展奠定了良好的基础。由于课堂时间有限，课堂心理测试问题不宜过多，主要是为了让学生在自我评估过程中提升自我意识，激发学生理解自我、了解自己的兴趣，使学生对测试更加热情和好奇，还需要老师介绍相关资源，让学生去探究。

## 第三节　大学生心理健康教育评价的作用、存在的问题及建议

### 一、心理健康教育评价的作用

自20世纪80年代中期以来，我国大学生心理健康教育取得了长足的进步。30多年来，大学生心理健康教育一直受到党中央、国务院、教育部的重视。2000年以后，教育部颁布了《关于加强普通高等学校大学生心理健康教育工作的意见》等文件，明确规定了对大学生进行心理健康教育的重要性、主要任务等内容，提出了大学生心理健康教育的具体实施意见。这些纲领性文件的颁布，为大学生心理健康教育的发展提供了明确的政策导向，极大地促进了高校心理健康教育的发展。2011年，教育部办公厅发布《普通高等学校学生心理健康教育工作基本建设标准（试行）》和《普通高等学校学生心理健康教育课程教学基本要求》，作为大学生心理健康教育的统一标准。

在这些政策的强力指导下，全国高校先后建立了大学生心理健康教育机构，从心理发展的角度指导大学生的健康成长，大学生心理健康教育逐渐得到各界的认可。与此同时，也存在制约这项工作发展的瓶颈。例如，政策导向很强，但实施不到位；工作方式多样化，但发展水平参差不齐；多方力量参与，但专业化程度不高；科学研究活跃，但成果水平不高。

要进一步推进大学生心理健康教育，关键是要进行全面、科学的心理健康教育评估。要推进大学生心理健康教育，首先要完善政府教育督导制度，评价公共财政投入、人事制度、管理体制改革对大学生心理健康教育的影响。其次，政府应对学校进行发展评估，促进学校改进教育观念，创新教育机制，为大学生心理健康教育的发展提供良好的宏观环境，提高学生的心理健康水平。同样，学校应评估教师。只有对教师的专业水平进行评价才能在专业化、科学化的方向上促进大学生心理健康教育的发展。最后，学生的发展是心理健康教育评价的立足点。对政府评价，对学校评价，最终都是为了促进大学生心理品质的健康发展。

### （一）对政府评价，建立大学生心理健康教育的社会心理基础

目前，心理健康教育不仅仅是一种方法、一种技术，更表示一种概念、一种思想。心理健康教育已充分渗透到学校教育的整个过程中。大多数高校都建立了心理咨询机构，心理健康教育已成为可以覆盖所有大学生的通识教育。在自身资源的帮助下，高校已将心理健康教育渗透到教学、管理、校园文化建设中。此外，心理健康教育已扩展到学生家庭，学校与家长建立了广泛而密切的联系，以培养家长对子女心理健康教育的意识。同时，心理健康教育也向社会扩展，积极寻求社会支持，加强与政府部门、社会组织的合作，形成了一个结合学校、家庭和社会的网络体系，使心理健康教育成为整个社会的一个关注点。

在心理健康教育已被全社会共同关注的背景下，政府在推动心理健康教育科学发展方面发挥了多方面的作用，扮演着如管理者、监督者、指导者等诸多角色。建立大学生心理健康教育社会心理基础的重要任务也落到政府身上。政府能否制定与大学生心理健康教育相关的政策，以及监督、管理、评估等措施，促进心理健康教育向更科学的方向发展，成为未来社会心理健康教育发展的关键。因此，应由学校、社会组织、企业联合评估政府相关行为，以促进政府积极采取措施，促进大学生心理健康教育的良性发展，建立起良好的大学生心理健康教育的社会心理基础。

### （二）对学校评价改进大学生心理健康教育理念和模式

近年来，党中央、国务院、教育部高度重视大学生心理健康教育。在相继发布的一系列相关文献中，对高校提出了心理健康教育的要求，大学生心理健康教育的行政色彩日益强烈。但是，国家政策导向与高校的实施之间存在明显的脱节。大学生心理健康教育的规模和深度还不够。一些高校的心理健康教育工作是肤浅的，没有具体有效的措施，心理健康教育工作人员无法有效实施，工作难以扩大，质量难以提高。一些高校的心理健康重视个别学生的咨询和诊治，轻视一般的预防和指导。这种做法影响了心理健康教育的作用。同时，它也给学生留下了“所有需要心理咨询的人都患有心理疾病”的错觉。一些大学生在不敢及时咨询，导致一些人误以为高校心理咨询的对象只是有心理缺陷的学生，与大多数心理健康的大学生无关，使大学生心理健康教育的对象和范围受到很大限制，从而影响心理健康教育的作用。因此，政府、企业、教师、学生和其他学校教育利益相关者共同评估学校的心理健康教育，探索大学生心理健康教育的价值、科学观念和有效的心理健康教育模式，及时发现、解决大学生心理健康教育中学校存在的问题。只有这样，心理健康教育的教育活动和学习活动在提高大学生心理健康教育水平、更好地服务于学生发展方面才能发挥重要作用，高校才能继续积极探索大学生心理健康教育的科学理念和有效模式，提高心理健康教育水平。

### （三）对教师评价提升大学生心理健康教育专业性和科学化

教师是决定大学生整体心理健康教育有效性的核心因素。随着大学生心理健康教育的普及，越来越多的人将心理健康教育作为一种职业。但是，目前一些高校存在心健康教育机构隶属关系不明确、缺乏科学性和规范性等问题，导致接受过心理专业培训的人找不到自己的

位置，职责不明确、低薪酬使得有限的心理教育教师流失。

一般而言，高校从事心理咨询的人大多数是兼职。他们中的大多数经过短期培训，缺乏系统的专业培训，缺乏扎实的心理知识和丰富的实践经验，不熟悉心理测试和心理咨询的方法和内容，不了解大学生的实际情况，这也不利于大学生心理健康教育的发展。一些毕业于心理学专业的人由于缺乏工作经验或个人素质和自我修养问题而不适合进行心理健康教育。鉴于此，有必要培养教师的专业素质、教学技能、身心素质，建立教师自我评估，学校、老师、学生和家长共同参与的评估系统，形成一个促进教师持续改进的评估体系。重视心理健康教育教师对自身教育的分析和反思，鼓励心理健康教育教师通过多种渠道获取信息，不断完善心理健康教育、教学水平和技能。这可以有效促进大学生心理健康教育者的专业化和规范化，促进大学生心理健康教育向科学化方向发展。

### （四）对学生评价增强大学生心理健康教育的实效性

目前，由于大学生心理健康教育的整体水平和学生心理健康发展的需要，大学生个体或群体学习行为仍存在一定差距。大学生心理健康教育课程的有效性较低，效果较差。学生在心理健康教育课程中的主动性不够，很少有学生能够主动了解心理健康知识。由于高校对学生进行心理测评的方法、手段参差不齐，大学生的心理健康状况并不能整体、准确地为心理健康教育工作者所全面掌握，这都不利于大学生心理健康教育工作高效地开展。

学校采用多种评估方法，如实验方法、心理测量方法、观察方法、访谈法等，对学生个人或群体的学习行为、道德行为、社会适应性、人际关系进行跟踪和评价，可以及时发现大学生的心理问题。教育管理部门系统地开展大学生心理健康状况评估，为心理健康教育者提供有效的反馈信息，进一步提高心理健康教育的实效性，使大学生的心理健康水平和人格素养得到提高。

## 二、高校开展心理健康教育工作中存在的问题

在高校中建立科学合理的心理健康评估模型可以帮助学生提高整体素质，塑造健康的心理素质，这将为大学生融入社会奠定良好基础。采用层次分析法对大学生心理健康评价指标体系的构建进行评价，并通过问卷调查对1 043名广州大学生进行了调查和了解，发现目前高校心理健康教育尚存在以下问题。

### （一）在心理教育方面缺乏规范化形式

（1）高校心理健康教育机构不健全。虽然很多高校都建立了心理卫生诊所，但因所需资金太多、任务繁重，所以很多工作都无法正常开展。

（2）心理健康教育课程未得到足够的重视。一些高校将心理健康课程纳入几类思修课程，而一些大学甚至没有安排心理健康教育课程。教师和学生将心理健康教育课程视为选修课程，许多学生失去了心理健康咨询的机会，导致许多学生在心理健康教育课程之外出现心

理问题。

（3）缺乏必要的预防机制。高校教师没有及时为学生建立心理教育档案，也没有阻止和干预有心理问题的大学生。

### （二）高校开展学生心理健康教育工作的认识存在明显的片面性

许多高校开展心理健康教育工作，主要针对有心理问题的学生，这是一个错误的概念。

（1）教师在教育对象的理解上犯了大错，教师教育对象仅限于有重大心理疾病的学生，而不是所有学生。

（2）大学生心理健康教育工作更趋向于医学治疗模式而非学校教育环节，高校重视有心理问题学生的心理治疗而轻视了正常学生的心理保健。学校应以预防为主，采取预防、干预、治疗相结合的心理健康教育模式。

（3）实行心理健康教育工作的模式比较单一落后，仅局限于在思修课上穿插几节心理辅导和个别咨询，类似于思想品德政治教育课。

## 三、改善高校心理教育的建议

### （一）充分利用在中国大学生中快速发展的社交网络

这是哈佛大学心理学教授提出的六度分隔理论的使用，其中以人人网为例，个性化的沟通方式、高透明度、优越的传播速度，使其迅速发展成为大学生舆论的聚集地。在大学生信息管理过程中，高校辅导员可以使用人人网以实名制的形式管理学生。它易于理解学生的思想，关注学生的最新发展，并防止一些不良事件发生。

### （二）建立和完善大学生的心理健康教育机制

大学生心理健康教育是高校学生工作的关键项目。学校应提高辅导员的专业知识水平，并且针对专业教师供不应求的现象，聘用足够的心理辅导教师，把其所需的经费纳入到学校预算当中，从而保障教师的各项工作顺利开展。

### （三）开展心理健康教育的形式多样化

开展多种形式的心理健康教育，消除学生隐私暴露的顾虑，缩短师生之间的距离。您可以使用个人咨询、电话咨询、面对面访谈，以帮助学生摆脱不良心理阴影，提高他们的心理素质和适应能力。同时，辅导员还应该跳出虚拟空间来解决真正的问题，微信、QQ等网络工具是帮助教师解决实际问题的工具。当教师做思想政治工作时，他们仍然需要结合线上和线下，不仅要在线观察，还要离线访问、调查。

# 第四节 大学心理教育活动课程设计与实施的问题及对策

## 一、大学心理健康教育活动课程设计中存在的问题

目前，大学心理健康教育活动课程的实施正在有条不紊地进行，许多学校在心理健康教育活动中取得了很好的成绩。但是，由于忽视了大学生的心理发展，起步较晚，理论研究和实践经验相对较少。结合访谈和访谈得到的数据，总结了现阶段中国大学心理健康教育活动课程存在的几个问题。

### （一）教学课时达不到大纲要求

根据访谈数据发现，只有2.9%的学校心理健康教育活动安排满足大纲的要求，其余97.1%的学校不符合要求。除此之外，还有一个重要问题是课程非常单一。通过访谈，我们发现尽管大多数大学都在课程中包含心理健康教育，但每学期的课程很少，甚至一些学校平均每月不到一节课，这反映出一些大学领导不关注心理健康教育活动，而且形式化严重。一些大学直接将心理健康教育的特点隐藏在课堂活动中，且活动内容不符合大学生的年龄特征，很难实现心理健康活动课程的有效性。此外，为了满足教育部门的要求，少数中等职业学校追求多样化的教学形式，使心理健康教育活动课程成为游戏课，学生在游戏中没有任何收获。

### （二）对教学目标设计缺乏正确认识

心理健康教育活动课程是一门高度专业的课程，应该有自己的标准化教学体系。林崇德认为：心理健康教育是素质教育的重要组成部分，是一种培养学生良好心理素质、促进个性发展的社会活动过程，是教育者与受教育者之间互动的过程。健康教育活动离不开教师的参与，但目前许多心理健康教师缺乏专业性，其中很多是其他学科的教师，所有的心理健康教育都属于道德教育。从访谈中我也了解到只有少数学校配备了全职心理健康教师，并且近一半的教师认为大学心理健康教育活动课程主要是为了帮助调整学生的心理或排除心理障碍。这一情况表明，教师仍然没有正确认识大学心理健康教育活动课的目的，尚未区分心理健康教育活动课程与心理咨询和矫正的区别。

### （三）教学内容与方法设计缺乏多样性

从调查数据来看，100%的教师会根据学生的心理发展特点选择相应的内容来设计教学；93.7%的教师选择学生的兴趣与动机这个选项；77.9%的教师选择以社会发展为依据设计教学内容。数据显示，大部分老师会选择情绪调节、培养学习兴趣和健康人格的培养，这三个教学内容的比例分别为20%、16.8%和13.7%。只有4.2%的教师选择培养学生的集体意识；

5.3%的教师选择培养学生缓释压力的能力；6.3%的教师选择培养学生的自主参与能力。

另外，教师比较注重培养学生的学习兴趣、情绪调节和健康人格，忽视培养学生的自主参与能力和集体意识。在访谈中，了解到有些大学的心理健康活动课程依然和其他学科一样开设，但是还是有少数心理老师为了省事，直接参照中小学心理课教材给学生传输心理健康的相关知识。这就出现了老师讲知识写板书，学生抄板书、课后忙作业的现象。教师把这门课当成心理学基本知识讲授课，忽视课程的活动性和学生的主体性。虽然有的学校也会进行一些活动课程，但是这大部分都是为了传输理论知识，并没有结合大学学生的心理特点，从根本上违背了这门课的教学目标，不但没有促进学生的心理健康发展，甚至还会造成学生的心理负担。这种教学方式也抑制了学生主体性作用的发挥，没有引导学生认真思考问题，也没有指导学生从自身的角度出发将现成的知识与活动融合内化到心理，获得内心的感悟。

对于教学方法的设计，大多数教师还是选择单一的讲授法，54.7%的教师选择此方法。通过访谈，了解到很多教师想使用多种教学方法，但是由于时间限制课堂组织难度大，他们就会放弃设计复杂多样的教学内容和选择丰富的教学活动形式。总的来说，现阶段心理健康教育活动课程有所发展，但是还是存在不足，如教师所设计的教学内容涉及面较狭窄、教材选择不灵活、教学方法单一等问题。

## 二、大学心理健康教育活动课程实施中存在的问题

通过问卷和访谈发现，现阶段的大学心理健康教育活动课程已经得到了很大的改善，不管是教师、校领导、家长还是学生都逐渐转变对心理健康教育活动课程的看法，对其都有了一定的认识，但是还是存在一些问题。

### （一）课程实施方法和活动内容单一

发展心理学告诉我们，心理健康教育活动内容的选择应该基于学生身心发展的规律。但是，在这个阶段，教师并不了解大学生的心理状况，无法正确把握学生身心发展的特点。每个学生都是独立的个体，具有不同的个性和经历。课程设置与学生的实际情况没有太大关系，学生只能被动地接受教师灌输的心理学知识。心理健康教育活动课程应突出学生的主观能动性，而不是仅依靠教师在三尺平台上教授心理学专业知识。这种教学方法不可能改善大学生的心理健康水平。

此外，大多数大学心理健康教育活动课程仅限于课堂，空间不足，课堂时间也有限制。在每周有限的课时内，需要花费大量时间来回顾前一课的知识，这直接导致后续的共享时间被迫减少。在有限的时间内，指导老师刚刚创造了良好的活动氛围，激发学生积极参与活动的兴趣之后，他们几乎没有时间让学生交流感情。再加上两个相邻班级之间的长时间间隔，教室中形成的良好氛围无法维持。心理健康教育活动计划是一个开放的学习过程，教学设计和教学方法应更加注重学生的内心体验。因此，限制时间也限制了教学内容和教学方法的多样性。

### （二）学生与家长对课程实施的配合度差

学生和家长在实施心理健康教育活动课程中和课后发挥着重要作用。如果学生愿意配合教师实施课程，心理健康教育活动课程的效果将更加显著；家长是家庭教育的老师，如果家长能够及时、积极地反映学生在家庭中的表现，老师可以更好地了解学生。这样，在家长和学生的积极配合下，教师可以根据具体情况适当调整教学计划，促进教学工作的有序发展。但是，就目前的情况而言，大多数父母由于缺乏心理学知识，他们对心理健康教育持否定态度。一旦他们理解了，就会积极合作。不愿合作的父母认为他们的孩子非常优秀，不允许任何人说他们的孩子。对于课程实施，只有不到一半的学生会积极配合，这意味着超过一半的学生是被动的，有少数学生不愿意合作。对于不愿意配合课程实施的学生，通过书面访谈得知，一些学生担心他们在课堂上表现不佳而被同学嘲笑。

### （三）缺乏有效心理健康教育活动课程评价手段

课堂教学过程的反馈对于反思教学效果具有特殊意义。教师应注意通过信息反馈掌握学科的一般特征，通过信息反馈发现新的心理问题和有心理问题的人。有效评价方法在心理健康活动课程的设计和实施中起着极其重要的作用，它使教师能够及时发现教学工作中的不足，从而使教学目标得以顺利实现。据调查，课程实施后，44.1%的教师使用闭卷考试来测试心理健康教育活动课程的实施情况；23.6%的教师通过自我评估掌握了学生的心理发展。在设计评估方法中，只有4%的教师选择了闭卷考试，但在实际评估中，44.1%的教师选择了闭卷方式。在设计评价方法中，自我评价方法是主要部分，但在最终实施中，闭卷考试具有重要地位。两者之间有很大的不同。通过进一步的采访，很多老师以最公平的方式设计课程，但由于学校领导的态度、时间和现实因素，大多数教师在实际评估过程中，会选择易于使用的评估方法，这样更加快速有效。在采访中，我了解到如果学校不注意这门课程，将以普通活动或班级会议的形式进行，那么就不会有任何形式的评估。总体而言，大学心理健康教育活动的有效评价方法尚未形成，这导致教师在设计评估方法和实施方面不一致。

## 三、大学心理健康教育活动课程设计和实施问题的原因分析

随着经济的发展，教育事业也蓬勃发展，但应该随着教育的发展而发展起来的心理健康教育效果还不尽如人意。为了有效地实施心理健康教育活动课程，我们必须仔细研究这些问题的成因，以避免在未来的课程设计中反复出现。

### （一）心理健康教育活动课程的观念落后

全面实施素质教育已写入宪法，这是现阶段教育改革的重中之重。由于学校领导对心理健康教育活动课程缺乏正确认识，加上本课程师资力量不足，教师无法正确把握心理健康教育活动课程教学目标、教学内容、教学形式。比较王波和吴飞所调查的高等工科院校学生的心理健康教育状况，总结自己的教学经验和存在的问题，并通过相关教师发现，学生的共同

感受是通过一个学期的学习，他们可能掌握了心理健康的一些基本知识，但缺乏实际应用，无法实现心理健康知识的良好迁移，这与学生设想的心理健康课程相去甚远。课程内容知识化、学科化倾向严重，注重理论知识的解释，忽视学生的需求，使学生的学习兴趣难以维持。可以看出，大学心理健康教育活动中教师的专业素质对本课程的实施具有非常重要的影响。

### （二）心理健康教育活动课程德育化倾向

很多非专业老师会把其他学科的教授方式照搬到心理健康教育活动课中，使用的教学方法过于死板，直接导致课程出现学科化倾向，其中德育化倾向最为严重。调查显示，超过半数的老师认为德育统率心理健康教育活动课，比例达到68.4%；只有31.6%的老师认识到德育课程与心理健康教育活动课程有差别。

### （三）教材建设落后

教材建设是教育教学工作的重要组成部分。高质量的教材是培养高素质技术人才的基本保证。心理健康教育活动课程教材是一种可以展示教育特点和基础教学的工具。构建心理健康教育活动课程教材应树立质量意识，转变写作思路，准确把握价值取向，科学设计教学内容。目前，大学心理健康教育活动课程的教材主要是基于中小学心理健康活动课程的教材。因此，许多作者忽视了大学生的心理特征和需求。一些学校使用与大学心理学相关的教科书，只有少数学校使用本学校心理健康课程教师编写的校本教材，甚至少数学校没有任何教材。据调查，11.8%的学校既没有教材也没有教学计划；38.2%的学校没有教材，但有课程计划；只有29.4%的学校有校本教科书；还有一些其他案例。看看教材的满意度调查。在访谈中，发现1/3的教师认为教材缺乏直观性，一小部分教师认为目前的教材不实用。著名心理学家白华教授认为，大学心理健康教育的特点也应体现在心理健康教材中。因此，编写教材最重要的一点是要掌握大学生的心理特点。

### （四）教师培训机制落后

开放体验是心理健康教育活动课的结构和目标特征。这要求教师改变观念、更新思路，让学生充分发挥他们的主动性和创造性。由于有扎实的专业知识，熟练的教师可以更准确地掌握学生的心理特点和实际需求。这是为满足学生心理发展和心理需求的教学内容创造必要的教学方法。通过调查，我们发现大学心理健康教育课程的教学内容有很多重复，并且没有安排一些必须涉及的内容。造成这种现象的原因在于教师的专业知识和技能水平低。根据以上分析，大部分心理健康教师都是非专业人士或兼职教师。这些教师对心理学及其技能的了解有限，这影响了本课程实施的专业性和科学性。因此，对于心理健康教育活动的教授来说，由专业心理学教师来进行是特别重要的。

### （五）有效评价体系缺失

评价是对课程实施前、课程实施中和课程实施后的目标达成情况的评定。到目前为止，我国都还没建立一套完整的心理健康教育活动课程评价体系。调查显示，现阶段心理健康教育活动课程的评价方式多以考试形式展开的，这类学校占到44.1%。考试成绩的优劣并不能说明教学效果的好坏，只能反映学生的记忆水平。只有16.7%的教师采用学生反馈的方法，通过课后师生之间的谈心向教师反馈相关意见；8.3%的学校由领导进行评估来检验课程实施的效果。此外，除了教师和学生对课程实施情况的评价外，家长、专家和学校领导对课程实施情况的评价和反馈也显得十分重要。总的来说，目前我国的教育评价体系还不明确，缺乏直接的评价依据，评价手段单一，多以考试形式展开。在访谈中，了解到一些教师对本校活动课程实施的现状和结果不是很满意，主要原因在于校领导不是十分重视心理健康教育活动课程。

## 四、促进大学心理健康教育活动课程设计的策略

笔者对广东部分高校心理健康教育活动课程的设计现状进行了调查，发现现阶段越来越多的学校重视这门活动课程，加大了课程的建设力度，也从只关注学生的学习成绩转变到关心学生心理健康成长。大学投入了越来越多的人力物力和财力提高师资水平、改善校园文化环境和加强学校的各种硬件设施。同时由于心理健康教育活动课程的体系还不完善，在活动课程设计与实施中出现了很多问题，针对这些问题，提出了以下对策。

### （一）转变教育观念

实施心理健康教育活动课程，首要任务是改变原有的错误教育观念。随着社会的发展，过去单一教学内容、简单教学模式、简单教学目标已经不能完全适用于当前的心理健康教育活动课，而团体辅导活动则以群体为导向，结合共性及学生个性，强调大学生的主观能动性，将学生置于课堂中心。通过各种有趣的教育活动，吸引学生的注意力，引导他们积极参与课程活动。学生还可以分享他们的生活和学习经历，发现他们与学生沟通的优势和劣势，提高他们的整体素质并改善他们的个性。其次，社会需要在道德、智力和心理健康素质上全面发展的人才。教师要正确处理心理健康教育活动课程与其他课外活动课程的关系，正确定位心理健康教育活动课程，充分发挥心理健康教育活动课程的作用。此外，要正确把握心理健康教育活动与心理咨询等形式之间的关系。心理健康教育活动与心理咨询都是心理健康教育的重要手段，不同的是其重点。在学校心理健康教育活动课程中，两者相辅相成，共同推进。最后，学校还应改变宣传方法、加大宣传力度，使学校每位员工积极参与活动课程，同时加强家校协调，促进心理健康教育课程的建设。

### （二）重视心理健康教育活动课程

心理健康教育活动课程是推进素质教育的基本手段之一，是学校心理健康教育的核心。学校领导应重视心理健康教育活动课程设计，建立各种机制，创造各种途径和机会，提高教师的专业理论知识和教育水平，准确认识心理健康教育活动的内涵和意义，明确健康教育活

动课程与其他课程之间的关系，防止学科化倾向的出现。其中一个重点是要理解这门课程与道德教育之间的关系，避免心理健康教育道德教育化的倾向。在这个阶段，许多学校的学校领导更加重视学生文化课的学习，忽视了学生的心理健康教育。

一般来说，心理健康教育和道德教育既相互联系又有所区别。两者之间的联系反映在相同的教学对象、补充教育功能、一致的教育目标和跨教学内容。两者的区别主要体现在：① 道德教育内容较为广泛，主要包括思想政治教育和道德素质教育。心理健康教育活动课程的内容是自适应教育。② 在教学目标方面，道德教育主要培养新一代道德素质高、具有一定阶级属性的公民。心理健康教育的目标是促进学生的心理健康发展，并提高学生抵抗压力和适应社会的能力。③ 在教学方法上，德育主要采取奖惩等激励措施，规范学生行为，树立正确的价值观，具有明显的强制色彩；心理健康教育活动主要利用讨论、语音等活动来帮助学生，这更能体现学生的主体性和教师的指导作用。由于我国心理健康教育活动课程起步较晚，尚未建立成熟完善的心理健康教育活动理论，教学方法的运作方式不强，导致教学标准化不足。为确保心理健康教育活动的规范性设计，各级领导和教师必须认识到设计该课程的重要性，并通过加强教学和科研工作，参与各类学术交流活动，总结实践经验，深入研究课程的教学方法和教学模式。各地应建立各种区域性心理健康教育组织和协会，教师应定期参加这些协会组织的学术交流、教材和教学研究活动，尽可能地探索学生的心理水平，形成一套有效规范的心理健康教育活动课程设计方案。

### （三）设计有针对性的教学内容

教材是教师实践教学的基础。为了加强心理健康教育活动的实施效果，有必要加强本课程的教材建设。心理健康教育活动课程教材的设计应遵循以下原则：① 坚持以人为本、全面发展的原则。这一原则表明，教材的设计要注重学生的主体性，提高学生的心理健康水平。② 符合学生心理发展规律的原则。每个人的心理发展都有阶段性的特征，学生消化知识的能力随着年龄的增长逐渐增加。教材主题和内容的选择应以学生的能力和心理发展规律为基础，遵循由简单到复杂、积极向上的原则。③ 符合现实原则。教科书主题和内容的选择应该基于现代社会的发展和学生的真实心理需求，并选择最能体现学生需要处理的问题作为突破口。④ 符合活动原则。心理健康教育活动课程注重学生的直接体验，通过活动的内心化来达到提高心理素质的目的。⑤ 反映整合的原则。心理健康教育活动教科书的整合体现在以下几个方面：教科书内容和写作专家多样性的整合；编写教材应结合心理健康教育理论和各种活动和经验；与时俱进的心理健康教育活动课程教材写作团队成员应由心理教师和心理学理论家组成，整合各自的意见和实践经验，使教科书可以更符合社会发展，以满足学生的实际需求。总之，教科书内容和主题的选择必须保持最新，教材的编写必须遵循科学原理，以优化教材，增强可操作性和活动性。

### （四）完善教师进修培训机制

心理健康教育活动课程以学生为基础，学生可以充分发挥自己的主动性和创造力。由于活动的性质，学生将继续在集体活动中产生新的认知，并将在“接受和产生”的碰撞中重新认识自己。教师是课程实施的领导者，这会影响学生的行为。教师专业素质和教学能力的强弱影响着课程实施的成果。为了丰富教师的心理学和教学理论知识，提高教师的专业素质，学校应定期为教师设置培训课程，系统地研究和解决当前心理健康教师的心理能力问题。首先，学校领导应该清醒地认识到，与其他学科一样，心理健康教育活动的教师必须具备扎实的基本技能和丰富的理论知识。教师可以通过系统地学习来获得本课程的教学资格。一般来说，心理健康教育活动课程的教师必须满足以下要求：支持中国共产党的领导，热爱教学工作，关心学生；掌握心理学和教育的基本理论知识，具备基础教学技能；正确看待学生的生活和价值观，对心理健康教育充满期待和热情；具有良好的道德情感、良好的心理素质和积极乐观的生活态度。其次，加强在职教师培训。选择有强烈责任感、关爱学生、具有扎实基础教学技能的高素质教师定期开展系统学习，更新理论知识，培养一批学科带头人，促进心理健康教育的发展。当然，虽然每所学校都注重培养教师的专业素质，但也需要对高级教师进行信息技术培训，督促教师学习计算机基础知识，获得基本的网络应用能力。再次，标准化教师管理。系统学习后对教师进行评价，确保每位心理教师符合课程要求；妥善处理各种性质教师的工资问题，完善班主任评估制度，确保教师专职岗位。国家颁布了相关法律，吸引更多的大学毕业生加入心理健康教育活动教师队伍。最后，继续加强教师的心理健康发展。教师的行为会对学生产生一定的影响，有心理缺陷的教师肯定会做出不恰当的行为，会对学生的心理产生负面影响，妨碍学生的心理健康成长。因此，当一所大学聘用一名新教师时，有必要对应聘者进行严格的心理测试，选择一位具有完美个性的教师参与本课程的教学；学校领导还要丰富教师的课外活动，适当减轻教学压力，营造优美的校园环境和校园文化体系，让他们在各种活动中放松，提高人际交往能力；努力提高教师的工资，优化教师的工作环境，使他们的物质和精神得到满足。只有在没有后顾之忧的情况下，教师才能充分投身于教学工作，才能促进心理健康教育的发展。

## 五、促进大学心理健康教育活动课程实施的策略

现阶段，大学在重视心理健康教育活动课程设计的同时，也越来越关注课程的实施过程及实施效果。通过调查发现，大部分大学能够根据要求落实这门课程，但是也有一小部分大学存在课程实施并没有按照课程设计的目标、内容、方法和评价方式进行，而是根据原来比较落后的教学经验、单一的教学方法及缺乏多样性的知识来实施活动课程。针对这些问题，总结出了以下几个策略。

### （一）丰富心理活动课程的教学手段

为了更好地实施心理健康教育活动课程，教师应该依据课程内容，选择适当的教学方法和教具。除了传统的填鸭式教学方法外，教师还应该根据不同的主题确定教学方法，比如讲述父母与子女关系这个话题，教师可以适当引导，让学生采用辩论、头脑风暴或自我探索等

方式。以辩论、交流的形式展开的教学，增强了学生的参与感，给学生留下极其深刻的印象，最终能够帮助学生心理更加健康地成长。比如讲述青春期心理发展这个主题时，教师可以组织学生观看相关教育电影。观影后，教师引导学生总结出影片中主人翁的心理变化历程。通过总结这个过程，学生了解到什么可以做，什么不能做；了解到这些心理变化历程是正常现象，应该用平常心对待。在比如讲述职业选择这个主题时，教师可以通过演讲的方式，让学生大胆说出自己的择业观。这可以锻炼学生的应变能力、语言组织和临场发挥能力。听完学生的演讲之后，教师通过名人如马云、比尔·盖茨等人的职业生涯来告诉学生正确的择业观和人生观。职业无贵贱，只要是用自己双手创造的都是伟大的。人生的道路上没有一帆风顺，只有踏踏实实地走好每一步，不畏困难勇敢前进，才能创造属于自己的人生。

另外，教师应该在教学环节中选择适当的教具，丰富学生的感官体验，这种方式也能提高学生的积极性，促进学生心理健康成长。比如，教师选取一个大学学生共有的问题——学习态度这个话题，开头引导部分教师可以用多数学生知道的事件，这样容易引起学生的共鸣，吸引学生的注意力。在课中，教师除了使用多媒体或黑板外，还可以借助其他一些教具，如卡片或模型等。教师课堂中除了扮演引导者的角色，还可以加入到学生的团体活动中，这样学生更愿意向老师倾诉自己心里的想法，有利于教师掌握学生的真实心理情况。

### （二）激发学生和家长对活动课程的参与感

学生和家长在心理健康活动课程中都扮演着十分重要的角色，一旦没有了学生和家长的配合，不管多么优秀的老师，不管老师采取什么教学方法和手段，都得不到很好的效果。学生和家长是课程中的灵魂人物。如果学生愿意主动参与，主动配合课程实施，教师的教学工作就会事半功倍，因为教师就有机会获得学生反馈，这样有助于老师有针对性地修正原来工作中的不足之处，有助于提高心理健康教育活动课程的教学效果。家长在心理健康教育活动课程实施中也发挥着重要作用。教师在和家长的沟通中能够了解到学生在课堂之外的一些真实表现，有利于教师更深刻地了解学生，有利于得到最真实的课程评价。教师知道学生的需求后才能更妥善地安排教学内容，进一步落实活动课程。

首先，教师可以通过和学生交流，了解学生内心的想法，根据不同学生的性格特点，激发学生主动参与活动课程的热情。有的学生比较内向，不愿意在公开场合表达自己内心的想法，教师可以通过私下谈心或者主动的关心，获得学生的信任，建立起平等的师生关系，让学生愿意表述内心。在活动课程中，教师应该从学生外显的表现里掌握学生真正的想法。第二，教师要和家长保持联系，实时反馈学生的表现。家长和学生共处的时间要远远大于学生和教师相处的时间。家长和教师都是为了学生能德智体美劳全面发展，两者的出发点都是为了学生更好地发展。因此，教师可以通过网上通信软件经常跟家长反馈学生在校情况，家长也反馈给老师学生在家的情况，这样教师才能更好地了解学生，更好地把握学生的心理状态。第三，教师可以通过班会课告知学生自己内心的想法和过去一个阶段的教学总结。课后，教师通过学生的课堂表现以教学日记的形式记录学生的心理成长，进行教学反思。在每月总结教学经验后告知学生过去取得的进步，鼓励学生再接再厉，以积极的方式促进学生参与到活动课程中。

### （三）建设有效课程评价体系

考试的目的是用来区分成败，而不是用来检测的，但是可以很明显地看出这一评价模式不适用于心理健康活动课程。因为心理健康教育活动课程的评价是对课程目标达成程度的反映，也是对心理健康教育实际效果的评定，以判断其价值和效益。在调查中，发现很多学校用考试来检验这门课的效果。只有少部分的学校没有采用闭卷考试的方法单一地检查学生的记忆能力，而是采用家访或者课后谈心等方式来对课程进行综合评价。心理健康教育活动课程应该注重结果评价、过程评价及强调评价的多元化和动态化。比如一些学校会让学生自己反思，将反思结果以日记的形式反馈给教师；有些学校采用师生互评的方式，通过彼此的交流了解课程实施的优劣；有些学校则以家长评价及专家评价的方式来检验课程实施的效果。课堂教学过程的信息反馈具有特别的意义，连续的教学和及时的反馈沟通，使教学效果显著、持续且稳定，学生有成长感，教师有成就感。因此，要注意通过信息反馈把握授课对象的一般特征，发现新的心理问题和有心理问题的人。建立有效的教学评价体系有利于促进心理健康教育活动课程的实施，有利于提高学生心理发展水平，因此国家和学校都应积极主动地建立科学有效的课程评价体系。

# 第四章
# 大学生心理健康教育评价模式研究

## 第一节　大学生心理健康教育评价体系的基础

### 一、教学质量评价理论

关于教学质量评价的理论，本书主要借鉴了形成性评价理论和发展性评价理论。教学质量评价中，形成性评价理论和发展性评价理论是必不可少的，两者的关系是：教学质量评价的目的是发展，教学质量评价又离不开对教学过程的评价，所以在进行大学生心理健康教育课程教学质量评价的过程中，我们要把形成性评价和发展性评价结合起来。

#### （一）形成性评价理论

形成性评价理论侧重于评价者的成就期望，并强调自我完善。在评价大学生心理健康教育课程的教学质量时，形成性评价理论认为评价学科的多样化非常重要。评价对象主要包括教师、学生、学生家长等。形成性评价理论评价的内容非常丰富，包括学生在学习过程中的态度、学生创新精神和实践能力的发展、技能的获得、学习活动的经验、取得的成果等。形成性评价理论认为评价方法也应该是多样的，它应该包括学生自我评价、教师评价，它还应该包括更多的评价方法，如检查教师的日常教学材料、教师组织的活动等。形成性评价理论认为，在评价原则中，应结合定性评价和定量评价，重点是定性评价。形成性评价强调学生学习过程，注重学生运用所学技能的能力，鼓励学生积极参与实践，获取相应的知识和经验。

因此，大学生心理健康教育课程教学质量评价中要借鉴形成性评价的理论，要重视对学生学习过程的评价，着重于评价学生学习过程中是否有提升，并让学生对自己进行评价，鼓励结合自身特点进行学习与发挥，努力形成激励广大学生不断进步的良性循环。

### （二）发展性评价理论

发展性评价理论是一种评价者与被评价者合作的理论，评价者与被评价者依据发展价值观的理论基础，制定共同的发展目标，由评价者与被评价者共同实现发展目标的过程。在评价中，评价者会运用发展性的评价技术，从被评价者的素质、绩效、学习过程等多方面进行评价，促使被评价者不断进步、不断完善、不断发展，以此共同实现发展目标。发展性评价理论的原则就是“一切为了被评价者的提高”。国内发展性评价理论体现了把学生发展放在首位的教育理念，倡导“成绩重要但也不能忽视学生其他方面的素质，我们应加以引导，善于挖掘学生的潜能，从而让学生全方位发展”。

因此，大学生心理健康教育课程教学质量评价中要借鉴发展性评价的理论，要重视被评价者的发展，重视评价中共同发展的过程，重视评价的诊断性功能，并且在评价中还要考虑到不同主体之间的差异，形成适合不同主体的发展目标。

## 二、教学质量评价的原则

### （一）定量评价与定性评价相结合

在教学质量评价中，不仅要看定量显性内容，还要注重定性和隐性内容，并将定性评价与定量评价相结合。在构建的大学生心理健康教育教学质量评价指标体系中，有必要借鉴定性评价与定量评价相结合的原则。

定量评价主要包括：教师评价教师的得分，学生评价教师的得分，学生考试成绩，教学成绩等。定性评价主要包括：教师是否采用适当的教学方法，教师的教学态度，教师是否正确组织教学，教师的素质是否符合课程要求。定性评价和定量评价可以通过常规评价和统一集中评价进行。

### （二）方向性原则

在评价过程中，我们应该用发展的视角来看待大学生心理健康教育的表现，更加注重被评价者的发展，并对时间和环境的变化进行现实的评价。大学生心理健康教育的有效性在短期内难以显现，并且具有持续的发展过程。因此，在评价时，我们不仅要关注当前的工作，还要关注未来发展的潜力。在评价中，静态评价和动态评价相结合作为评价方向，使评价更准确，可以促进学生心理健康工作的发展。

### （三）科学性原则

大学生心理健康教育课程教学质量评价指标体系，用于反映大学生心理健康教育的客观规律，应在科学上对其进行客观设计。同时，指标体系还要经得起实践检验，坚持教育改革和发展的实践。准确、规范、合理的教学质量评价指标体系被认为是一个合格的指标体系。

根据科学性原则的要求，在大学生心理健康教育课程教学质量评价指标体系的构建过程中应注意以下几点：首先，在开始时应仔细研究指标体系。在评价教学质量理论的基础上，教学质量评价活动应根据理论基础反映的规律进行，以便根据科学性原则得到正确的研究结论。其次，构建科学合理的大学生心理健康教育课程教学质量评价指标，在制度上应选择科学合理的评价方法。最后，在构建教学质量评价指标体系的过程中，要遵循科学性原则，认真严谨，细致入微。

### （四）激励性原则

第一，评估系统的使用应尊重教师、学校和其他学科的合理需求，并应充分发挥每个学科的自主性和主动性；第二，学生应被视为评估过程中的积极参与者，有必要确保学生有权在评估中独立和充分发言；第三，评价体系的运作也应该促进教师的自我反思、自我评价，尊重教师的课程需求。

### （五）完整性原则

评价体系的完整性原则应主要体现在以下几个方面：首先，评价过程和评价标准应由不同的实体制定，学校和课堂的表现都应纳入评估过程，从而反映出评价体系的完整性；其次，有必要在评价中掌握教师、学生和其他可能的评估科目的公平性；最后，在教学质量评价中，教学、教学计划设计、教材、学校管理、部门管理、课程开发和其他活动都是评价的一部分，要多方面综合考虑，不能简单地考虑一个领域。

### （六）评价主体多元化

评价教学质量的主体被称为评价主体。多元智能理论是最广泛使用的教学评价理论之一。从多元智能理论的角度来看，主体多样性的评价是一种更为合理、科学的教学评价方法。多元评价理论还认为，定性评价和定量评价应结合在评价过程中。在评价教学质量时，评价的主要对象是社会、学校、教师、学生、家长等。这些评价主体可以在评价过程中采用每个学科的个体评价方法，也可以采用其他方法。评价主体以组合评价的形式执行评价，并且每个评价主体可以在评价中选择不同的评价角度和评价焦点，适当的评价主体对于建设和实践科学教学质量评价体系至关重要。根据大学生心理健康教育课程的情况，本书的主要内容是对大学生心理健康教育课程质量的评价，其主体包括学生、教师和教学管理者。

#### 1. 学生评价

在大学生心理健康教育课程的教学过程中，学生是学习的主体。在整个教学过程中，与教师的接触最多的是学生，学生对教师教学有最深刻的最全面的理解。因此，学生对教师的评价也更有说服力，评价更客观。学生可以谈论教师和教学内容、教学环境等。国内外的研究也表明，学生应该成为教学评价的主体。

#### 2. 教师评价

在大学生心理健康教育课程的教学过程中，教师是教学的主体，教师教学态度是评价教师素质不可或缺的要素。因此，还应调查影响大学生心理健康教育教学质量的教师因素，以提高教师的教学质量。教师也是教学过程的主要参与者，他们对学生的情况最了解，与学校教学管理和硬件、软件构建接触最为直接，教师是心理健康教育课程教学质量评价的评价者之一。

3. 管理者评价

作为大学生心理健康教育课程的主体，教学管理者应成为大学生心理健康教育教学质量的评价者之一。在教学评价过程中，教学管理者应积极了解大学生心理健康教育课程教学中存在的问题。

## 三、大学生心理健康教育课程的课程标准

### （一）课程标准定义

课程标准是课程计划中每门课程以纲要的形式编写的、对课程的教学内容进行指导的文件，并对各课程的课程计划详细展开进行指导。课程标准是教科书的编写依据，是教师进行教学的依据；课程标准对各课程的课程任务、教学目标、教学方法、教学进度、教学的深度、教学的结构、授课知识的范围进行了规定；课程标准是衡量各课程教学质量的重要尺度。

### （二）大学生心理健康教育课程标准

根据教育部办公厅的文件《普通高等学校学生心理健康教育工作基本建设标准（试行）》的内容，高校心理健康教育课程标准主要包括以下7个方面的内容。

1. 加强大学生心理健康教育体制机制建设

第一，大学的人才培养体系应该包括对大学生的心理健康教育。第二，成立专门的心理健康教育领导小组，成员必须具有代表性。第三，要建立从学校到院系到班级的学生心理健康教育机制。第四，学校必须有提供心理咨询的部门。第五，心理健康教育规章制度应建立、健全。

2. 重视大学生心理健康教育课程教师的作用

第一，要注重心理健康教育教师的素质，专兼职心理咨询教师应该合并。第二，学校应注重心理健康教育师资队伍的建设。第三，学校对心理健康教师的科学研究和课程开发也应该重视，支持科学研究，积极组织课程培训。第四，要加强学校各部门的心理健康教育和培训，提高学校的心理健康水平。

3. 加强对大学生心理健康教育教学中各教学要素的建设

首先，为了确保课堂教育的主要地位，开设一门选修课，确保学生在校期间尽可能接受心理健康教育。其次，心理健康教育教师应有适当的教学方法，教学内容要科学，符合学生身心发展的特点。

4. 重视大学生心理健康教育的各种活动

首先，建立各种校园心理健康活动，营造良好的校园氛围，多渠道开展心理健康教育。其次，拓宽心理健康教育渠道，利用学生喜欢看的媒体宣传教育。最后，心理健康教育应发

挥学生主体的作用，培养学生对公众教育的积极性、主动性。

5. 重视大学生心理咨询服务

第一，加强心理健康教育基础设施建设，场地、设备应完善。第二，加强学校心理健康咨询制度建设，咨询时间设置要满足学生需求。第三，提供多途径的心理咨询服务，如团辅、开通网络咨询、进行网络预约等。

6. 加强对大学生心理危机的预防和干预

第一，加强预防心理危机，建立新的心理健康状况普查制度，重点关注有心理障碍的学生。第二，制定危机干预计划，明确各部门的责任。第三，对于危机事件，我们应该尽量减少负面影响，并及时总结经验教训。

7. 重视大学生心理健康教育的保障建设

第一，为心理健康教育提供资金，以确保满足需求。第二，加强心理健康教育和心理咨询建设。第三，除了硬件建设外，还应配备必要的软件设施，如用于心理测量的书籍、工具等。

## 四、大学生心理健康教育课程的现状及影响教学质量的因素

大学生的心理健康状况受大学生心理健康教育课程教学质量的影响，所以我们要对大学生心理健康教育课程的现状及影响教学质量的因素进行探究与分析，以提高大学生心理健康教育课程的教学质量，确保大学生身心健康。由于构建大学生心理健康教育课程教学质量评价指标体系的目的之一就是有效提升大学生心理健康教育课程的教学质量，所以这些阻碍教学质量提高的因素有必要作为指标体系的指标出现。以下是本书采取问卷调查法对大学生心理健康教育课程的现状和影响教学质量的因素进行调查的情况。

### （一）统计学方法

1. 问卷编制与数据分析

以教学质量评价理论为指导，遵循客观性原则、可行性原则、人文性原则、科学性原则、综合性原则编制教师问卷、学生问卷，进行问卷调查与研究。利用Epidata 3.1软件进行数据管理，应用SPSS20.0对数据进行统计分析。

2. 资料和方法

选取参加“广东省大学生心理健康教育‘精彩一课’表彰交流大会”的107所高校的150位教师、专家，对这些教师、专家采用随机抽样的方法进行问卷调查，问卷调查尊重被测试者的隐私、人格，并且在保密的基础上获得客观、真实的信息。2016年2月选取一所综合类“211工程”院校（学校A）、一所民办类本科院校（学校B）、一所高职院校（学校C）2013，2014，2015年级的400位选修过这门课的学生采用随机抽样的方法进行问卷调查。本次调查共发放教师问卷150份，回收有效问卷109份，有效应答率为73%；发放学生问卷400份，回收有效问卷354份，有效应答率为88.5%。

## （二）大学生心理健康教育课程的现状

1. 大学生心理健康教育课程教师资质情况

本次调查回收教师问卷中心理健康教育课程专职教师67份（62%），代课教师42份（38%）；教师教龄3年及3年以下的45份（(41.3%），教龄4-7年的31份（28.4%），教龄8年及8年以上的33份（30.3%）；本门课程教师为硕士学历84份（77%），中级职称教师57份（52%），部分数据统计结果见表4-1。

表4-1　大学生心理健康教育课程封师咨质情况表

| 教师类型 | 比率（%） | 教师学历 | 比率（%） |
|---|---|---|---|
| 专职教师 | 62.0 | 本科及以下 | 18.4 |
| 代课教师 | 38.0 | 硕士 | 77.0 |
| — | — | 博士 | 4.6 |

调查结果显示：很多学校并没有配备大学生心理健康教育专职教师，许多学校心理健康教育课程教师是兼职的，是由辅导员、行政教师或者其他课程教师兼任。

2. 大学生心理健康教育课程教师教学方式情况

在教学方式方面，采用教师讲授方式的问卷105份（96%），采用播放视频方式的问卷86份（79%），采用团体辅导方式的问卷73份（67%），采用心理测试方式的问卷75份（69%），采用网络课程方式的问卷15份（14%），采用案例分析方式的问卷82份（75%），采用情景表演方式的问卷45份（41%），见表4-2。

表4-2　大学生心理健康教育课程教师教学方式情况表

| 教学方式 | 教师讲授 | 播放视频 | 团体辅导 | 心理测试 | 网络课程 | 案例分析 | 情景表演 |
|---|---|---|---|---|---|---|---|
| 所占比例 | 96% | 79% | 67% | 69% | 14% | 75% | 41% |

调查结果显示：大部分学校目前还是采取教师讲授的教学方式，并且大部分学校没有开设大学生心理健康教育的网络课程。

3. 大学生心理健康教育课程情况

在调查的学校中大学生心理健康教育课程的开课内容大致包括：心理健康认识（89%），自我认识与完善（85%），情绪调控（91%），压力应对（77%），个性与意志（54%），正确对待学习（69%），恋爱与性心理（85%），正确对待网络（25%），异常心理及防治（52%），生涯规划（61%），人际交往与沟通（95%）。不同类型学校心理健康教育教学内容情况略有差异，见表4-3。

**表4-3 不同类型学校大学生心理健康教育课程教学内容情况表**

| 教学内容 | 本科院校（%） | 高职院校（%） | 民办高校（%] |
|---|---|---|---|
| 心理健康 | 91.0 | 88.5 | 57.0 |
| 自我认识与完善 | 91.0 | 74.0 | 71.0 |
| 情绪调控 | 92.5 | 88.5 | 71.0 |
| 压力应对 | 85.0 | 68.5 | 28.5 |
| 个性与意志 | 56.7 | 51.0 | 28.5 |
| 学习心理 | 71.6 | 68.5 | 42.8 |
| 恋爱与性心理 | 94.0 | 71.0 | 57.0 |
| 网络心理 | 19.0 | 34.0 | 28.5 |
| 异常心理及防治 | 53.7 | 74.0 | 71.0 |
| 生涯规划 | 55.0 | 51.0 | 14.0 |
| 人际交往与沟通 | 97.0 | 91.0 | 100.0 |

调查结果显示：各高校对学生正确对待网络的教育重视度不够高，对学生异常心理的关注及防治的重视度有待加强。

大学生心理健康教育课程多数学校将其设置为必修课（45%）或选修课（37%）。除大学生心理健康教育课程外，部分学校（47%）已经开设其他的关于心理健康教育的选修课，如积极心理学、职业生涯规划、生命教育、趣味心理学、素质心理训练、情商管理、青年心理学、影视中的心理学等；部分学校根据本校的专业特点，开设了匹配本校学生课程的心理健康教育课程，如职业心理学、医学心理学、护理心理学、旅游心理学等。部分学校开展了“翻转课堂”教学模式，将教学内容模块化。

大学生心理健康教育这门课程多数学校（65%）考核方式为课程论文、作业的形式，见表4-4。

**表4-4 大学生心理健康教育课程考核方式情况表**

| 考试方式 | 开卷 | 闭卷 | 课程论文、作业 | 不考试 |
|---|---|---|---|---|
| 所占比例 | 14% | 11% | 65% | 10% |

大部分学校（85%）本门课程上课时间是在晚上。大部分（95%）学生觉得本门课程对自己有帮助，帮助最多的体现在加深自我认识（58%），情绪调控能力增强（55%），从容应对压力、心理危机预防能力提高（<41%），人际交往有改善（31%）等方面。这体现出本门课程对学生有一定帮助，但是还有一部分学生（5%）对所学知识并不满意，认为并不能将所学知识运用到日常生活中。

4. 大学生心理健康教育课程的教学管理情况

在本次调查中我们还发现，约有一半的学校（47.7%）不对大学生心理健康教育课程的教师进行培训；约有一半的学校（47.7%）不对教师进行考核，有的学校（2%）不进行评教活动。

## （三）大学生心理健康教育课程的现状及影响教学质量的因素

1. 教师对于影响大学生心理健康教育课程教学质量因素的观点

在本次调查中，被调查教师认为制约大学生心理健康教育课程教学质量的因素排在首位的是学校管理因素，学校管理因素排名前四位的因素分别是：学校不重视（72%）；教学质量与职称晋升不挂钩（60%}；教学质量与绩效考核不挂钩（60%）；教学管理松散（37%）。不同职称教师对于影响教学质量因素的态度情况大致相同，见表4-5。

表4-5　不同职称教师对于影响教学质量因素的观点情况

| 影响因素 | 初级职称（%） | 中级职称（%） | 高级职称（%） |
|---|---|---|---|
| 教学质量与职称晋升不挂钩 | 62.5 | 63.0 | 58.0 |
| 教学质量与绩效考核不挂钩 | 75.0 | 56.0 | 61.5 |
| 教学管理松散 | 41.7 | 33.0 | 38.0 |
| 学校不重视 | 71.0 | 72.0 | 77.0 |

其次是评教因素，例如：认为评价指标不合理（30%）；评教方式单一，影响评教结果（64%）；评教过于强调管理功能缺少人文关怀（61%）。最后还有其他的一些因素，比如大班教学效果不佳、学生不重视、课程性质因素等也是教师认为制约大学生心理健康教育课程教学质量的因素。

不同类型学校的教师对于影响教学质量因素中的学生不重视这一因素存在统计学差异（$P<0.05$）。见表4-6。

表4-6　不同类型学校的教师对于影响教学质量学生不重视因素的观点情况

| 类型 | 人数 | 比率（%） | $X^2$ | $P$值 |
|---|---|---|---|---|
| 本科院校 | 22 | 39.3 | 8.234 | 0.016 |
| 高职院校 | 31 | 64.6 | | |
| 民办高校 | 4 | 80 | | |

在调查中我们发现，教师普遍对提高学校对于大学生心理健康教育课程重视度、加强对本门课程教师的培训诉求较高。

2. 学生对于影响大学生心理健康教育课程教学质量因素的观点

约一半的学生（50%）是因为对心理学或者大学生心理健康教育这门课程感兴趣而选修这门课程，可见学生对本门课的学习比较有热情。还有部分学生（38%）是因为这门课好拿学分、课时少、不考试而选择选修这门课。其次，大部分学生（68%）并不会因为教师的职称高低而在评教中给教师打高分或打低分。由此可以看出，学生在课堂中对于教师的职称并不看重，也不会拿教师的职称去评论一堂课。

大部分学生（72%）更看重的是课堂的教学氛围、教师的责任心（68%）和师生关系是否良好（38%）；还有一些其他的因素，如教师教授内容有用与否、师生关系、教师的教龄、其他学生对这位教师的评价、教师对学生严格与否等也是学生会考虑的因素。

对于影响大学生心理健康教育课程教学质量的因素，学生认为制约大学生心理健康教育课程教学质量的因素排在首位的是教师因素，教师因素中排名前四位的因素分别是：教师个人魅力/号召力（65%）；教师的教学态度（60%）；教师的教学能力（51%）；教师的教学水平（37%）。其中，不同学校学生对于影响大学生心理健康教育课程教学质量的因素中的教师个人魅力因素存在统计学差异（$P$<0.001），见表4-7，其他因素不存在统计学差异。

表4-7　不同学校学生对于影响教学质量的教师个人魅力因素的情况

| 学校 | 人数 | 比率（%） | $X^2$ | $P$值 |
|---|---|---|---|---|
| 学校A | 123 | 78.3 | | |
| 学校B | 75 | 82.4 | 22.078 | <0.001 |
| 学校C | 60 | 56.6 | | |

# 第二节　大学生心理健康教育评价体系的构建

## 一、大学生心理健康教育评价体系的方法

### （一）Delphi法

Delphi法是通过广泛征求专家意见，经反复多次的信息交流和反馈修正，使专家的意见逐步趋向一致，最后根据专家的综合意见，对评价对象做出评价的一种定量与定性相结合的方法。该方法要求专家具有丰富的教学、管理经验。根据Delphi法要求，拟选择广东省内17名专家作为咨询对象，进行两轮专家咨询。专家的一般资料如下：25~30岁5人，30~40岁8人，40~49岁4人；教育工作年限10年以下9人，10~20年8人；大学生心理健康教育专职教师14人，教务管理教师2人，心理辅导员1人；硕士14人，博士3人。

### （二）专家咨询问卷制定

在运用问卷调查法分析大学生心理健康教育课程教学质量影响因素的基础上，结合现代教育管理理论，初步选定大学生心理健康教育课程教学质量评价体系的备选指标，并在问卷中设置了开放性问题，以了解专家对问卷中未提到内容的意见和建议。遵循专家咨询法的要求，每次专家咨询均有详细的填写指南，并将上一轮咨询表的回答情况反馈给专家。备选指标重要程度依据Liken 5分法分为5个等级：很重要（5分）、重要（4分）、一般（3分）、不重要（2分）、很不重要（1分）。专家对调查内容的熟悉程度也分为5个等级：很熟悉（5分）、熟悉（4分）、一般（3分）、不熟悉（2分）、很不熟悉（1分）。判断依据分为理论分析、实践经验、从同行处了解、直观感觉四类，影响程度分为大、中、小三个等级。

### （三）指标权重的确定

采用Delphi专家咨询法对指标权重赋值，并进行运算，最终确定各项指标的权重值。各项指标权重取值范围均在0~1之间，且各项一级指标权重之和为1，任何一项一级指标所包含的全部二级指标的权重之和为1，任何一项二级指标所包含的三级指标的权重之和为1。

### （四）统计学方法

专家的可靠性由专家的积极系数、权威程度和专家意见集中程度来衡量。专家的积极系数以回收率表示，权威程度由权威系数（Cr）表示，Cr一般由两个因素决定：专家对方案做出判断的依据，用Ca表示；专家对问题的熟悉程度，用Cs表示。权威系数计算公式Cr=（Ca+Cs）/2。专家意见集中程度指标采用变异系数（Cv）表示，其值越大，表明专家意见越离散。在本研究中，整理第二轮咨询结果，对变异系数小于25%的备选条目予以保留，当专家的意见基本趋于一致时，结束本次调查。同时采用Kendall协调系数W表示专家意见的协调程度，协调系数W在0~1之间，越接近于1表示专家意见协调程度越高。

## 二、大学生心理健康教育评价体系分析的结果

### （一）专家积极系数、权威程度及协调程度

第一轮咨询有15名专家应答，应答率为88%；第二轮咨询15名专家应答，应答率为88%。一般认为积极性较高的应答率在70%以上，本研究中专家对参与此项研究的积极性较高。根据计算公式，本研究中专家权威系数Cr为0.905，一般认为Cr大于0.70为可接受信度。因此，本研究中专家对此次评估的权威程度较高，结果可信。在本研究中，第二轮专家协调系数W=0.125，专家意见比较协调一致。

### （二）第一轮专家咨询结果

发放专家咨询表17份，回收15份，回收率88%；专家意见及条目修改情况总结如下。删除部分三级指标，具体为：二级指标“硬件建设”下的设备建设、资源建设；二级指标“软件建设”下的心理档案、心理网站、危机干预、心理社团；二级指标“保障建设”下的经费

到位、学习交流；二级指标“学生个体成长”下的心理健康水平、问题预防；二级指标“学生集体成长”下的班级凝聚力、课堂氛围、班级成长；二级指标“教师成长”下的能力提升。修改的指标为：将原一级指标“教学效果”及其下设的二级指标“学生成长”“知识素养”放到“教师”指标下分别作为其二级指标和三级指标；原二级指标“教学能力”和“教学水平”有重复，将“教学水平”删除，并将其下设的三级指标“教学理念”转移到二级指标“教学能力”下，作为其三级指标，将三级指标“教学评价”转移到二级指标“教学效果”下作为其三级指标；将“教学环境”下的二级指标“硬件建设”放到二级指标“保障建设”指标下作为其三级指标，并在“保障建设”指标下加入新的三级指标“组织制度”。

### （三）第二轮专家咨询结果

本轮咨询后专家的意见基本趋于一致，变异系数均小于25%，最终构建的指标体系见表4-8、表4-9，表4-10。

表4-8　一级指标专家咨询结果

| 指标 | 重要程度得分（分） | Cv（%） | 权重 |
|---|---|---|---|
| 教师 | 4.90±0.32 | 6.45 | 0.43 |
| 学生 | 4.70±0.67 | 14.36 | 0.20 |
| 教材 | 4.50±0.71 | 15.71 | 0.20 |
| 教学环境 | 4.50±0.71 | 15.71 | 0.17 |

表4-9　二级指标专家咨询结果

| 一级指标 | 二级指标 | 重要程度得分（分） | Cv（%） | 权重 |
|---|---|---|---|---|
| 教师 | 教师素质 | 4.80±0.42 | 8.79 | 0.45 |
| | 教学能力 | 4.70±0.48 | 10.28 | 0.45 |
| | 教学效果 | 4.80±0.42 | 8.79 | 0.10 |
| 学生 | 学生素养 | 4.60±0.70 | 15.19 | 0.50 |
| | 学习过程 | 4.60±0.70 | 15.19 | 0.50 |
| 教材 | 教材目标 | 4.60±0.70 | 15.19 | 0.43 |
| | 教材内容 | 4.70±0.67 | 14.36 | 0.57 |
| 教学环境 | 保障建设 | 4.50±0.71 | 15.71 | 0.50 |
| | 软件建设 | 4.60±0.52 | 11.22 | 0.50 |

表4-10 三级指标专家咨询结果

| 一级指标 | 二级指标 | 三级指标 | 重要程度得分(分) | Cv(%) | 权重 |
|---|---|---|---|---|---|
| 教师 | 教师素质 | 教师资格 | 4.60±0.84 | 18.33 | 0.43 |
| | | 专业素质 | 4.80±0.63 | 13.17 | 0.57 |
| | | 目标把握 | 4.60±0.69 | 15.19 | 0.27 |
| | 教学能力 | 教具应用 | 4.50±0.70 | 15.71 | 0.15 |
| | | 学习指导 | 4.50±0.85 | 18.88 | 0.20 |
| | | 活动组织 | 4.40±0.84 | 19.15 | 0.18 |
| | | 教学理念 | 4.70±0.48 | 10.27 | 0.20 |
| | 教学效果 | 教学评价 | 4.70±0.48 | 10.27 | 0.53 |
| | | 学生成长 | 4.70±0.67 | 14.36 | 0.28 |
| | | 知识素养 | 4.40±0.84 | 19.15 | 0.19 |
| 学生 | 学生素养 | 学习理念 | 4.30±0.67 | 15.69 | 0.33 |
| | | 心理健康意识 | 4.60±0.69 | 15.19 | 0.30 |
| | | 实践能力 | 4.30±0.94 | 22.06 | 0.37 |
| | | 情感参与 | 4.50±0.85 | 18.88 | 0.46 |
| 学生 | 学习过程 | 资源利用 | 4.20±1.03 | 24.59 | 0.17 |
| | | 学习方式 | 4.40±1.07 | 24.43 | 0.17 |
| | | 学习互动 | 4.50±0.85 | 18.88 | 0.20 |
| | | 目标科学 | 4.20±1.03 | 24.59 | 0.33 |
| 教材 | 教材目标 | 目标适用 | 4.20±0.78 | 18.78 | 0.34 |
| | | 目标合理 | 4.30±0.82 | 19.13 | 0.33 |
| | | 内容实用 | 4.50±0.51 | 11.21 | 0.34 |
| | 教材内容 | 内容科学 | 4.60±0.51 | 11.21 | 0.33 |
| | | 内容合理 | 4.50±0.70 | 15.71 | 0.33 |
| | | 场所建设 | 4.40±0.96 | 21.95 | 0.27 |

续表4-10

| 一级指标 | 二级指标 | 三级指标 | 重要程度得分(分) | Cv(%) | 权重 |
|---|---|---|---|---|---|
| 教学环境 | 保障建设 | 学术保障 | 4.70±0.48 | 10.27 | 0.27 |
| | | 专业发展 | 4.60±0.51 | 11.21 | 0.23 |
| | | 组织制度 | 4.70±0.48 | 10.27 | 0.23 |
| | | 教育活动 | 4.60±0.69 | 15.19 | 0.53 |
| | 软件建设 | 选修课程 | 4.50±0.85 | 1 888 | 0.47 |

## 三、大学生心理健康教育的效果评估

关于大学生心理健康教育课程的效果评估，一直是心理健康教育研究中的一个薄弱环节，也是一个难点。多年来，研究者试图寻找一套标准化的评价体系，但进展缓慢。本书在遵循现代教育理论的基础上，采用Delphi专家咨询法，通过咨询专家意见，对量表内容不断地进行修改、完善，构建起大学生心理健康教育课程教学质量的评价体系，科学性、可信度较高。

### （一）选择的专家具有一定代表性和可靠性

专家的选择是实施专家咨询法的关键，专家人数视研究项目规模而定，有研究认为，专家人数不宜超过50人，以10~50人为宜。本研究选择江苏省内17名专家作为咨询对象，其中既有教务管理教师，又有大学生心理健康教育课程专职教师，还有心理辅导员；教育工作年限在10年左右；专家的学历既有硕士还有博士。分析结果显示，专家的积极系数和权威系数较高，可以保证内容的科学性和可靠性。

### （二）两轮咨询后专家意见趋于一致

对于采用专家咨询法经过多少轮才可使专家意见较一致，一般无具体要求，多数短期经过2~3轮评估，专家意见已相当一致。本研究在经过两轮专家咨询后，各项指标变异系数均小于25%，第二轮专家协调系数W=0.125，说明专家意见趋于一致。

### （三）备选指标来源符合现代教育评价理论的要求

本研究在分析大学生心理健康教育课程教学质量影响因素的基础上，结合现代教育评价理论，初步构建大学生心理健康教育课程教学质量评价体系的备选指标，并在专家问卷中设置了开放性的问题，以了解专家对问卷中未提到内容的意见和建议。在指标体系构建过程中，不断检验其是否符合现代教育评价理论的要求。首先，教学质量评价指标体系的构建应遵循方向性原则、科学性原则、激励性原则、完整性原则。其次，在课程评价的手段上，要将质化评价与量化评价相结合。建立在符合现代教育评价理论要求基础上的大学生心理健康教育课程教学质量评价指标体系是科学的，可信度高。

### （四）构建大学生心理健康教育课程教学质量评价指标体系的必要性

各高校一般都用同一指标体系来评价所有专业课程教师的教学质量，没有区分不同课程的特殊性。而大学生心理健康教育课程是目前我国对于大学生心理健康问题进行预防和干预的主要途径，所以有必要对大学生心理健康教育课程教学质量的影响因素进行探究与分析，并形成一套合理的评价指标体系，以提高该课程的教学质量，确保大学生身心健康发展。根据大学生心理健康教育课程本身特点建立起来的教学质量评价指标体系，将对教师的教学效果做出更客观、公正、全面的评价。

# 第三节　大学生心理健康教育网络教学评价体系

## 一、高校网络心理健康教育评价的特征

### （一）评价主体多元化与专业化

大学生心理健康教育网络教学评价引起了高校的关注。在线心理健康教育评价的主体是指心理健康教育评价的承载和实施者。在心理健康教育网络教学评价中，评价主体包括专家、教育工作者和其他人员，具有多样性和专业性的特点。但是，过去大学生心理健康教育评价的主体比较简单，主要是指教育者和相关主管部门。网络的开放性和互动性特征已成为评价主体多样化的基础。心理健康教育网络教学评价的主体是大学生的心理健康教育专家、教育部领导、学校教育者、大学生和其他相关人员。同时，在线心理健康教育评价对评价者提出了更高的要求，评价者不仅要具备丰富的心理健康教育知识，还需要具备更高的专业性。

### （二）评价内容的全面性与针对性

在网络心理健康教育的评价中，评价的内容更为全面、专业。网络心理健康教育评价作为一项系统工程具有综合特色。在评价中，有必要确保评价内容的全面性，制定综合评价指标。所有评价指标都应该能够充分体现网络心理健康教育。所有评价的内容应涵盖心理健康教育的相关因素，提高在线教学评价的可靠性和有效性。心理健康教育在线教育评价的内容不仅全面，而且针对性强。首先，在评价中，评价的内容主要是评价心理健康教育的有效教学方法和教学过程以及具体的教学内容。其次，评价的关键内容应根据在线心理健康教育的特殊性来确定。

### （三）评价场所的虚拟化与现实性

现实心理健康教育的评价中，评价者与评价者、评价者与被评价者之间都需要进行面对面的沟通和交流，而心理健康教育网络教学评价中，既要实现虚拟评价，还要实现现实中的交流和沟通。信息技术的普及以及应用，使网络心理健康教育评价打破时间和空间的限制，

可借助网络技术、多媒体技术等对评价的主体进行评价。信息技术为网络心理健康教育不同空间的评价者提供了类似于传统面对面交流方式的协同工作环境，互联网技术支持处于不同空间但相互依赖的成员进行协同工作。

### （四）评价方法的智能性与自主性

在心理健康教育网络教学评价中，评价方法具有智能和自主的特点。在心理健康教育网络教学评价过程中，评价人员可以通过网络信息技术等智能评价工具完成数据调查的统计和计算。因此，网络教学评价节省了大量的人力和财力，提高了评价的效率。在线心理健康教育评价方法也具有自主性。在网络教学评价中，评价者可以通过电子图书馆和数据库，通过在线心理健康教育评价网站，找到与之相关的评价材料。专家的专业评价资源和丰富的评价信息。同时，评价者和评价者可以通过网络技术自由地进行通信。评价过程不再受空间和时间的限制，从而可以更有效地分析评价数据，并且可以缩短获得评价结果的时间。

### （五）评价行为的社会化

心理健康教育的传统评价形式受到了时间、空间以及外部环境的限制，其社会化的特点不明显。而网络技术的应用，网络心理健康教育评价不再受到时空等限制，能够在任意时间和地点进行，全社会都能够参与到心里健康教育评价中，从而促进心理健康教育网络教学在更为广泛的人群中开展。

## 二、建立高校网络心理健康教育评价指标的原则

### （一）客观性原则

高校网络心理健康教育评价指标的建立应遵循客观性原则。评价指标应科学合理，有客观规律性，以便进行正确的评价。在制定评价指标时，有必要避免个人主观因素对指标的影响。尽可能使用量化指标，以确保评价指标体系的有效实施。

### （二）整体性原则

网络心理健康教育评价是一项系统工程，评价指标必须具有完整性特征，能够充分反映教育目标。评价各级指标应能反映目标的规定性质。同时，各级指标的全面性应反映工作目标的要求。在网络教学评价中，每个评价指标都应该能够协调和配合，最终达到网络教学评价的目标和要求。

### （三）独立性原则

网络心理健康教育的评价应该具有相对独立性。各项指标的评价应分别完成，并根据各项指标做出相应的判断。不同层次的评价指标不应重叠，应实现指标的独立性。但是，在这个过程中，还应该肯定网络心理健康教育各种工作内容的相关性。因此，网络教学评价指标不可避免地有一定的联系性和包容性。

### （四）方向性原则

方向性原则主要包含两方面内容。首先，建立评价指标时要以正确的政治思想为基本方

向；其次，指标的建立要根据客观的心理健康教育网络教学的发展规律进行，把网络心理健康教育与网络道德教育相结合，将网络心理健康教育与现实心理健康教育相结合，将发展性心理健康与个别心理辅导相结合，提高网络心理健康教育的质量与效率。

### （五）可行性原则

网络心理健康教育评价指标最终将用于评价实践。因此，指标的制定应遵循可行性原则。可行性原则主要包括三点：一是网络心理健康教育评价指标应具有可操作性；二是评价的最终水平应具有可衡量性；三是评价者之间必须具有可比性，评价指标体系的可行性将最终决定是否有可能长期进行网络心理健康教育评价。

## 三、高校网络心理健康教育评价指标的构成

### （一）高校网络“心育”组织管理工作评价指标

高校网络心理健康教育管理评价主要从三个方面进行。

（1）高校网络心理健康教育的整体情况。

（2）网络心理健康教育团队与高校网站建设。

（3）高校网络心理健康教育机制。

### （二）高校网络“心育”内容的评价指标

在高校心理健康教育网络教学评价中，有必要建立科学的评价指标，有并根据大学生网络心理健康教育的需要设定高校评价指标，从而对心理健康教育网络教学进行科学研究评价。网络心理教育评价的内容主要包括网络心理健康标准、类型和网络咨询功能，正确的心理健康概念和帮助感，网络自我教育和心理素质教育，网络相关的心理困惑和异常心理学，电子学习心理学，情绪管理和人际交往。

### （三）高校网络“心育”平台评价指标

高校网络心理健康教育评价指标主要包括网站平台的建设水平、网络资源的利用率以及相应配套设施的配备。在对网络心理健康教育平台评价中，要根据网站的信息内容、浏览情况、下载情况、网站更新和维护情况以及网站的整体功能等进行评价。而具体的评价还要针对理健康教育网站的栏目设置、界面、内容以及信息数量、形式和满足需求程度等进行。

### （四）高校网络“心育”途径评价指标

高校网络心理健康教育的途径非常广泛，本书在建立高校网络心理健康评价指标时，以网络交流为主要教育途径，进行指标的量化处理。在评价中主要分析即时通信工具（QQ，SKYPE等）、电子公告系统（BBS）、电子邮箱、博客和微博、社交网络平台以及手机短信等的使用情况。网络心理健康教育评价中，要关注网络心理咨询效果的评价，而心理咨询评价主要分为过程评价和结果评价。

### （五）高校网络“心育”队伍评价指标

网络心理健康教育的能力直接影响着心理健康教育的质量。因此，应通过评价和各种政

策来加强对教师的评价，并应监督教师以提高他们的工作积极性。网络心理健康教育师资队伍评价主要包括：网络心理健康教育教学与培训的数量；参加心理咨询的学生人数和咨询效果；网络心理干预的数量和干预的效果；网络心理健康教育组织和开展心理、文化活动的数量和效果；发表的论文数量和主题研究；其他行政事务的参与。

## 四、高校网络心理健康教育评价的组织实施

### （一）高校网络心理健康教育评价组织实施办法

（1）心理健康教育网络教学评价者应具备丰富的心理健康教育知识和专业的网络技术能力。因此，网络心理健康教育评价团队应由心理健康教育专家与网络技术专家一起组成。心理健康教育专家负责网络心理健康教育平台内容的专业评价。网络技术专家主要负责网络平台的专业评价。

（2）将专家评价与自我评价相结合。主管教育部门应对心理健康教育专家和网络技术专家进行多元化评价，提高专业水平，及时发现网络心理教育的缺陷，提出改进建议，提高网络心理健康教育水平。

（3）将整体发展与系统评价相结合。网络心理健康教育的发展目标是培育学生的知识、情感、意识以及行为等心理素质，因此网络心理健康教育的观点要系统化，对大学生的网络心理健康教育进行系统化的评价。首先，要树立学生全面发展的理念，对学生的心理整体发展和更深层次的发展进行评价；其次，注重对学生表现出的个别心理结合整体背景进行评价。

（4）将网上评价与现实评价相结合。网络心理健康教育以网络为教育平台。因此，网络心理健康教育注重网络评价，通过网络中学生的表现，建设网络评价体系，在网络平台上对心理健康教育进行评价。同时，对问题的评定以及学生的心理状况评价要在现实中进行，结合两种方式的评价，提升评价的信度和效用。

（5）将评价与指导相结合。高校网络心理健康教育评价的意义在于促进学生心理健康教育的发展。因此网络心理健康教育评价要结合工作指导，对高校心理健康教育工作和教育者进行评价，对心理健康教育评价进行经验总结，及时发现问题，不断对心理健康教育进行反馈和改革，从而指导高校网络心理健康教育的发展。

### （二）高校网络心理健康教育评价具体实施步骤

（1）确立评价目标，规定评价指标设计的方向和范围。

（2）对评价目标进行细分，结合评价指标和指标体系的特征需求，将评价目标逐级细化，分解成不同等级的评价目标，从而确立分级指标的集合。

（3）构建评价体系的结构，在分级指标集合的基础上，明确各个指标集合的内容以及相应的末级指标，并明确末级指标在体系中的具体位置。

（4）确定权重方法，目前确定权重的方法主要有特尔斐法、层次分析法以及主观经验法等，根据具体的问题选择相应的权重确定方法。

（5）确定评价方法，评价主体根据评价的类型以及评价对象进行选择。

（6）完善评价指标体系，对评价体系进行科学的补充和调整，使高校网络心理健康教育评价指标体系更全面。

（7）实施评价并获得结论。

（8）结果反馈，从具体的评价结果中获得心理健康教育反馈，帮助高校了解网络心理健康教育中的优势和缺陷，改进网络心理健康教育工作。

## 第四节　大学生心理健康教育实践课程多元化评价

大学生心理健康教育实践课程是根据社会发展需要和大学生身心发展的特点，依据心理学、教育学的有关原理，有目的、有计划地引导学生自行设计、组织、参加一系列活动，在其自身的体验和感悟中提高心理素质、增进心理健康、开发心理潜能的一种新型课程。作为一门课程来说，评价占有十分重要的地位，它会直接影响到与课程有关的一系列理论研究与实践操作问题，如课程的目标制定、课程的具体实施、课程的教学效果等。因此，建立科学、系统的评价体系是心理健康教育实践课程有实效的保证。将多元化评价体系应用于大学生心理健康教育实践课程，帮助学生树立行动中的新评价观念，实现从孤立评价设计到“教学，学习，评价”一体化设计的转变。

### 一、大学生心理健康教育实践课程多元化评价的理论基础

#### （一）建构主义理论与多元化评价

建构主义的理论核心认为，学习是意义形成的过程，而不是知识转移的过程。根据以往的经验，学习者通过同化和顺应积极地建构学习内容的意义。因此，学习者处于意义建构的中心。该理论强调知识是在一定情境下个人经验的合理化，学习者的建构是多元化的，强调学习知识参与和独立活动的个人经验。为此，多元化评价的重点应该是一个过程评价，它围绕实际情况进行，反映动态的连续特征，并不断呈现学习者的进步。多元化评价可以使用诸如真实性评价和可操作性评价的特定方法。

#### （二）多尔后现代主义课程观与多元化评价

多尔的后现代主义课程观是基于后现代视角来检验课程评价的理论假设、功能和含义。它强调课程评价的动态性，即课程的产生而非预设。实质上，评价应该是共同转型背景下的协调过程。评价应该是联合、交互。因此，后现代主义认为，评价的作用在于转化的目的，以协调为手段，多代理人参与，以民主评价为保证，并注意匹配情况、时间，评价的意义是“帮助个体”。后现代主义以其包容的态度，充分尊重个别主体的意愿，为现实中的每个人开辟了生活空间。开放意味着多元化，学生每个人都是独特的，课程评价不能完全统一，它还

需要多元化才能真正检验学生的学习效果和掌握程度。

## 二、实践课程多元化评价的原则与方法

### （一）实践课程多元化评价的原则

1. 客观性原则

目标是基于事实和实事求是的。具体实施心理健康教育实践课程的评价，教师在收集、整理过程中对信息进行客观公正分析，不要混淆个人主观因素，同时尽可能多地收集信息，确保收集全面性的信息。

2. 主体性原则

在每门课程中，学生应该是主体，教师起主导作用。在学校心理健康教育实践课的评价中，学生也是评价的主体和评价的参与者。教师应提高学生对评价过程的参与度，并尊重学生的主观性。具体而言，他们不仅可以参与评价指标的选择和指标重要性的确定，还可以参与评价标准的制定，对评价结果进行解释。评价过程不是评价者对被评价者的控制，而是民主谈判和主体参与的过程。

3. 发展性原则

发展重于预防是心理健康教育的重要准则。我们对其进行评价时，也应围绕学生的发展，为学生的发展服务，坚决反对那种站在学生对立面的评价，或者为评价而评价。评价着重于提供反馈信息，让学生在客观认识自我心理基础上促进其心理素质的发展和提高。

4. 可行性原则

可行性原则意味着学校心理健康教育课程的评价必须具有一定的可操作性，适应当时的主客观条件。具体而言，评价指标体系应在保证科学性和正确性的前提下尽可能简单，以便每个人都能掌握并确保实施的可行性。

### （二）心理健康教育实践课程的多元化评价方法

1. 心理测量评价法

心理测量评价法是指利用科学的心理测试量表收集学校心理健康教育课程评价的相关信息，如学生的心理健康状况，学生的心理发展水平是否得到提高以及存在的问题。心理测试必须遵循标准化原则，与观察方法和内省方法相比，测试方法更加准确和客观。因此，它是评价心理健康教育实践过程的有效测量工具。

2. 档案袋评价法

档案袋评价法是一种典型的质性评价方法，通过将一些与学生相关的、具有代表性的作品或材料收集存档，从而发现学生的情感体验、学习方法、个性风格、自我评价能力、价值观以及心理发展历程等。档案袋评价法多以描述和记录方式真实、深入地再现学生心理发展的过程。档案袋的建立应随时间而不断扩展，在创建、生成档案袋的过程中，老师能清晰地看到学生心理成长的足迹，学生自我也能感受到自己的变化过程。

3. 情境式评价法

美国的心理学家加德纳提出情境化评价的概念，他认为评价应该在个体参与学习的情景中轻松地进行，它不是在学习后“外加”的内容，而是自然学习环境中的一部分。因此，在对心理健康教育实践课程评价时可以通过设计与学生学习、生活相关的活动场景来进行，即在学生的现实生活或类似于其实际生活的情境中进行评价，使学生在相对自然的状态下真实表达自己的内心世界。

4. 发展性评价法

发展性评价法强调面向多元的理念，追求方法的多元，不偏爱实证化方法或人文化方法中任一种方法，即不因“量”废“质”，也不因“质”度“量”。心理健康教育是促进人类发展的一种教育，促进发展，是否使学生的心理成长，心理素质是否得到提高应该成为其价值判断的标准。因此，这种方法强调人文价值，最终的价值基础以学生为本，注重课程的改进和发展。心理健康教育课程评价的发展为课程建设者和师生提供及时有效的信息反馈，使他们能够找到缺点并及时纠正，从而提高教学质量。它要实现的目标是指导课程的实施，衡量实践课程的最终质量。合理的课程目标应具备以下特点：一是体现以学生为本的教育思想，根据不同时期、不同学生群体的特点，制定总体目标和指标，以达到目的并有针对性；其次，要符合大学生身心发展的规律和条件；第三，与时俱进，反映时代特征和社会发展需要；第四，目标具有很强的可操作性。

## 三、大学生心理健康教育实践课程多元化评价指标构建

### （一）对心理健康教育实践课程目标的评价

课程目标是课程教学的灵魂和导向。目标需要具体明确，具有针对性。心理健康教育实践课程目标即实践课程能起到一定指引作用。

### （二）对心理健康教育实践课程内容的评价

心理健康实践课具有很强的针对性和实用性。根据不同年级学生的不同特点，学校应注重学生的实际生活来选择和设计活动。首先，必须严格遵循实际课程的目标，并逐步根据年龄阶段设定内容；其次，要满足当地的实际情况和学生的实际需求；第三，关注学生在成长过程中可能遇到的常见心理问题。

### （三）对心理健康教育实践课程过程的评价

开展心理健康教育实践课程评价的目的在于促使学生主动积极参与活动，在过程中进行自我反思和调整，以促进其心理素质的提高和健全人格的成长。所以，它比任何一门课程更需要对过程进行评价，即关注教育活动中存在的具体问题，全面获取反馈信息，切实提高实践课的质量。可以说，活动过程评价在一定程度上决定了实践课程的评价。在评价过程中，评价者更应该关注活动过程的结构是否组织明晰、恰当；课程是否充分体现活动过程的原则；课程的活动特征是否明显；教师的价值是否适时闪现。

### （四）对心理健康教育实践课程效果的评价

课程效果是检验实践课程的实施是否成功的重要标准。具体而言，要考察以下几个方面：第一，绝大多数学生是否学会并掌握了自我调控、自我疏导、自我消解的方法和技巧。即对认知层面的考察，学生是否能理解、接受实践课中的基本观点并能将解决问题的方法应用于生活。第二，对学生元认知层面的考察，即多数学生是否能够进行自省，并以合适的方式表达自己的感受和体会。第三，对学生情感层面的考察，即学生在活动过程中的参与率、兴趣度以及问题回答是否合理、有效。第四，课程只是提升学生心理素质的一个平台，更重要的是多数学生是否能将其延伸到课堂以外。因此，对于教师而言，如何设置合理的课外延伸和实际应用的实践项目，并采取切实可行的措施对活动目标进行及时反馈和有效巩固变得特别重要。

# 第五章
# 网络时代大学生心理健康教育的转变

## 第一节　网络时代大学生心理健康教育内容

### 一、网络教育的内涵

由于互联网的快速发展，出现了在线教育。它是随着科学技术的进步和信息网络的逐步普及而发展起来的一种新型教育模式。网络教育是基于现代学习理论和网络环境下的教学思想。它将网络技术与教学行为相结合，充分发挥网络的各种优势，利用现代网络信息技术手段为教育者和学习者提供了一个新的教学环境。

网络教育属于现代远程教育，以计算机网络为主要媒介。它使用数字技术传输教学内容，并开发以学习者为中心的非面对面教育活动。在线教育的本质是多媒体传播教育，它突破了时空的限制和传统教育线性学习结构，使学习者能够在广泛、快捷地从媒体中获取大量信息。正是由于在线教育的诸多优势，在线教育已成为当今社会非常重要的教育形式。

要理解网络教育的内涵，需要弄清楚以下几点：（1）网络教育的媒介和手段是网络信息技术；（2）网络教育的实现不仅仅是教学资源的数字化，而是虚拟新教育环境的构建；（3）在线教育包括选择在线教育资源和在线教育信息、开发、处理、设计、创新等智力活动。

## 二、网络教育的特征

### （一）时空不限

在线教育活动可以在个体、群体、众体三个级别上进行。根据活动模式，可分为异步教学和同步教学。同步教学具有空间自由，异步教学在空间和时间上有很大的自由度。一方面，互联网技术可以更好地实现学校内外教学的全过程；另一方面，任何具有Internet访问条件的人都可以随时在任何地方访问Internet，并且可以独立选择学习内容。简而言之，教学和学习的过程不一定必须同时进行。因此，在线教育最大限度地解除了教育的时间和空间限制。

### （二）重复性

网络教育资源是网络虚拟世界中存在的事物，它们不会因重复使用而消耗或磨损，该特征使在线教育资源得以不断地保存和积累，形成了越来越多的在线教育资源。网络存储了大量高质量的教育资源，为人们长期重复使用提供了可能性。

### （三）开放性

与强调教学的传统教育模式不同，在线教育是一种超越时间和空间限制的开放式教学模式。学生只要拥有一定的网络知识和在线技能，就可以随时在任何可以上网的地方学习心理健康教育的知识。此外，利用网络多媒体技术，可以构建一个信息丰富、轻松愉快的学习环境，而数据和视频、图像大量呈现有助于形成和发展其创造性思维。

### （四）匿名性

在虚拟、互动的网络世界中，学习者可以自愿交换自己的经验和价值观，充分表达自己的内心感受，使网络成为学习者的“灵魂之家”。在网络中，一般来说没有人知道你的真实姓名、性别、年龄、种族、社会地位。你可以完全忽略现实生活中年龄、性别、经济条件、文化程度等方面的差异矛盾和限制，与他人平等自由地、开放地进行心理健康方面的交流。

### （五）针对性

网络教育使用计算机网络特定的信息数据库管理技术和双向交互功能，为个性化指导提供有效的方法和条件。教育学习服务系统可以提供学生个性数据、学习过程和思想评论等的完整记录，然后为不同学生提出的个性化问题提供指导和建议。

## 三、网络教育的优势

传统教育是在封闭的环境中进行的，构成的元素是教师、学生、教室。这种教育模式受到时间、空间的限制，对教师和资金的要求很高。教师和学生、学生和学生之间的沟通受到很大限制。网络教学是一种新型的教育方式。它是一种基于网络信息技术的教学模式，突破了传统单一的课堂教学方法。网络教学模式真正实现了课堂的全面开放，以其丰富的教学方法、先进的网络教学技术和良好的教学效率，挑战了传统的教学模式，推动了传统教育模式的转变。

### （一）网络教育能够培养学生学习的自主性

在线教学回归学生的主动性。网络教育依赖于互联网巨大的信息容量、强大的信息处理能力和生动的教学互动，调动学生学习的积极性，增强学生的主体意识，培养学生的自主学习能力。学生可以使用网页技术、Flash动画、Word文字处理、PowerPoint幻灯片制作、Excel电子图表、访问数据库和其他技术手段收集、完成、消化网络上的学习信息，表达并在各种媒体显示你自己的观点和结论。在基于网络的学习环境中，当学生和教师、信息资源、学习资料、学习伙伴互动时，学生有意识地进入自学和探究学习的状态。

### （二）网络教育能够培养学生学习的创造性

现代信息技术将文本、图片、声音、图像与其他教学信息有机地结合起来，让学生积极参与到教学过程中，并主动学习相关知识。特别是，网络强大的交互功能允许学生大量地获取知识和方法，通过参与在线讨论、自我检测、模拟实践等获取经验，并积极构建自己的知识系统，利用各种学习资源实现学生自身的创新意识，并培养创新能力。

### （三）网络教育能够培养学生学习的协作性

协作学习是一种先进的教学方法，与现代教育理念相一致。通过协作沟通，学生将获得更开放的学习思路、更多的学习方法、更智能的培训和更高的学习效率，对学习内容有更深入的了解。在线教学不仅可以建立一对一、一对多、多对多连接，还可以与国内外知名专家和教授进行交流。学生使用网页浏览器、电子邮件、BBS论坛等信息渠道与学生或教师就相关主题进行交流，分配任务和信息资源，讨论并解决问题，在协作沟通中建立更多信息联系渠道。

### （四）网络教育能够丰富传统教育的教学内容

网络教学的一大特色，就是将过去传统的、静态的书本教材转变为具备图、文、声、像的动态多媒体教材，将抽象的概念和理论以形象的、易于接受的形式展现给学生。同时，通过互联网络和非线性链接、跳转等功能，可以将教学内容从书本扩大到更大的范围，大大丰富和拓展书本的知识，使学生在规定的教学时间内学到更多的知识。

### （五）网络教学能够改变传统的封闭式教学环境

传统的课堂教学模式对人力资源的投入有较高的要求，受时间和空间的限制。这限制了教师和学生、学生和学生之间的互动。网络教学是一种基于计算机网络的新型教学系统。它打破了单一课堂教学形式，取而代之的是课堂学习、在线交流、协作学习这一组合教学模式。同时，网络教育实现了课堂的对外开放，以其丰富的教学资源、先进的教学技术和良好的教学效率，挑战了传统的教学模式，促进了传统教育模式本身的转变。

## 四、网络环境下大学生心理健康教育面临的挑战

### （一）网络环境下大学生心理健康教育的重要性

根据中国互联网络信息中心2014年7月21日在北京发布的第34期《中国互联网发展状况统计报告》，截至2014年6月，中国网民数量达到6.32亿，其中学生为中国互联网用户最大的群体，占25.1%。学生生活特别是大学生活已经“联网”，网络环境下大学生心理健康教育的重要性日益凸显，体现在三个方面。

1．时代发展的需要

社会需求逐渐推动了网络技术的发展，网络已经充分体现在我们生活的方方面面，同时也对大学生的学习和生活产生了一定的负面影响。因此，为了帮助大学生预防和克服互联网引发的心理问题，有必要加强对大学生的心理教育。大学生主要通过课堂学习和在线教学掌握、了解心理健康知识和技能，通过这些方法可以进行自我心理调试。此外，我们必须了解网络过度使用造成的网络心理障碍，及时了解良好心理健康素质的培养方法。

2．大学生成长的需要

由于大多数大学生是独生子女，缺乏生活经验和社会经验会对他们的生理和心理产生一定的影响。同时，网络活动为大学生提供了多种选择，使大学生更容易依赖网络，但不合理的应用也导致大学生心理疾病的出现。

3．教育发展的需要

大学生要全面发展，不仅要提高外在思想素质和专业知识，还要培养自己的心理素质。心理素质主要体现在外在刺激下一个人的内在品质和心理活动的稳定性。互联网上的大量信息为心理教育提供了大量资源。在线咨询等突破了时间限制，不仅提高了教育质量，而且改善了传统的心理健康教育模式。

### （二）网络环境下心理健康教育存在的问题

网络环境为大学生活带来便利，也给大学生心理健康教育带来诸多负面影响。具体而言，网络环境下大学生心理健康教育存在的问题主要体现在以下几个方面。

1．对网络心理健康教育环境缺乏针对性研究

中国网络心理健康教育尚未形成良好的理论研究和科学合理的实践研究。大学生心理健康教育通常只有一两章，这些论点具有一定的片面性，仅针对网络特征、人格等方面。这些问题只考虑表面现象，缺乏对大学生成长过程的长期关注。目前一些高校只提供一些简单的心理学知识、心理测试，不能及时有效地与大学生沟通。这种方法只是将心理健康教育的载体扩展到网络，缺乏新的教育理念和教育方法。同时，还缺乏对大学生心理健康教育实践操作的研究，没有紧跟网络时代大学生心理健康教育的主体、内容等方面的变化，导致对如何解决大学生在网络环境下形成的心理问题的研究较为落后。

2．缺乏足够的网络资源投入

很多大学建立的心理教育网站信息资源较少，只有图书、图片等，网站建设缺乏相应的

技术支持。另外，缺乏相应的心理健康教师，有的教师不是心理专业，只是通过一定的培训获得了相应的心理咨询证书。

3．缺乏对网络的开发和利用

由于计算机的普及，上网的大学生数量非常多，上网时间也很长，这对大学生的心理健康有一定的影响。笔者对在线心理教育进行了调查，主要从18所高校的网络心理健康教育内容方面进行。结果：90%的高校在校园网建立了心理健康相关网站，75%的高校没有提供在线服务。这些学校的心理教育网站都只有与心理学相关的基础知识。虽然有一些帮助，但仍有一些缺点。同时，心理教育网站建设也存在不足之处：网站入口路径繁琐、内容更新速度慢、网络功能利用不够全面、在线咨询方式单一。从这些情况可以看出，高校网络心理教育建设存在明显的不足。

### （三）网络环境下心理健康教育面临的挑战

1．削弱了传统教育的效果

我们的思想教育和心理健康教育从小到大帮助我们树立了正确的人生观和价值观，但网络环境会对良好的自我意识产生负面影响，对网络没有有效的监督和约束，暴力、色情等信息的存在，会导致大学生出于好奇或模仿心理而犯罪。与此同时，大学生处于青春期向青年期过渡的阶段，仍然存在一定的逆反心理，而网络上的一些错误信息将使其更加叛逆。同时，一些虚假信息的传播会给大学生带来一些误解，对网络信息的正确性和真实性存有疑虑，这引起了大学生的心理反感。

2．对教育工作者调控能力的挑战

大学生受教育的主要方式就是课堂教学，除此之外还接受电视、课外书本等的再教育。教育者在言传身教的过程中还充当着信息员的角色，对学生拥有着绝对的权威并且对学生状况也有一个很好的了解。随着网络技术的发展，丰富了大学生的自主选择权，师生之间的交流主要运用网络，但是部分教育者缺乏对网络技术的了解和应用，因此无法及时有效地与学生进行交流，从而导致其对网络对大学生心理健康的影响更加不了解。

3．教育者素质的挑战

随着现代科学技术的发展，教育模式不断完善和发展。现代教育模式主要采用计算机多媒体教学。因此，教育工作者需要对网络技术和网络环境有一定的了解，还需要对网络有所了解，对各种信息具有一定的识别能力。传统的心理教育方法主要是基于学校教师的教育和教学材料。因此，学生的心理状态教师有一定的了解。但是，随着网络信息的发展，学生的知识不再局限于课堂。因此，网络环境中的教育者必须具备更高的素质，不仅要有优秀的专业知识，还要有在网络环境下判断、分析问题和信息的能力。

4．教育环境复杂化

除了学校和家庭之外，大学生面临的教育环境也将受到社会环境的影响。过于复杂的社会环境会对大学生产生一定的负面影响。由于国家有相对完善的法律法规，虽然社会环境复杂多样，但也属于可预见和控制的范畴。由于我国网络环境的管理和监控方面仍然没有令人满意的进展，因此教育环境的复杂性也随之增加，给大学生心理健康教育带来了困难。

## 五、网络环境下大学生心理健康教育的途径

### （一）大学生自我教育

除了网络环境和社会环境等因素的影响外，大学生心理健康问题还包括自身因素。当大学生提高自我教育和自我管理水平时，首先应加强对自我教育的指导。实现自我教育需要从两个方面进行。首先，高校应改变传统的心理健康教育观念和模式。他们可以通过他人的直接评估，引导大学生进行有效的自我认知和自我评估。对自己的优点和缺点有一定的了解，激发他们的自信心。二是高校要大力发展和完善心理健康教育机构，鼓励学生大力开展自我教育活动，积极参与校园活动，减少在网络上花费的时间。同时，也可以根据大学生不同时期不同阶段的特点，制定自我管理目标，并根据自己设定的目标进行自我监控和自我完善。此外，大学生经常自我反省和自我批评，不断优化自己的人生观、价值观、世界观和行为习惯。

### （二）丰富网络教育内容

要丰富网络教育的内容，首先要加强网络法规的教育，让学生知道应该注意的事情，并能够有意识地遵守行为准则。同时，各大学还可以制定符合相关法律法规的网络行为规范，并将其与学校的德育定量评价体系联系起来，形成一定的管理机制。同时，每个科目的教学也可以融入其中，使学生可以在实践中获得经验。同时，我们必须加强对优秀传统文化的教育。大学生心理健康教育可以与优秀的中国传统文化相结合，加强大学生的德育、价值观和学习概念教育。中国传统文化主要强调个体的道德修养和人格的完善，一个人的认知水平决定了其道德判断能力。价值观教育和学习观念也很重要，它不仅可以促进大学生正确认识社会，而且可以促进大学生思想素质和行为规范的提高。

### （三）开展网络心理咨询

网络心理咨询的优势体现在很多方面。网络咨询打破了传统咨询在时间和空间上的局限性，使心理咨询更快。没有面对面的沟通，可以减轻访客的心理负担，网络咨询的成本也很低。有很多方法可以进行在线心理咨询，作者仅从三个方面给出实例：（1）开展网络心理讲座。心理学习区域在网页中单独设置心理健康教育影视区、电子公告板和开放网络论坛等模块，加强大学生心理健康教育的各种途径，帮助大学生树立积极健康的思想。（2）电子邮件回复。大学生在线咨询的主要形式之一是使用电子邮件咨询，这不仅扩大了咨询范围，而且促进了高校心理咨询的推广。（3）网络在线咨询。在线咨询主要可以是文字或语音形式。我们可以首先对在线咨询分学习咨询、人际咨询和情绪咨询三类，并根据这些不同的类别配置不同的心理学家。与此同时，网上咨询的另一种方式是视频，但这种方式接受的大学生并不多，主要是因为更多的大学生对心理咨询有一定的误解。

### （四）建立完善的心理健康网络

心理健康网络的改进可以从三个方面进行：

（1）监督和管理校园心理网络信息，并定期快速更新网络信息。不良信息常常进入我们的眼睛，因此，有必要加强网络监管水平，及时拦截和处理不良信息。

（2）推进三级网络心理健康教育网站的改进，加强包括国家、省、高校在内的心理健康教育网站的建设，进一步强化其咨询和服务功能。

（3）加强家庭、学校、社会互动，构建心理健康教育立体网络。

## 第二节　网络时代对大学生心理健康教育的影响

### 一、网络时代背景对大学生心理发展的影响

21世纪是一个高度信息化的时代。随着信息技术在世界范围内的迅速普及，人类社会正在经历着一场意义深远的革命。网络作为以信息技术为中心的新技术革命的一个显著特征，已渗透到人类社会的所有领域。

在互联网所代表的信息时代，拥有较高智商的大学生是最先接触并首先接受互联网的学生。据中国互联网络信息中心（CNNIC）1997年发布的第一次《中国互联网络发展状况统计报告》，中国的互联网用户数量仅为62万。截至2010年12月底的第27次统计报告显示，中国互联网用户数达到4.57亿，比2009年底增加了7 330万；互联网普及率攀升至34.3%，比2009年增加了5.4个百分点。与此同时，报告显示，中国网民的主体仍然是一个30岁及以下的年轻群体。其中，大学生、硕士和医生占全国网民的68.6%。他们通过互联网浏览各种信息和资料。通过在线聊天，与来自世界各地的人交朋友，参与各种电子论坛，开展网络娱乐活动，享受网络信息技术带来的前所未有的多彩生活。然而，在享受高科技带来的便利的同时，网络世界中的一些不良信息也对大学生的价值观产生了重大影响，影响了大学生心理健康发展。

#### （一）网络对大学生认知的影响

首先，认知是指在特定时刻思考和感知某一事物的过程。如今，网络已成为全球第四大媒体，拥有出色的信息存储和传播。然而，在互联网上，大学生面对如此丰富的信息，往往只是简短而快速地浏览，并且不认真考虑其内在涵义，只是在大脑中留下浅显的印象。因此，长期接触这种“吃快餐”的方式会使大学生的认知能力大大降低，他们无法专注于一件事的思考，这样大学生对这类事情的敏感性就会降低。其次，大学生接受新事物和信息的能力有限。以“吃快餐”形式提供的大量信息将导致大学生信息消化不良。当网络信息的输入超过其正常负载时，将对大学生造成混乱和心理压力。第三，由于互联网上几乎没有找不到的信息，这就在一定程度上改变了学生学习的方式，使得他们不愿独立思考问题，过分依赖现成的信息而忽视实践，这极大地阻碍了学生思维过程的深化和学习能力的发展。

### （二）网络对大学生情感的影响

随着自我意识的增强和自身需求的不断增加，大学生的情感活动日益丰富多彩，表达力度很强，充满激情、冲动性和爆发性。大学生在自己的发展中不仅需要表达自己的幸福、愤怒、哀伤等，更重要的是要接受周围环境和他人的情感表现。只有不断与他人交流，学生的情感世界才能不断得到改善和发展。虽然网络中的单词和符号之间存在情感交互，但与真实的面对面交流仍然存在很大差异。在互联网上，大学生只面对文字和图片，而不是对方的眼睛和表情，所以他们不能真正地从心里感受到彼此。随着时间的推移，它会使情绪逐渐变得无动于衷，不愿意在生活中表达，并且不容易接受别人的情感表达，造成情感的丧失。

### （三）网络对大学生意志的影响

网络上的信息量和信息的种类，是无法用数字来描述的。因为其包罗万象的特点，所以对于年轻大学生的吸引力是巨大的，尤其是那些自制力较差的学生对网络中获得的快乐和经验具有强烈的心理依赖性，最终导致网络成瘾。网络成瘾的人往往失去焦点，缺乏面对现实生活和学习的动力；对家庭无动于衷，总是在思考网络信息，无法控制在线时间。对虚拟网络世界的依赖使得许多大学生失去理想，从而在网络外的现实生活中变得沮丧和颓废。

### （四）网络对大学生人格的影响

从心理学的角度来看，人格是一个人的思想。这种模式包含一种独特的情感和行为模式，它具有一种独特的心理品质可以区分彼此。它包括外在行为和内在心理状态，在社交生活中呈现个体的方式，以及人类心理和行为素质的总和。自我意识是人格的核心内容。在崇尚和追求个性的时代，网络将导致大学生自我意识的扩大和集体意识的弱化。在互联网的虚拟世界中，大学生的行为更加缺乏自律，这是一种行为失控，将导致学生产生分裂型心理障碍，使大学生只能看到人性虚伪和丑陋的一面，对现实生活中的人和社会开始持怀疑态度，这种怀疑态度会影响大学生心理健康发展，使他们形成多疑的偏执型人格障碍。

### （五）网络对大学生道德的影响

网络打破了大学生、学校、家庭和社会道德教育的传统模式，使不同国家不同民族的网络伦理信息与大学生心中形成的道德观念相冲突。一方面，尚未建立道德信仰的大学生更容易接受多元化的道德信息。另一方面，虽然互联网占据了大学生道德情感和道德意志的增长空间，但尚未提出适合大学生道德发展的标准。这减少了大学生直接、真实的道德和情感体验，最终导致了大量培养大学生的道德意志品质、丰富大学生的情感体验的途径和手段无法发挥作用。

## 二、网络教育对大学生心理健康教育的意义

### （一）网络教育拓展了大学生心理健康教育的平台

互联网具有开放、高速运行的特点，使大学生可以利用互联网来学习他们感兴趣的心理知识。根据他们的实际情况，选择参加心理健康论坛并接受在线心理健康咨询。心理健康网

络教育突破了传统的心理健康教育模式，为大学生提供了更广阔、更自由的学习和交流场所，极大地拓展了大学生心理健康教育的平台，提高了心理健康教育的有效性；能够及时积极地理解和解决自己的心理问题和心理障碍，并选择需要的心理健康教育。

### （二）网络教育丰富了大学生心理健康教育的信息资源

开展大学生心理健康教育，不仅要有经验丰富的专业心理健康教育教师，更重要的是要有丰富的心理教育信息资源。网络信息不仅包括心理学知识，还包括社会生活的各个方面。如此丰富的信息为大学生心理健康教育提供了无穷无尽的教育资源。在线教育中，通过文本等种多媒体的有机结合，充分激发了学生的视听感受，将心理健康教育从原始的无聊理论转变为生动的教学活动。通过互联网，大学生还可以了解心理学中的各个流派，并整合优势资源，形成大学生心理健康教育的协同作用。大学生可以通过网络阅读心理学教师和专家对各种心理案例的分析，学习和锻炼自我解析、解决问题的能力，并通过网络和心理健康教育者进行直接沟通和对话，围绕自己的感受讨论感兴趣的话题，可极大地增强大学生心理健康教育的辐射面和吸引力。

### （三）网络教育提高了心理健康教育的效率

互联网时代的核心精神是自由、平等、开放。在网络环境中，学生与教师之间的关系没有限制。人与人之间有着平等的相互关系。这迎合了大学生追求自由、民主、平等的心理特征，有利于提高大学生学习心理健康知识和进行自我心理健康教育的积极性。心理健康教育网络模型与传统心理健康教育模式的区别在于，心理健康教育网络模型中最突出的思想观念是学生是主体，大学生根据自己的心理需求和兴趣寻求心理学家和教师的教育和帮助，而不是被动地接受心理学理论知识的灌输。他们利用互联网通过电子邮件、MSN、QQ等与专家进行交流和沟通，充分体现了心理健康教育“自我教育”中“自我帮助”的本质特征，切实提高大学生心理健康教育的效率。

### （四）网络教育提高了大学生心理健康教育的预见性

在传统的心理健康教育模式下，社会上很多人对心理问题群体存在偏见，特别是对大学生特殊群体，由于缺乏正确的心理健康教育指导，大学生心理发展的情况处于封闭状态，许多大学生不愿在通常的心理课堂或心理咨询室充分暴露他们的内心感受，这将使许多心理学教师和专家无法深入全面地了解大学生的真实心理状态。然而，在网络世界中，网络自身虚拟和匿名的特征使大学生能够隐藏自己的真实姓名和身份，去除日常生活中的面具，毫无顾忌地表达自己的想法，揭示自己的内心混乱和各种苦恼，甚至是扭曲、变态的心理，通过自己的言论获得灵魂的释放与平衡。心理健康教育者可以更准确、更及时地通过网络了解和掌握大学生的心理动态，并进行有针对性的分析和研究，开展更有效的心理健康教育活动。

# 第三节 网络时代大学生心理健康教育的必要性

## 一、构建大学生心理健康教育网络模式的必要性和迫切性

### （一）时代的迫切需要

大学生的许多心理问题的产生，从更深层次分析，始终密切关系到某种社会文化背景、环境因素。当代大学生处于社会变革的关键时期，科技信息技术发展迅速，社会变迁日益频繁，社会环境日趋复杂，加剧了大学生思想观念和行为方式的变化。

在瞬息万变的现代社会中，快节奏的生活和残酷的竞争给大学生的心理带来了巨大的压力和冲击。由于心理问题，人格偏差甚至犯罪案件都在上升，大学生的心理问题已成为亟待解决的问题之一。因此，加强大学生心理健康教育势在必行。然而，传统的大学生心理健康教育模式已不能满足心理健康教育的时代需要。传统大学生心理健康教育主要是根据学生的心理发展特点和生理特点，结合教育学、心理学相关知识和理论，通过心理咨询及其他与心理健康教育相关的方法和方式，帮助大学生学会解决自身成长过程中遇到的心理问题，促进学生心理素质的提高和心理功能的健康发展。传统大学生心理健康教育模式的基本形式是渗透到教育教学的全过程，主要是建立专门的心理健康课，开展心理咨询和辅导活动，主要是基于教师的教学。这个过程已经成为一个纯粹的"知识继承"过程。虽然可以让学生在短时间内系统掌握心理学的理论和概念，但这种模式忽视了学生独立学习和提高心理健康的主动性。教育过程已成为教师表演的舞台，学生成为受众。由于其处于相对被动的状态，很难达到更好的教学效果，在心理健康教育中培养创新人才更是不可能。然而，基于网络环境下的心理健康教育模式不仅继承了传统教学模式中教师指导作用的优势，而且通过在线教育平台为学生提供了丰富的心理健康学习资源，克服了传统教育创新不足的缺点，加强了学生自主学习能力和创新思维的培养。

因此，利用网络的灵活性、生动性和互动性，发展大学生心理健康网络教育平台，引导大学生在平等、开放网络环境中形成健康的道德情操，确立大学心理健康网络教育的主体地位对于大学生心理健康的发展具有深远的意义，是时代发展的必然要求。

### （二）全面推进素质教育和培养全面发展创新人才的迫切需要

高校肩负着培养现代社会高素质人才的重要使命，大学生心理健康教育是影响高校人才培养成功的重要因素之一，而大学生网络心理健康教育对提高大学生整体心理健康水平起着关键作用。所谓高素质人才，不仅要具备良好的文化素质和身体素质，还要有良好的心理素质。良好的心理素质直接关系到人的素质，直接影响到人才的培养和发展。因此，良好的心理素质是成为高素质人才的重要基础。许多职业失败、生活遭受挫折的人并不是因为他们的能力和素质不足，而是因为他们的心理意志薄弱，不会知难而进。心理素质在获得或形成人

类基本素质方面起着关键作用。由于良好的心理素质是培养其他素质的基础，可以促进其他素质的形成，因此大学生心理健康教育越来越为社会所重视。大学生心理健康教育是全面推进素质教育，培养创新人才的需要。在网络时代，大学生心理健康教育需要不断创新，需要与时俱进。充分利用网络优势，建立网络教育平台，提高大学生心理健康教育效率，使大学生的素质和能力全面发展。因此，重视和加强大学生网络心理健康教育是推进素质教育与时俱进的必然要求。

### （三）以人为本，满足学生成长成才的迫切需要

以人为本是构建大学生心理健康教育网络模式的核心理念。以人为本的大学生心理健康教育网络模式是提高大学生心理素质、提高学生心理健康水平、培养学生健全人格、促进学生全面发展的需要。

构建以人为本的大学生心理健康教育网络模式符合现代教育理念。根据现代教育理论，教育的核心问题是人的问题。这里的“人”绝对不是一个抽象的概念，而是感性的、真实的人。在教育中，人类问题的本质应该是关于人们如何存在、如何生活、如何探索和建构其生活。从这个意义上说，大学生心理健康教育网络模式构建的灵魂在于大学生的关注，以大学生为基础，并且要融入到大学生的生活、成长、成才的每一个环节之中。

构建以人为本的大学生心理健康教育网络模式是培养高素质人才的迫切要求。高等教育机构肩负着培养现代高素质人才的重要使命，构建大学生心理健康教育网络模式对提高大学生整体心理健康教育效果起着重要作用。一个人最基本的品质是心理素质，它渗透到其他品质中，对其他品质的发展产生影响和制约。从人们学习的角度来看，心理健康是学习的基础。作为现代社会的年轻人，如果没有健康的心态，没有强大的心理承受能力，就很难在社会上立足。因此，高校应站在时代发展的高度，遵循科学发展观的要求，构建以人为本的大学生心理健康教育网络模式，做好心理健康教育，促进学生全面发展。

构建以人为本的大学生心理健康教育网络模式是大学生健康成长的迫切需要。从发展心理学的角度来看，大学生处于成年生活的开始阶段。在此期间，大学生将逐步完成从青年到成人的过渡和转变，以建立自己稳定的人格结构；在心理上和经济上，他们将逐渐脱离对父母和家庭的依赖，从而走向成熟和独立。在成年的早期，大学生将面临各种发展机会以及各种生活问题。如何应对挫折和困难、如何适应社会环境、如何调整人际关系、如何改变不良心态等，这些问题必然会给大学生带来各种矛盾和困惑，如悲观、失望、喜悦、兴奋等情绪将随着大学生的成长而存在。高校必须认真分析影响学生心理健康发展的各种因素，并主动关注学生的心理健康，努力提高学生的心理素质，构建积极高效的大学生心理健康教育网络模式。

### （四）加强和改进大学生思想政治教育工作的迫切需要

在高校德育工作中，大学生心理健康教育工作是重要组成部分之一，是加强和改进大学生思想政治教育工作的重要任务。2001年，教育部在《关于加强普通高等学校大学生心理健康教育工作的意见》中，明确指出加强大学生心理健康教育工作是高等学校德育工作的重要组成部分，心理健康教育在高校德育中的地位首次以教育部文件的方式得以确认。2005年，

教育部、卫生部、共青团中央下发了《关于进一步加强和改进大学生心理健康教育的意见》（教社政〔2005〕1号），明确指出："加强和改进大学生心理健康教育是新形势下全面贯彻党的教育方针、推进素质教育的重要举措，是促进大学生健康成长、培养高素质合格人才的重要途径，是加强和改进大学生思想政治教育的重要任务。"

心理健康教育和思想政治教育分属于两个独立的学科，心理健康教育主要是运用心理学的专门知识和技术，解决心理问题，维护心理健康；思想政治教育则主要诉诸于人们的思想实际，帮助人们树立正确的世界观、人生观、价值观，树立崇高的理想和坚定的信念。虽然两者的工作侧重点和具体的操作方式都存在一定的差别，但随着网络时代的来临，网络在两者中的广泛运用，使得两者的关系逐渐紧密起来，形成了相互依赖、相互促进的格局。实践表明，大学生良好思想政治品质的养成和健康心理的形成有着十分紧密的联系：一方面，良好的思想政治品质是塑造健康心理的基础，个性心理发展的方向要受到主体思想的支配；另一方面，好的心理状态是接受思想政治教育的前提，个体的思想养成受其心理发展的影响和制约。也就是说，外在的思想政治教育能否内化为大学生的自身需要，主体的自我意识、情感、性格等心理素质和心理状态起着决定和调控作用。然而，这种思想政治教育内化所需要的心理基础，不是思想政治教育自身所能完成的，它需要心理健康教育的支持和协助。研究表明，人们的思想意识、道德品质问题与心理问题往往同时存在，心理问题和思想问题经常是你中有我、我中有你，解决思想问题必须与解决心理问题结合起来。因此，在对大学生开展心理健康教育的过程中，可以同时对大学生进行思想政治教育，发挥心理健康教育的德育功能。

大学生心理健康教育网络模式的构建，是有效提高心理健康教育实效性的重要技术手段，属于心理健康教育模式的拓展应用，所以构建大学生网络心理健康教育网络模式同样与思想政治教育工作紧密联系，是高校德育工作的重要组成部分，这就必然要求在加强和改进大学生思想政治教育工作中重视和加强大学生心理健康教育网络模式的构建。

## 二、大学生心理健康教育网络模式的构建依据

### （一）大学生心理健康教育网络模式构建的意义

年轻的大学生是整个社会最有活力、最有创意和最重要的群体，是祖国的未来、国家的希望。随着科学技术的迅速发展和社会竞争的加剧，个体生存的压力越来越大，年轻学生的身心问题越来越多，对他们成长的影响越来越大。因此，重视大学生心理健康教育已成为世界各国教育发展的共同问题，也是我国学校教育的必然趋势。

目前，许多高校开展了心理健康教育，但教育模式单一、效果不佳也是心理健康教育的常见问题。目前的大学教育模式不适合心理健康教育，虽然传统的教育模式并不落后，但对于学生的心理健康教育却不适合，体现在以下几个方面：

首先，目前的教育模式侧重于课程和学科设置、校园文化建设、学院建设、提高学生的研究和创新能力等，强调学生的"学习"，这对于心理健康教育是不可行的。书中很难找到许多心理健康教育知识，教师需要通过自己的知识和丰富的社会经验帮助学生，使学生能够

获得更好的学习成果。其次，教育内容更多地体现在理论层面，而实际层面的内容则相对较少。在心理健康教育中，我们的目标是通过理解心理学相关知识来更好地提高我们的心理素质，但仅理解心理知识还不够，有必要积蓄实践经验。最后，目前的教育模式主要通过考试形式测试学生的学习效果，但是，心理健康教育不能采用这种形式的检查和测试，掌握心理知识不是心理健康教育的目标。

由此可见，心理健康教育不同于一般学科教育，当前的教育模式不适应时代的发展和要求。因此，根据心理健康教育的特点，构建大学生心理健康教育网络模式，实现心理健康教育的目标，帮助大学生健康成长，丰富了当前中国心理健康教育研究的现状。当前的弱势形势具有重要而深远的意义。

## （二）大学生心理健康教育网络模式构建的理论基础

大学生心理健康教育网络模式属于一种创新的教育模式，核心在于“德心共育”的教育理念，重点在于教育模式的构建与运行，现实依据是当今大学生的心理接受特点，而其实现教育目标的理论根基源于接受机理理论。从学理和内在逻辑上看，构建大学生心理健康教育网络模式，应在“德心共育”的教育理念指导下，深刻剖析当代大学生的心理接受特点，综合各方面相关学科的知识，形成全面合理的学理基础，为大学生心理健康教育网络模式的构建树立坚固的理论基石。

### 1.“德心共育”的教育理念

“德心共育”，即德育与心育相融合。“德心共育”的内涵是：在开放的教育环境中，以发展教育思想为主导，整合各种教育资源，既灵活运用德育的方法，也巧妙借助心理学的原理、方法和手段，解决德育工作中的困惑与难题，将德育与心育科学地结合，兼而施之，相互借鉴、互为转化，寻求最优化的“交融和渗透”。“以德养心，以心育德，德心共育，德心交融”，是德心相融的理想境界。德心相融，最终形成德心美，较好地体现了以人为本思想，是一种至善、至真、至美的教育。

实现的德育和心理健康教育的双向结合应做到：

第一，应实现道德教育与心理健康教育的双向结合。道德教育应该从心理健康教育中汲取有用的成分，并将其融入到自己的工作中。具体来说，道德教育应该把学生心理素质的培养真正作为自己的目标和内容之一，把心理健康的相关内容作为道德教育目标和内容的合理扩展和延伸，使心理健康教育成为道德教育的一部分，使德育工作在关注社会对个人的政治、思想、行为规范的同时，更加重视学生最一般、最基本的心理需求。德育工作者应更新德育观念，充分尊重学生在品德形成中的主体地位，少一点说教，多一点心理健康教育，为有效实施道德教育提供良好的心理背景，将心理健康教育中的一些方法作为一种新的道德教育方式，以提高道德教育的有效性。

第二，心理健康教育应该依靠德育为自己引导方向。心理健康教育应积极渗透到道德教育实践中，通过丰富的德育实践，使学生的心理健康发展更具有坚实的后劲，增强学生的心理承受能力，从而提高学生的心理素质。道德教育实践不能检验学生的道德水平、法律意识和思想境界，也可以从学生道德评价与选择的冲突中锻炼其心理调适能力。

第三，“健全人格”的建构和培养应该是德育与心理健康教育有机结合的最佳“切入点”。这是因为：首先，健全人格的建构和培养是德育和心理健康教育的共同目标。心理健康教育的根本目的是形成健康的人格模型，道德教育的最终目标是培养符合社会要求的有坚定信念、高尚的情感和主观意识、具有良好个性的人。其次，通过健全人格的建构和培养，心理健康教育为道德发展奠定了基础。健全的人格品质直接构成了“美德”的内容，两者相辅相成。事实上，人格的完整性是个体心理健康的核心，而良好道德品质的形成本质上是健全人格的形成过程。

2．接受机理理论

大学生的主体感知系统——大脑对网络心理健康教育信息的反应，以及大脑的运动，是主体意识中外来信息的相应反映，这是接受活动的初始环节，是接受心理健康教育信息的准备阶段。

（1）收到状态。大脑将外部心理健康教育信号的物理能量转化为意识形态信息接收，但不涉及意识形态信息的潜在意义，也不注意其信息意义的不确定性。接收状态受其心理准备的影响。

（2）解释状态。解释所接收的意识形态信息，是从感知反应到理性反应的过渡，即第一印象。心理健康教育信息的解释受到需求和认知两个因素的影响。

（3）过滤状态。这是收到、解释后对心理健康教育信息的分类、选择过程，是主体的理性反应。在对心理健康教育信息和自身需求解读的基础上，对大学生主题心理健康教育信息进行筛选，并将其过滤到思想库中，每个人有不同的筛选标准。

（4）整合状态。这是对心理健康教育信息进行处理和整合，然后生成自己想法的重建过程。只注重新的心理健康教育信息，而忽视新知识和已知的整合、重建，心理健康教育的信息接收很难到位。一般来说，只有满足个体需要的心理健康教育信息和现有知识才能产生共鸣。在自组织规律的作用下，学生个体才可以对自己的心理状态产生新的视角。

心理健康教育信息处理完毕并融入新的思想认知结构后，接受活动并未停止，后续的接受活动仍在继续。首先，内化后，接收者经过内省、反思过程，内化成情绪，融合意志和其他主观意识，加深认知，出现稳定的心态。其次，经过社会生活的验证，它被转化为社会行为模式。第三是外化进入社会，影响周围人，扩散成社会意识和行为，表现为新思维的释放和吸收。

3．大学生心理健康教育网络模式构建的实践基础

目前，我国各高校心理健康教育网络处于良好发展态势，每所学校的校园网平台都充分体现了心理健康教育的理念：学校为学生的全面发展提供了良好的网络环境，营造积极健康的氛围；几乎所有大学都有专业的心理健康教育网站、专业的心理咨询师，很多高校也有自发组织的网上心理协会，帮助有心理困惑的同学；在线课程，包括思想政治理论课程和其他课程，都有涉猎。这为我们开展大学生心理健康教育网络模式创新提供了良好的基础。

但不可否认的是，由于中国网络信息技术发展较晚，高校心理健康教育网络模式仍存在许多问题：

（1）网站更新速度慢，更新时间较长，它最快的每两个月才更新一次，更新速度很慢。从建立网站到后来，几乎没有内容的更新。在当今社会，生活和工作的节奏越来越快，如果大学生心理健康教育网站总是那些内容，跟不上时代发展的步伐，那么这样的心理健康教育网站就一无是处。

（2）互动不足和教育形式单一。在一些大学心理健康教育网站上，有一个比较完整的整体框架，还有更多的在线教育版块，如心理测试、心理论坛、在线心理咨询、留言板等。但是，这些版块的表达非常简单，主要是纯文本，只有少量的音频、视频资料，这就让学生们感到无聊并减少了对网站的访问次数。

（3）网站内容不全面，与实际情况无关。从心理健康教育网站的分布来看，总体感觉是内容很多，但没有太多的信息对学生来说真正有价值。心理健康教育网站的大部分关键知识为学生提供了一些关于心理学的理论和概念，以及心理咨询和预防精神疾病的案例等，这些都很少涉及大学生的突出问题，如学习、人际关系、情绪和情感，职业选择和就业。这些情况为我们更好地构建大学心理健康教育网络模式提供了现实依据。在大学生开展心理健康网络教育的实践中，我们以重庆交通大学为主要教育实习基地，在小组学习活动、网络互助中取得阶段性成果，为建立大学生心理健康教育网络模式的可行性提供了实践基础。

2006年，重庆首个学生心理健康服务网站“心灵契约-重庆交通大学心理互助网络平台”正式开放给所有学生。网站设计“心理互助”“心理健康知识咨询”“心理咨询课堂”“理论之窗”“在线心理测验”等专栏。“心理互助”专栏是心理学的核心部分，当学生遇到心理困难或自身无法解决的问题时，他们会通过文字在“心理互助区”提问；心理咨询师和参与平台互动的其他学生将就问题发表意见和建议。通过这些专栏。学生可以自主接受心理健康教育和生活教育，“自助”选择正确的方法来解决常见的心理问题。

4．大学生心理健康教育网络模式构建的现实依据

（1）大学生接受心理的独立性增强。随着社会主义市场经济的发展，人们逐渐从“单位人”转变为“社会人”，这显著提高了个人自力更生的自立意识，以及中国民主法制的发展，特别是基层民主。大学生民主意识不断增强，思想活动的独立性进一步加强。因此，在对大学生进行心理健康教育时，要尊重大学生的人格，采用大学生可以接受和喜欢的方式方法，利用网络的丰富表达引导大学生学会关爱——关心自己、关心他人、关心自然、关爱社会、热爱生活，了解生活的意义，提高心理素质。

（2）大学生接受心理的多变性。人的思想从来就不是一成不变的，总是随着他所参与的社会实践的改变而改变，在社会转型的活跃时期，思想活动的变化则显得尤为突出。当前大学生思想活动的多变性，也是符合这个时代的特征的。在利用网络对大学生进行心理健康教育时，必须保持敏锐性、洞察力和针对性，随时关注大学生心理变化的最新动向，及时洞察苗头性的问题，以科学的预测性和网络多种传播渠道去适应大学生思想活动多变性的特点，引导大学生随着自身社会实践的深化，不断补充、修正、丰富自己对于自身心理发展的认识，使大学生的世界观、人生观、价值观向积极健康的方向发展。

（3）大学生接受心理选择性增强。随着现代科学技术的发展，越来越多的信息传播工具

和传播手段为大学生提供了大量信息，形成了巨大的信息“买方市场”。随着大学生独立性意识的增强，这种选择似乎是一种自主选择。影响大学生信息选择的因素是大学生的接受心理和所选科目的吸引力。大学生思想活动的选择性特征对我国生命教育工作提出了更高的要求，这需要生命教育工作增强“阵地”意识。一方面，我们必须研究大学生的接受心理，并运用现代技术来强化主渠道的信息。另一方面，增强主渠道信息的吸引力，减少负面信息的影响。

（4）大学生接受心理的非理性凸现。非理性指的是缺乏对问题的理性思考，对任何事情持冷漠态度，不谈原则，或处理问题容易冲动。在经济发展转型的背景下，青年大学生的心理情感承受着巨大的压力，容易产生强烈的孤独、焦虑和不安情绪。这需要心理健康教育工作努力提高教育和引导的质量。通过预防教育，提高学生的自我保护意识和生存能力，提升他们的心理素质，防范可能发生的危害。同时，对已经出现问题的学生，给予科学有效的心理干预。

## 第四节　网络时代大学生心理健康教育模式的构建

### 一、大学生心理健康教育网络模式构建的目标

大学生心理健康教育网络模式的构建应树立以大学生为本、为学生服务的思想，充分发挥网络教学资源的优势，创建有利于大学生心理健康教育和创新能力培养的多样化的网络教学模式。尤其是心理健康教育网站的建设必须有明确的目标，以利于保证心理健康网络教学活动的顺利进行。

心理健康教育网络模式构建的目标，就是将网络作为信息载体，占领大学生思想政治教育网络阵地，在网络中利用大学生广泛接受的方式，将有利于大学生心理健康发展的信息通过网络方式传递给大学生，消除消极心理对大学生的负面影响，从而引导大学生拥有良好的心态，正确面对自我，提高心理素质。

### 二、大学生心理健康教育网络模式构建的原则

#### （一）实效性原则

1. 针对大学身自身特点，提高网络教育效果

大学生是一群年轻人，他们积极思考，充满对外界新事物的好奇心，自我意识已达到很高的水平。在评估社会事物时，他们都追求个性和创新。网络教育是开放的，是所有大学生心理健康教育的网络平台，但每个人的认知水平、精神意志、道德情绪不平衡，对生活和社会的态度是不同的，如果面对这样一个群体来实施同样的教育，效果肯定不好。因此，有必

要设置多样化的教学内容，丰富心理健康教育的方法，使大学生的真实观念在网络教育的空间发挥，使他们愿意接受和关注心理健康教育。

2. 克服网络教育弊端，开发网络教育优势

与传统教育相比，在线教育具有资源丰富、覆盖面广、开放性、自主性等诸多优点，同时也存在弊端。首先，缺乏有效的管理和学习效率低。大学生上网的时间基本上由他们自己控制，大多数时候是娱乐和游戏，花在学习上的时间很少。由于心理健康教育在网页设置中理论上更为强大，这些往往会使大学生忽视甚至排斥，学习效率也很差。这也是从事大学生心理健康教育的教师的困惑。其次，缺乏情感交流，使用在线教育技术进行心理健康教育需要强调沟通，包括教师和学生之间的沟通、学生与学生之间的沟通。因为心理健康教育毕竟是一种思想教育，精神沟通是必不可少的。如今，大多数网站只是灌输心理学理论知识，缺乏沟通，而教师无法了解大多数学生的思想，使得心理健康教育的效果不明显。

因此，大学生心理健康教育网络模式必须充分发挥网络教育的优势。一方面，教学表达的内容不能是简单的图表和枯燥的单词，而应该与生动的图像和声音相结合；另一方面，为学生提供交流思想的平台，使学生在学习心理健康知识的过程中不再只是被动地看和听，而是自由参与实际的讨论，这也让教师能够获得教学反馈，方便指导和帮助学生。

### （二）主体性原则

网络教育模式依赖于Internet作为高级信息存储、传送介质，它在提供创新学习环境和创造性学习条件方面具有独特的优势，必须充分利用它，使大学生能够在教师的指导和帮助下创造性地学习，提高创造力，塑造个性。同时，要尊重大学生的主体意识和心理接受机制，开展知识竞赛、网络辩论等活动的互动环节，一方面满足大学生求新的心理需求，另一方面提高大学生参与心理健康教育的热情。此外，还可以通过提供教师和学生个人主页、博客、BBS、电子邮件、QQ群，丰富大学生心理健康教育的网络平台。教师使用这些方法与学生交流思想，了解学生的真实想法，并针对所发现的问题和思想倾向提供有针对性的指导；为个别学生的具体问题提供个人指导和帮助，并实施个性化的心理健康教育。

### （三）整体性原则

在普通教育中，整体性原则强调从全局视角把握整个教育的环节和过程。大学生心理健康的网络教育模式也应遵循这一原则。心理健康教育是一个系统工程，它有不同层面、不同对象的内容。面对复杂多变的社会，面对不同的个体、群体，我们的心理健康教育网络模式，既要具有针对性的措施，也要从心理健康教育的整体上进行把握，对心理健康教育的内容、实施等从整体上进行规划部署。在这里，应从时间维度和空间维度两个方面把握大学生心理健康教育网络模式的整体性原则。

1. 时间维度上注重心理健康教育的终身制

关注教育的全面可持续发展是教育的重要目标。作为一项系统工程，大学生心理健康教育网络模式应着眼于实施网络教育过程中心理健康教育的目标，进行分阶段、有计划地总体规划。对大学生心理健康网络教育进行具体分解、具体实施，及时收集学生对互联网教育的

反馈意见，并做出相应调整，才能真正实现大学生心理健康网络教育的目标，达到教育的效果。学校期间的心理健康网络教育应从入学、学习、毕业到就业的各个阶段，根据学生的身心发展规律和全面发展的需要，分别建立心理健康网络教育版块。网络教育平台将人生观教育、价值观教育、思想教育与学生职业生涯规划联系起来，使学生实现健康成长。同时，将大学生心理健康网络教育与家庭和社会教育联系起来，如建立网上父母邮箱，与家人建立网络心理互助机构，了解学生的心理状态。为家长和学生提出的问题进行解答，帮助学生解决他们的心理障碍。通过这种方式，让学生养成关心自我心理发展、及时解决自身心理问题的习惯，在整个心理健康网络教育的时间维度上实现终身心理健康教育。

2．空间维度上注重心理健康教育的全方位发展

开展大学生心理健康网络教育，不仅要发挥学校的积极引导作用，还要积极开发、利用家庭和社会的教育资源。在大学生心理健康教育网络平台上，实施在线课程教学、在线心理咨询、在线心理论坛等教学活动。同时，通过家长、社区等途径，开展网上心理健康教育讨论，积极探讨大学生心理健康教育的方法和经验，让学校的专家和教师通过网络指导家庭和社会培养学生的健康生活习惯、与人和睦相处的技巧和积极的生活态度，让父母和其他社会成员通过互联网反映心理健康教育的效果和自身意见，从而构成一个共同的心理健康教育网络，实现大学生心理健康教育的全面发展。总之，要根据新形势下大学生的特点，积极探索和创新纵向衔接、横向联系，学校、家庭、社会沟通，课堂教育、环境熏陶、社会实践相互补充的人性化的心理健康教育网络模式，为帮助大学生健康发展而不断努力。

### （四）发展性原则

人类的生存是一个无止境地完善和学习的过程。人的生命成长是不断追求人生意义，全面、均衡发展的过程。心理健康教育的目的是促进个体生命的全面发展。所谓全面发展是个体生命和身心各方面的发展，它是基于个人内在潜力的个性发展。这种人格发展优势反映了个体主体素质的积极发展，是个体的内在要求，而不是外在的强迫和压制。这种发展是生命价值的体现和超越，应该有明确的方向和动力。心理健康教育网络模式要帮助学生掌握必要的生存技能，提高他们识别和感知事物的能力，培养学生的自信，同时学会尊重、感谢和关心他人，建立积极的人生观，健康自如地成长。为实现个体全面发展的目标，心理健康教育网络模式还必须依靠网络技术进行大学生预防性教育和干预性教育。有一个合理的、有效的干预机制是促进大学生心理健康发展的重要条件。

## 三、大学生心理健康教育网络模式的设计

### （一）大学生心理健康教育网络模式的构成要素

接受主体：即接受者，在心理健康教育活动中指的是接受心理健康教育的大学生及其群体。接受主体是人，但不等于人。人并不总是活动的主体。只有通过自己的能动性，在一定的关系中获得对客体的主动态势，并取得主导地位并发挥积极作用的人，才可以被视为某种关系中的主体。在实践中，接受者成为主体的原因在于接受者的实践活动。从根本上说，它

是主体活动与活动对象的关系。在大学生心理健康网络教育活动中，大学生及其群体是现实的、生动多样的，具有鲜明的心理接受特征。接受主体主要是指受教育者，即大学生。接受主体的接受活动由注意信息、保持信息、接受信息、心理内化、改变认知、影响行为六个环节构成。接受活动的流程，即受过教育者的视觉、听觉响应外界的教育信息，然后在大脑中进行长时间的筛选，并有选择地接收来自外部世界的信息。在接受信息后，将心理学中的行为内化，逐渐将自己认同的新观念与过去的想法重新组合成一个具有持久性的新系统。通过接受主体内化而形成的新思想体系将导致接受者的态度发生变化，从而影响接受者的行为。这六个环节相互作用并且密切相关，构成了接受者的心理接受活动。

接受对象：大学生的心理健康教育作为接受主体的主观活动，总是收到接受客体的信息。接受的对象是外部世界的心理健康教育信息，其中客观存在并与接受主体相关联，并被纳入大学生心理健康教育系统的网络结构系统。在大学生心理健康教育活动中，接受客体是由接受主体根据自己的接受模式和接受能力有选择地进行的。设定以外的对象不是接受客体。接受客体是一个复杂的系统。一方面，接受客体有更严格的规定，并且有许多组成因素和属性，其对于接受主体的意义是不同的。另一方面，每一个接受主体都有自己不同的接受方式和接受能力。当面向同一个接收对象时，它将有选择地从不同的角度接受客体。接受客体决定了教育的内容，主要包括六个方面：自我意识教育、学习心理教育、个性心理教育、人际交往心理教育、恋爱心理教育、择业心理教育。

接受中介：从哲学层面来说，它指的是相互关联和转化的事物之间的条件或中间环节。马克思主义哲学认为，世界上的一切事物都是相互联系和相互转化的。这种联系和转化只能通过某些中间环节和条件来实现。在大学生心理健康教育网络模式中，接受主体和接受客体作为接受活动的两极具有一般联系的特征。在这两者之间，有一个中介系统，我们称之为接受中介。它将接受主体和接受客体联系起来，使它们相互作用、相互联系，从而实现大学生的心理健康教育。在大学生心理健康教育的网络模式中，接受中介是一个由多个要素组成的校园网络系统，教育者在接受中介中占主导地位。心理健康网络课程、在线心理咨询、在线心理测试、在线论坛、网络心理互助相互作用，构成了接受中介的主要内容。

### （二）大学生心理健康教育网络模式的教育内容

#### 1. 自我意识教育

自我意识是一个人对自己的认识和评价，包括对自己心理倾向、个性心理特征和心理过程的认识和评价。正是因为人们具有自我意识，才能控制和调节自己的思想和行为，从而形成自己完整的个性。

自我意识是一个人对其心理和身体状态以及他与客观世界的关系的意识。自我意识包括三个层面：对自己及其状态的理解；了解自己的肢体活动状况；了解自己的想法、情绪、意志等。自我意识不仅是人类大脑对主体本身的意识和反映，也是人类发展离不开周围环境，尤其是人与人之间关系的制约和影响。因此，自我意识也反映了人与周围现实的关系。自我意识是人类独特的反映形式，是人类心理的一个主要特征。

自我意识在个人发展中起着重要作用。首先，自我意识的存在是认识外部事物的基础。

如果一个人不了解自己，也无法将自己与外界区分开来，他就不会对外界有一个正确的认识。其次，自我意识能够有效地促进自我教育，也是形成人类自我控制意识的前提条件。人应该首先意识到自己是谁以及在他们有行动的方向和动力之前应该做些什么。一个意识到自己优势和劣势的人将帮助他发展自己的优势，克服缺陷，并在自我教育中取得积极效果。第三，自我意识是改变自身主观因素的途径。它使人能够在不断的自我监督和自我修养中提高自己。可以看出，自我意识影响着人的个性和道德判断的形成，尤其是对个性的形成更加重要。

2．学习心理教育

学习心理是人类或动物在经验或实践影响下的心理和行为变化过程。学习心理的教育是基于学生的学习本质，从学生的学习过程、思维方式、行为方式、生理机制、学习类型、认知理论、信息处理、记忆原理、学习策略、学习技巧、学习迁移等领域进行研究，运用学习心理学的理论和方法，从根本上解决学生的学习和行为问题，达到科学学习的目的。

3．个性心理教育

个性是一个多层次、结构复杂、内容繁多的概念，既包含社会学的概念和内容，也包含生理学的概念和内容。就内容来说，有积极向上的，也有消极堕落的。个性心理问题的研究和了解，不仅有心理学、生理学、神经生理学的意义，当前更重要的是社会学的意义。现代社会中，特别强调人性、人本，而人的品质中最重要和最关键的是个性心理。例如一场体育比赛中，双方实力相当，如何在比赛中胜出，不仅仅是要有狭路相逢勇者胜中的“勇”，更重要的因素，是要有稳定的心理素质。如今各级学校已经把心理素质教育纳入重要的教育课程，而大学生入学后被学校考察的第一项便是个性心理测试，在国外各种用人单位的招聘标准中，心理测验已经成为不可或缺的一部分。这就是说，个性心理的品质如何是当前社会极其重视的一个课题。

4．人际交往心理教育

社会交往能力是指妥善处理组织内外关系的能力，包括建立与周围环境的广泛接触和吸收、转换外部信息的能力，以及正确处理上下左右关系的能力。人际交往是大学生促进自身心理健康发展的重要途径：

（1）人际关系影响大学生的身心健康状况。大学生处于青春期，人际交往的愿望非常强烈，每个人都渴望真诚友爱，每个人都在努力通过人际交往来获得朋友和友谊，从而满足他们的精神和物质需求。但是，面对新环境，大学生还必须考虑到紧张的学习和生活，使一些学生因此导致心理矛盾的加剧。在这个时候，积极的人际交往和良好的人际关系可以使人快乐，充满自信，并保持健康向上的生活态度。通过专家调查和分析，如果一个学生有良好的人际关系，那么他的性格大多是开朗的，待人的态度是热情的。他能正确地调解学习与生活的矛盾，迅速适应大学生活，正确认识和处理社会各种现实问题，形成积极向上的品质。相反，如果学生缺乏积极的人际交往，那么他就会变得心胸狭隘，自私自利，更容易在精神和心理上形成巨大的压力，无法正确认识和对待自己及他人，甚至导致病态心理的发展。如果不及时疏导，就会形成恶性循环，严重影响身心健康。

（2）人际交往会影响大学生的情绪和情感变化。在青年发展时期，大学生在生理、心理和社会化方面逐渐成熟。在这个过程中，如果遇到不利因素的影响，很容易产生紧张、恐惧、焦虑、愤怒等负面情绪，使大学生的正常学习和生活受到影响。良好的人际关系可以提供和谐的、友好的人际环境，使大学生的负面情绪得到发泄和控制。

（3）人际交往影响着大学生的精神生活。大学生有丰富的情感，除了深入学习外，他们还需要与他人进行情感沟通，相互讨论生活和理想，并谈论他们对生活的态度。实现这一目标的最佳方式是人际交往。通过人际交往，大学生可以找到归属感和安全感，也可以满足大学生的友谊需求，可以更真实、更深刻地欣赏自己在集体中的价值，并对他人和集体产生依恋和亲密感情，从而获得充实、快乐的精神生活，促进身心健康。

5．恋爱心理教育

大学生恋爱心理是指大学生在生理、心理能量、环境的共同作用下，所表现出来的对异性的求知、接近、进行恋爱、追求爱情等行为，以及由此产生的各种心理现象。今天的大学校园爱情已成为一个热门话题，一些大学生甚至将恋爱列为大学必修课程之一。爱情是一种特殊的人际关系，它是一种强烈而美好的人类独特的情感。这是一对基于某些客观物质条件和共同生活理想的男女形成的真挚爱慕，并渴望成为彼此终身伴侣最强烈的情感之一。作为当代青年大学生，应该从以下几个方面努力，培养健康的恋爱心理和行为：

（1）树立正确的爱情观，提倡志同道合的爱情，摆正爱情与事业的关系，明白爱情是一种相互理解、相互信任，是一种责任和奉献；

（2）有健康的恋爱行为，恋爱言谈要文雅，行为大方。恋爱过程中要平等相待，相敬如宾，还要善于控制感情，理智行事；

（3）培养爱的能力与责任，包括接受爱的能力、拒绝爱的能力、发展爱的能力。

6．择业心理教育

大学生的职业选择是一个极其复杂的心理过程。它不仅受到社会、家族等许多外部因素的制约，而且还受到自身心理的限制。它集中反映了社会环境、群众舆论、个体心理。近年来，随着国家就业政策和社会经济的不断发展，高校毕业生就业制度改革也在不断深化。面对日益尖锐的就业矛盾、日趋激烈的社会竞争，大学生思想日趋成熟。然而，在具体的职业选择过程中，大学生的择业心理却呈现出各种幼稚的、不成熟的表达，主要包括焦虑、自卑、盲从、悲观等心理状态。当大学生在就业过程中遇到不可避免的挫折时产生矛盾心理是可以理解的。然而，若这种心理障碍一直困扰着大学生，将极大地影响大学生的职业选择和未来的工作，甚至造成心理和生理上的障碍。因此，有必要加强大学生心理健康教育，有效地帮助大学生解决遇到的心理矛盾和冲突，消除心理困扰，增强心理承受能力，克服就业心理障碍，以良好的心态去求职。

### （三）大学生心理健康教育网络模式的实施路径

1．开设心理健康知识网上课程

针对大学生身心发育的特点，充分发挥网络媒体的作用，建立大学生心理健康教育知识体系，开设心理学课程，普及心理健康知识，举办心理健康讲座。通过文字、图形、音频、动画、视频等形式的有机结合，向学生介绍心理健康的基本知识，教授心理调节方法，让大学生了解心理健康的重要性，帮助他们更好地了解自己的内心世界，找到适合自己的心理保健方法，培养健康的心理状态。

2．网上心理咨询

在互联网上开展心理咨询活动，是以校园网为媒介，运用各种心理学理论和方法，以合理的方式指导大学生解决自己的心理问题。在线心理咨询主要针对在现实生活中存在心理困惑的学生，这些学生必须有共同的特征，即他们希望寻求帮助，但由于某种原因，他们不愿意直接寻求心理专家或去咨询室进行治疗。在线咨询方法对咨询者保密，可以消除大学生的心理顾虑，帮助大学生敞开心扉，使心理咨询工作顺利进行。因此，许多大学生更愿意在隐藏的网络环境中向心理学专家和老师寻求心理援助，在专家和教师的指导下，缓解心理上的紧张和冲突，解决自己的心理疑惑，保持心理健康，更好地适应生活和学习。

3．网上心理测验

首先，进行网络心理健康调查，积累心理资料，科学确定大学生心理问题的特点和类型，为研究大学生心理发展规律、开展心理咨询提供科学依据。大多数传统的心理调查都使用书面问卷等方法，但这种调查费时费力，在线心理调查比传统的调查方法（如书面问卷调查）更方便、快速、高效且可降低成本、节省资源。通过网络对大学生进行心理调查，了解其基本心理特征、需求，可以有效、及时地发现大学生的心理问题及其心理问题的特点和严重程度，从而提高心理教育工作的针对性和有效性。

其次，建立网络心理测试系统。网络心理测试是心理学家根据某些心理过程，使用某种心理学理论，将人们心理特征量化的过程，可以对贯穿于人的所有行为活动的心理特征做出某些推论和定量科学分析。心理测验的主要目的是全面了解大学生的心理健康状况，建立大学生心理健康记录，让学生了解自己的心理状态，自觉注重自我训练，使他们的心理素质不断提高。根据大学生自身的特点，在线心理测试至少应包括学习、人格、交往、挫折等。网络心理测试应结合科学性和趣味性。科学性是指心理测试的准确性和可靠性，应根据心理健康标准设计试题。趣味性是用各种形式吸引学生参加心理测试，可以通过一些图片或动画故事甚至游戏设计一些心理测试，以便学生可以在轻松的心态下进行心理测试，达到正确反映学生心理健康状况的目的。

4．网上心理论坛，开展专题讨论

建立校园BBS，针对市场经济、知识经济条件下的社会热点、焦点心理问题，结合大学生心理健康教育的现状和大学生面对心理困惑时应采取的应对方法等具体案例，让学生讨论并倡导大学生注重心理健康教育。营造良好的个性和人格健康发展氛围，邀请有关专家学者参与讨论，积极引导大学生心理问题。大学生都是同龄人，同样的生活经历使他们面临同样的人生问题。因此，他们的心理发展所产生的问题也大体相同，对大学生中常见的问题通过网络交流、讨论可以一起解决。

5．网上心理互助

学校应充分利用计算机网络的交互性，制作专门的校园网虚拟社区，作为老师、学生与家长进行相互交流的场所。虚拟社区可通过不同的论坛，将教师与学生、家长有机地联系在一起，通过对某一个求助者的心理问题，共同探讨解决方法，以教师、同伴、家长支持的方式进行，既可以使求助者获得支持和帮助，同时也使得其他学生通过思考、讨论，获得问题的解决方式，这种讨论较为自由、宽松，不受时间和地点的限制，教师、学生、家长都可以随时上网对论坛中其他学生的心理问题或观点发表自己的意见。这样，不仅提高了学生参与心理教育的热情，也使一些学生在活动中对自身、社会有了更多的认识，其效果是常规心理交流无法达到的。

## 四、大学生心理健康教育网络模式的运行

### （一）大学生心理健康教育网络模式的运行分析

大学生心理健康教育网络模式的构建与运行由接受主体（大学生）、接受中介（校园网络平台）和接受客体（心理健康教育内容），通过方案实施、信息反馈、方案调整三个环节的有序循环，有效地促进了接受主体、接受中介和接受客体之间的相互联系、相互作用、相互影响，形成了教育由物理过程向心理过程的转化。接受主体通过注意信息、保持信息、接受信息、心理内化、改变认知、影响行为最终实现教育目标这样一个循序渐进的接受过程，表现出相应的外化行为。从而形成一个良性循环的整体运行机制，最终实现心理健康教育的目标。

大学生心理健康教育网络模式的三个组成部分，接受主体（大学生）、接受中介（校园网络平台）、接受客体（心理健康教育内容）通过方案实施、信息反馈、方案调整三个环节共同构成一个整体性的运行机制。在这个运行过程中，还有大学生危机干预系统、大学生心理互助联盟、高校心理环境建设三项保障措施组合成一个集学校、家庭、社会三位一体的保障支撑系统来维持模式的正常运行，从而构成了一个层次鲜明、不断循环、有序有效的大学生心理健康教育网络模式。

### （二）大学生心理健康教育网络模式中大学生的心理接受过程

1．注意信息

心理注意分为两类，一类是外部刺激引起的结构性注意，另一类是人的主观状态引起的功能性注意。反应的强度是由两个因素引起的，一个是外部刺激的强度，另一个是所需的拟合程度。因此，在实施大学生心理健康网络教育的过程中，需要注意和关注两个主要因素，并根据实际情况调整两个主要因素之间的比例关系，以便实现合理的外部刺激和内需的切合，实现教育效果优化。

2．保持信息

人们对信息的普遍关注通常持续很短的时间，而对感兴趣的信息则会保留较长时间。为了保持信息，除了接受者自身的兴趣外，持续强化和持续刺激也是一个重要方面。因此，在大学生心理健康网络教育的过程中，有必要通过各种网络渠道和方法不断强化教育内容，使受过教育的人能够长期关注教育内容，为随后的接受与内化奠定良好的基础。

3．接受信息

接受信息的过程包括信息解读、信息筛选和信息整合。这个过程是实现教育目标的重要环节。只有接受教育内容，才能通过后续努力将其内化为自己的一致价值观或价值取向。信息的解读包括两个方面，一个是对信息传递源的意图性解读，另一个是对思想信息与自身关系的解读。在教育过程中，我们必须让学生明确我们的心理健康教育意图，同时让学生明确心理健康教育对自身发展的重要性。对于信息的筛选，由于被教育者因其不同的思维习惯而有自己的筛选程序，我们不能在实施心理健康教育活动的过程中一概而论，但我们应该掌握不同学生接受信息的不同方式，因材施教。信息整合是基于信息化的发展趋势，根据自身发展的需要，对信息资源的分配和共享，进而实现信息资源配置最优化、拓宽信息资源应用领域和最大化挖掘信息价值的接受过程。

4．心理内化

心理内化是将外在教育理论转化为个体内在价值取向的必然过程，也是个人学习外部理论知识，形成符合社会需求和个人发展的理论取向的唯一途径。现代认知心理学的研究表明，任何信息的获取都必须通过主体对外部输入信息来进行，以进行不同层次的心理转变。根据信息本身的特点和联系，人们在头脑中进行一系列的认知活动，新的信息被调用到学习者原有认知结构中，并建立一种新的认知结构。可以看出，心理内化是制约教育效果的重要环节之一。

5．改变认知

被教育者在接受了教育内容并内化为自身认知结构的一部分以后，就会逐步改变以往的认知结构，开始按照新的认知来理解和对待周围的人和事物。当大学生树立正确的价值观后，必然会呈现出与以往不同的价值取向。

6．影响行为

当大学生将心理健康教育的内容内化为自身理念意识之后，他们的行为就会随之发生变化，对待周围的人、事、物的态度也必将更加客观和理性，面对困难和挫折的时候也会更加坚强和勇敢，在很多关键事情和问题上能够做出正确的选择。

## （三）大学生心理健康教育网络模式运行的保障

为了保障大学生心理健康教育网络模式有序、有效地运行，本研究进行了一系列创新性的探索和实践：将大学生危机干预系统、大学生心理互助联盟、高校心理环境建设三者结合起来，形成一个完善的保障系统，在大学生心理健康教育网络模式的运行中，发挥查漏补缺、完善保障的功能。

1．危机干预系统

危机干预系统是通过家庭、学校、社会各方面形成合力，预防大学生心理危机的发生。建立大学生心理危机干预系统，确定心理危机预警指标，对预测危机、防范危机和积极主动地应对心理危机具有十分重要的意义。心理危机预警机制的建立有助于引导当代大学生认识心理危机，理性面对和处理心理危机，适时把握转机，获得健康发展。危机干预系统还有助于及时发现和识别潜在和现实的危机，以便采取措施，减少危机发生的突发性和意外性。该系统主要包括建立心理档案、确定预警指标、形成监控网络及高危对象发现与主动干预四部分。

（1）建立大学生心理档案。第一，大学生基本情况。主要是提供一些背景资料，以帮助教师深入分析大学生心理，正确诊断心理问题产生的原因。第二，能力情况及其教育建议。主要是指大学生的智力水平、智力特点如何，怎样进行有针对性的智力训练；学生的言语智能和数学智能水平如何；能力倾向鉴定及创造力测量等。第三，人格特征分析及培养建议。主要是指大学生的性格类型及特征、气质类型及特征、个性心理特征，怎样进行教育，大学生的兴趣、态度、人际关系及品德特点等。第四，心理健康状况及辅导策略。主要是指大学生的心理健康水平鉴定，有无心理问题或心理障碍，程度如何，怎样进行教育或矫治。第五，学习心理分析及教育对策。主要是指大学生的学习态度、学习动机、考试心理等的诊断及因素分析。第六，职业能力倾向类型分析及指导。主要是指大学生职业兴趣、职业能力的诊断，分析其适合哪一类工作，从而为大学生提供职业生涯规划和就业指导。

（2）确定预警指标。大学生心理危机的预警指标通常包括预警的重点对象、指标体系、信息评估和危机处理。通过分析预警指标，可以获取预警信息，从而评估信息，评价危机严重程度，决定是否发出危机警报，进行危机预告。

（3）形成监控网络。大学生心理危机监控网络包括监控机构和监控队伍建设。心理危机干预工作是系统工程，需要学校相关部门的配合，通过学校、心理健康教育与咨询中心、学院、校医院—保卫处—教务处、学生社区、学生班级与寝室的学生心理危机干预六级网络，建成危机应对的快速反应通道，做到早期预防，早期发现，早期诊断，早期应对。学校心理危机干预工作队伍分成专业人员与相关人员。专业人员主要为校心理健康教育咨询中心的专职人员，相关人员包括各学院全体学生工作者，教务处、保卫处、校医院等职能部门人员，学校心理协会会员，学院班级学生骨干分子以及校外相关精神卫生与医疗机构人员。

（4）高危对象的发现与主动干预。高危对象通常是指有自杀心理倾向的、想自愿结束生命以求尽快摆脱困境的大学生。这些有自杀意念的大学生在遇到难以解决的问题时，想逃避现实，为解脱自己而准备把自杀当做解决问题的手段。一旦发现高危对象，就必须及时进行主动干预，以便将自杀意念消灭在萌芽状态，从而避免出现恶劣的后果。

第一，建立心理健康教育机构。由专门从事心理卫生专业人员和负责学生工作人员共同负责心理健康教育。同时开展培训工作，使班主任、辅导员和学生干部等了解大学生自杀的心理特点和过程，掌握对高危对象自杀危险性的早期评估知识和干预技巧。第二，对大学生进行心理监测，筛选高危对象。对新入学的大学生应有心理监测专业培训人员为其进行心理测试。第三，对大学生进行心理健康教育。心理健康教育的内容必须根据大学生的整体心理素质，完善大学生的个性，培养社会适应性，树立正确的婚恋观，在建立和谐的人际关系以及控制能力等几个方面下功夫。第四，及时发现心理危机，给予紧急干预。研究发现，许多自杀现象并不是突然发生的，从自杀念头形成到自杀行为的选择有一个心理发展过程。第五，熟悉大学生自杀危机干预的步骤。做好自杀后学生的心理修复工作，包括自杀未遂的个体和当事群体。

2．大学生心理互助联盟

建立大学生心理互助联盟，为大学生心理健康网络教育模式的运行提供主体支撑。将传统的“管理本位”转变为“学生本位”，以学生主体作用发挥为抓手，建立大学生心理互助联盟，具体负责心理互助网络平台、心理互助热线、心理互助飞信、心理互助QQ群、心理互助信箱的日常工作和组织开展丰富多彩的课外活动，充分调动大学生自我教育、同伴教育的能动性，构筑起大学生心理自助互助能动体系。

建设和谐的高校心理环境，为大学生心理健康教育网络模式的运行创设能动的教育环境，奠定良好的心理基础。“用环境进行教育，这是教育过程中最微妙的领域之一。”精心设计、创建良好的校园环境是培养全面和谐发展的人的前提，同时，它又是对学生精神世界施加潜移默化的影响的手段。受教育者在各种教育活动中受到的影响，要经过一个内化的过程，即经过上述矛盾运动过程，才会使其原有的思想和心理状态得到进一步的发展和提高，外因转化成内因；而新的思想境界和认识水平一经形成，就会产生一种新的能动力量，并反作用于外部世界，使外部环境得到改造，内因又转化为外因。

# 第六章
# 大学生心理健康教育与思想政治教育的相互融合

## 第一节　大学生心理健康教育与思想政治教育的发展现状

我国的心理健康教育起步较晚，但是在国家政策的支持和指导下，发展势头良好，也逐渐由早期的青春期教育发展为教育课程体制、活动体系、咨询服务系统全面提升的心理健康教育体系。思想政治教育的发展从改革开放以来的教育复苏时期，到20世纪五位一体全方位的加强和改进，取得了显著的成绩。随着时代的进步，也出现了心理健康教育流于形式、不能起到预防为主的功能、思想政治教育传统保守、难以适应时代发展等问题。

### 一、我国大学生心理健康教育和思想政治教育的发展历程和成就

#### （一）我国大学生心理健康教育的发展历程和成就

中国大学生心理健康教育的初始阶段始于20世纪80年代中期，具有里程碑意义的是所有高校都设立了心理咨询中心，逐步完善了心理健康课程。现在，高校心理健康教育已成为大学生发展的必然要求。

1993年以后，为进一步加强心理健康教育研究，加快推进心健康知识，提高学术研究水平，教育部领导全国教育委员会组织各种心理咨询培训班，为各高校培养了一批心理健康教育者和研究人员。1994年以来，国家出台了一系列加强高等学校学生心理健康教育的文件，强化了我国高等学校学生心理健康教育的教学内容，完善了组织形式和制度。中国的心理健

康教育基于单一的青少年健康教育发展为包括构建心理健康教育体系和机制、教师队伍建设、教学体系建设、教育活动建设、咨询服务体系建设、心理危机预防和干预体系建设和教育工作建设多元综合教育体系，体现了心理健康教育的重要性和紧迫性，也充分反映了国家在学科发展中的政策支持和进步。1999年，自我保健健康教育首先纳入素质教育的范畴，培养学生的毅力和适应社会的能力。2005年9月28日，教育部成立了全国普通高校学生心理健康教育指导委员会（简称心理健康教育专家委员会），指导大学生心理健康教育研究、咨询、指导和评估工作。目前，中国的心理健康教育已步入快速、良好的发展轨道。

### （二）我国大学生思想政治教育的发展历程和成就

我们党从新民主主义革命时期就高度重视思想政治教育。无论何时何地，思想政治教育在社会发展和人才发展过程中发挥着举足轻重的作用。20世纪80年代，思想政治教育进入了学科发展阶段，在思想政治教育问题上逐步形成了一定的共识，对思想政治教育的目标、具体方法和重点有了更深刻的认识。随着社会的发展，思想政治教育的主体逐渐向大学生群体倾斜。大学生作为国家发展和建设的支柱，逐渐受到更多关注。大学生思想政治教育的成功也与国家的未来发展息息相关。

1980年，在《关于加强高等学校学生思想政治工作的意见》中，明确指出中国大学生思想政治教育是培养一支红色专业化的战斗队伍。这是“文化大革命”后中国的思想政治教育振兴的重大举措，1987年《关于改进和加强高等学校思想政治工作的决定》进一步明确了思想政治教育的内容，主要包括坚定的政治教育立场、自觉遵守法律、努力学习等。

## 二、心理健康教育和思想政治教育的相互关系

当代大学生心理健康教育和思想政治教育之间呈现出对立统一的关系。对大学生进行思想政治教育的本质目的在于让他们能够得到全面发展，而学生的全面发展势必需要满足心理健康这一必然条件，只有两者之间进行高效融合，才可以让大学生们的高尚情操得到培养，进而帮助他们形成健康的心理品质，以便能够更好地进入社会、融入社会。思想政治教育与心理健康教育间具有紧密的联系，两者相互影响、相互促进。优良的思想素质是心理健康的前提、基础和条件，高校开展思想政治教育的本质目的是提升大学生的思想素质，而心理健康在强化思维、形成优良品德方面也具有重要作用和意义。

### （一）两者具有共同的主体

虽然在开展工作时心理健康教育与思想政治教育的职责范围和分工存在明显差异，但实质上有一些相似之处。它们都是基于当前教育模式的发展和变化来分析和解决心理学上的公众问题、行为和其他方面的问题或缺陷。特别是在功能和培养目标这两个方面，心理健康教育和思想政治教育是不可分割的。更重要的是，心理健康教育和思想政治教育在领导机构和教育对象中具有共同的主体。从工作关系的角度看，两者具有相同的职能组织，都在党委的

领导下开展相关工作，这是领导干部和教师的基本责任；从教育对象的角度来看，他们都以当代大学生为主要教育对象。学科的共性是思想政治教育和心理健康教育在实施教学过程中具有统一领导的关键，为两者之间的交流提供了必要的客观条件。

### （二）两者具有互补性

心理健康教育和思想政治教育在内容上表现出互补特性。

1. 心理健康教育与思想政治教育内容互补性强

心理健康教育可以有效地掌握和反映学生良好的自我调节和控制能力，没有人格问题；思想政治教育倾向于人的思想水平，注重人的三观教育，以提高人的思想认识和道德素养为目标。思想政治教育注重理性认知对人的影响，而心理健康则注重潜意识结构。过去利用教学和灌输来处理大学生思想问题的教育思想并没有考虑人的心理活动，而是心理健康教育恰恰补充了这一不足，营造了积极的心理环境，有助于开展思想政治教育，从而改变了人们的精神面貌。

2. 心理健康教育丰富与健全了思想政治教育的内容与目标

思想政治教育过分关注社会个体思想道德规范，注重教育学生如何认识自然和社会，如何处理个人与国家利益的关系，如何有效地理解自己人际交往的发展，如何培养个性心态，如何培养良好的生活习惯，但对于如何认识自己，如何处理自己同周围人们的关系，如何正确地生活等方面关注不够，这些问题恰好可由心理健康教育来处理。因此，心理健康教育可以有效地丰富和完善思想政治教育体系，帮助学生培养健康人格。心理健康教育以其自身优势补充思想政治教育的缺陷，是高校思想政治教育的关键。

3. 心理健康教育同样要依靠思想政治教育的指引与参与

从心理键康的角度来看，心理机能的施展显然是由主体内在隐性的思维意识所控制的，诸如个人对社会、集体、自我的意识等，而此类意识同时也受到主体在学习期间所培养的三观的制约。有关心理健康教育方面的实践已经表明，在价值观中涉及的一些问题是诸多心理问题的引发因素，没有道德理念是人格障碍与患有神经症者普遍的特点。所以，心理健康教育是推动个人、群体心理健康的方式与渠道，而个人心理健康的完善无疑需要思想政治教育的融入，以帮助实现世界观、人生观、价值观的正确养成和形成基本的判断准则。

4. 形势政策、方针路线等是思想政治教育的主要内容，但是这些内容对心理健康教育而言极少涉及

思想政治教育能够利用心理健康教育中的咨询方式，为教育对象提供心理疏导，清除他们在思想构建与发展过程中出现的心理问题，引导他们学会更换看待问题的视角，优化看待问题的方式，构建全新的思维模式，形成正面乐观的精神。但对于诸如不同类型的神经症、性格与情感障碍、人际交流等方面问题，尽管思想政治教育同样需要处理上述问题，但常常无能为力。与此相反，心理健康教育处理该类问题则经验丰富，能够有效弥补思想政治教育

无法触及到的领域。

### （三）两者工作上相互渗透

心理问题和思想问题是有机结合的，两者之间没有明显的界限。心理发展是思想形成的前提条件，思想的发展和变化会受到心理的约束和影响，而心理活动的方向则直接受到思想的影响和引导。

对于人类来说，通过心理健康教育的方法可以缓解和解决其中存在的一些思想问题，从而达到思想政治教育的预期效果。在为学生提供帮助和指导的过程中，心理健康教育只能关注受试者的心理健康问题并进行对症治疗，不能达到从思想到心理上治疗的完美统一。因此，在解决学生心理问题的同时，还应积极帮助和指导思想问题，使他们在接受教育的过程中树立科学价值观，确保他们能够拥有健康的心理和优秀的品质。

学生心理问题的出现可能是由于心理障碍，也可能是思想问题引起的。因此，一些心理问题也可以通过三观教育来解决。思想政治教育旨在教会学生如何“做人”，这是良好思想道德的前提，也是心理健康教育中不可忽视的内在动机因素。

良好的心理使学生有一个健康的心态，更容易接受思想政治教育的理论课程，将思想政治教育所传达的价值观内化为思想，并将其外化为行为。心理健康教育不仅可以为思想政治教育的实施创造心理基础，还可以有效地拓展和丰富高校思想政治教育的内容和目标，为思想政治工作提供切实可行的教育途径。思想政治教育与心理健康教育的共性为两者在教学过程中的融合提供了可行的前提。同时，思想政治教育与心理健康教育的差异也有助于两学科理论的完善和实践体验的补充。在实际工作中，思想政治教育和心理健康教育始终相互促进、相辅相成，在教育人方面发挥协同作用。

## 三、大学生心理健康教育在思想政治教育中的地位

思想政治教育与心理健康教育二者是有联系的，同时又有所区别，二者相辅相成。思想政治教育从外延上包含心理健康教育，心理健康教育是思想政治教育的重要内容。二者都是对大学生健康成长、顺利成才的重要保障。大学生心理健康教育是素质教育的重要组成部分，心理健康是大学生健康成长的标志，良好的身心素质是大学生全面发展的重要内容，而思想政治教育的根本任务是培养全面发展的人。从二者对成长和成才的作用来看，心理健康教育是大学生健康成长的保障，思想政治教育是大学生顺利成才的重要保障，而成长是成才的基础。因此，心理健康教育在思想政治教育中处于基础地位。

### （一）大学生心理健康教育是素质教育的重要组成部分

为进一步落实科学教育政策，积极发展现代素质教育，必须加强和改进大学生心理健康教育。只有这样才能更好地促进大学生身心的双重发展，有利于高素质人才的培养。

在当代社会，不再需要高分低能的“学习上的天才，生活中的白痴”。当代大学生的成

长需要全面发展。不仅要积极完成学业，还要有健康的身体和健全的心理，实现多方位的全面发展，这是当代大学生必须实现的核心目标。所谓全面的多方位发展，主要包括思想道德素质、科学文化素质和身心健康素质三个有机组成部分。在这三个部分中，思想道德素质是整个大学教育的主要目的。如果没有良好的思想品质，学术水平再高，也不是社会主义建设所需的人才。科学文化素质是大学生素质教育的关键，学生的责任是学习，文化知识是大学生成才的必要条件，这也是判断大学生学术水平的直接标准。身心健康素质是提高大学生道德修养和学术水平的前提和基础，只有稳定保持身心健康，才能充分吸收知识，完成自身道德和科学文化素质的升华。

### （二）大学生心理健康教育是思想政治教育的重要内容

近年来，频频发生大学生因为心理困惑导致严重后果的问题，因此大学生心理健康教育受到各界的广泛关注，心理健康教育不再是高校可有可无的一部分。各高校应充分重视心理健康教育，使高校素质教育中心理健康教育的地位迅速提升。加强大学生心理健康教育有利于帮助大学生克服心理困惑，良好和积极的心理素质和良好品格的自我提升也有利于提高大学生的心理承受能力和自我调节水平。思想政治教育的内容不单一，而心理健康教育是思想政治教育的重要组成部分，它是思想道德教育和思想政治教育顺利发展的前提和基础，是实现思想道德教育和思想政治教育的必要条件。心理教育是初始起点的教育内容。它构成了道德教育、政治教育、思想教育的基石。思想政治教育采用多种方法培养大学生对社会关系和人际关系的理解，提高学生的政治思想水平，帮助大学生从整体角度理解不同的社会规律，提高大学生的法律意识，深化大学生对社会公共道德的理解，但在很多情况下，大学生的教育只有通过教学才能全面地教授思想道德，它不重视大学生的心理追求和理想，这对解决大学生的心理问题不利。然而，心理健康教育关注的是大学生的心理问题，帮助大学生解决心理缺陷和障碍。许多大学生不适应与校园生活完全不同的社会生活，他们害怕进入社会。他们可以接受心理健康教育培训，克服对社会生活的恐惧，提高他们适应社会的能力。心理健康教育在提高大学生心理承受能力和健康积极人格方面发挥着重要作用。健康的人格、坚持不懈的心理承受能力和适应社会的能力是一个人成功的基石。心理健康教育是培养健康人格、良好心理素质、乐观向上情感的重要手段，是思想政治教育的补充。

# 第二节 大学生心理健康教育与思想政治教育的关系

## 一、大学生心理健康教育与思想政治教育的区别

### （一）理论基础和教育方法不同

在理论基础上，心理健康教育是心理健康教育人员运用心理学原理和多样化的辅导方法，帮助受教育对象解决某个人生阶段产生的心理障碍，有效减少个人内心冲突，解决不同个体之间积累矛盾的风险。思想政治教育以马克思列宁主义、毛泽东思想和邓小平理论为指导，在大学生形成世界观、人生观和价值观的重要阶段，科学引导，帮助学生树立爱国情怀，坚定共产主义理想，逐步提高大学生思想政治品质。心理健康教育的理论体系源于多元化的心理学研究，国内外各种理论包括普通发展心理学、学生人格心理学、社会心理学、心理诊断学、心理测量学、心理干预治疗学、个人行为科学等理论体系，这些理论代表了人类心理的发展和变化。它们从不同角度进行总结，其中大多数不属于社会意识形态范畴。思想政治教育也是意识形态教育，其根植于马克思列宁主义所代表的哲学、政治学、理论学、社会学、教育学等，通过明确的政治导向，引导学生接受并用来指导学生的人生发展。

在教育方法方面，心理健康教育者和受教育者的界限是模糊的，通常基于平等、自愿和信任。教育者通过倾听来与受教育者互动，通过表达对受教育者的接受而发现对方的问题症结，从而得到不含有价值取向的结论，然后辅以讲座、心理评估、公开咨询、个人对话、角色互换、集中咨询等，有效预防和解决心理健康问题。思想政治教育倾向于宣传、教导、灌输和自上而下，教育者使用课堂教学、理论讲座、舆论报道和检查评比等方法进行教育，通过重复理论讲解、典型实例分析总结、正面榜样引导、开展社会实践等方法，巩固和加强思想政治教育在学生思想发展中的作用。

### （二）教育的出发点和内容不同

心理健康教育的出发点源于学生成长过程中心理发展的需要。首先，它的基础是帮助学生健康成长，解决不良倾向，发展个人潜能，关注学生的多元化发展，保持不同人格中的积极成分，保护学生的积极心理变化，防止心理疾病的发生。其基础是接受学生的世界观、人生观和价值观，其根本是平等、互信，并没有明确的阶级性。

思想政治教育的出发点是国家、社会的整体发展需要。它以国家和社会的稳定、健康发展为基础，凝聚向心力，在共同价值观体系下培养大学生的思想素养、政治素养、道德素养和心理素养，包括鲜明的政治立场，努力改变不利于国家政治发展的不同思想，强调一个人服从整个群体，并且可以勇敢地放弃个人利益。在教育内容方面，心理健康教育最终需要学生掌握心理学研究的方法，通过学习心理健康的基本知识，科学地判断心理健康水平，学会

分析自己的心理活动和人格特征，培养心理调适的技能。首先，对于大学生，心理健康教育强调“适应”作为武器组合理论的指导，帮助学生自我定位，了解环境，及时调整环境变化引起的各种情绪，掌握适应环境的策略并合理地应用它们。其次，情绪控制和调节。大学生活将不可避免地遇到来自学业、生活甚至就业的各种挫折和压力，帮助学生了解情绪的形成、发展以及表现规律，形成积极的心态，保持轻松的心情，并学会有效地控制自己的情绪。面对压力，你可以采取科学的减压方法，避免压力造成的不良情绪的恶性扩张，磨练你内心接受挫折的能力。第三，人际交往和性心理。大学也是一个小社会，人际圈比中学更复杂、更广泛。它培养学生的社交技能和表达能力，正确评估和接受自己和他人，人际交往中一个最重要的方面是与异性的交往。大学生处于青春期成熟阶段，性生理变化明显，性心理日趋成熟，帮助学生正视异性，勇于寻求适合自己与异性交往的方法和手段，加强恋爱心理调节，理解道德和法律约束。

思想政治教育主要针对学生的思想层面，根据党和国家的方针政策开展系统的社会意识形态教育。首先，理想信念教育是加强马克思主义世界观和价值观教育，在学生心中建立辩证唯物主义的世界观和方法论，学会从不同角度辩证地分析和理解复杂问题，学会分解矛盾的内心两面性，试图克服理想片面主义概念，用长远发展的眼光看问题。同时，要正确认识个体的社会定位，建立与他人、集体、社会的关系，建立崇高的理想，从现实出发，提升社会主义的整体观。其次，爱国主义教育。通过红色历史教育，让学生了解中国革命时期的艰苦斗争，铭记革命烈士的英勇过去，培养爱国主义情怀。教会学生充分学习党的基本理论，深刻理解党的产生和发展过程，了解党的基本理论。第三，早在1990年，《中共中央关于加强高等学校党的建设的通知》要求高等学校重视思想建设，坚持将其置于主体地位，这也体现了我国“明礼守信”的传统和“以德治国”的理念，在大学的科技知识中广泛穿插思想道德和道德修养，增强学生的道德使命感和责任感，培养公德心及其素养，把公民道德教育贯穿校园文明礼仪教育。同时加强社会法制宣传，规范学生法制观念，懂法守法，始终坚持法律底线，学会在关键时刻使用法律武器保护自己和他人的合法权益。

### （三）教育的实施者和结果不同

目前，在中国的各种高等院校中，心理健康教育的主要执行者大致可分为两类。一是大学辅导员老师，辅导员和学生朝夕相处，在日常心理健康教育——个别对话、团体辅导之外，较易发现学生的日常情绪变化和心理问题，并及时进行干预和帮助。二是随着大学生心理健康问题的频繁发生，越来越多的高校设立心理咨询中心，为辅导员的心理咨询提供业务支持。他们接待来咨询的学生，有效预防和减缓心理疾病的发生和发展。思想政治教育的实施者主要包括大学辅导员和思想政治课教师。高校辅导员主要引导学生加强思想政治学习，通过日常管理、舆论导向和讲座论坛，逐步形成良好的思想政治思想氛围。思想政治课教师的方法更为单一，通过定期授课，向学生传达思想政治内容，引进思想政治热门话题等，主要教授的课程包括《马克思列宁主义》《政治经济学》形势与政策》《思想品德和道德修养》等。

心理健康教育是利用心理学规律和方法帮助学生面对自我、认清自我、发展自我的活动，其结果有以下两点：第一，早期发现心理问题，有效预防心理疾病。大学生面对周围环境的变化，很容易导致适应不良，在人际交往中也可以产生心理压力。心理健康教育可以帮助学生客观地分析事物，正确接受自己和评价对待他人，不卑不亢，成为生活中的强者，成为他人的好朋友。在处理部分学生出现的心理问题时，通过及时的专业沟通和科学的心理疏导，逐步阻止心理疾病的发展，为正确的医疗和良好的康复提供依据。第二，塑造健康的人格。大学作为学校与社会融合的媒介，大学生需要具备一定的社会素质才能顺利进入社会，完成从象牙塔的纯真大学生到社会中成熟专业人才的转变。通过各种形式的自我发现，学生充分了解自己的优点和缺点，发现兴趣和能力的差异，逐步培养良好的身心素质，完成自我人生价值的实现。思想政治教育的主要结果是深入人才的内心，种下正确政治方向的种子，通过长期的努力，形成先进分子建设和谐社会主义的凝聚力。政治稳定是我们国家的根本，面对人民发展经济致富的迫切愿望，政治稳定更加不可动摇。大学生是先进的知识分子，对政治参与有很高的热情，背负着祖国的未来和振兴中华民族的伟大梦想，深刻领会和认识党的路线方针政策，坚定不移地走中国特色社会主义道路，敢于肩负历史使命，维护国家利益，为人民和社会贡献力量，是我国不断发展的基础。通过建立和推广榜样，调动大学生的主观能动性和青春热血，传播热爱祖国的正能量，积极参与祖国建设事业，激励广大毕业生去祖国需要他们的任何地方。

## 二、大学生心理健康教育与思想政治教育的联系

### （一）心理健康教育与思想政治教育的对象相同——大学生

心理健康教育是心理健康教育人员对受教对象运用人类共通的心理学原理和多样化的咨询辅导手段，帮助其解决在某个人生阶段产生的心理障碍，有效减少个人内心冲突，化解不同个体间积累矛盾的风险的教育。思想政治教育是以马克思列宁主义、毛泽东思想和邓小平理论为指导，在大学生世界观、人生观和价值观形成的重要阶段中，科学引导，帮助学生树立爱国主义的情操和坚定的共产主义理想，逐步提高大学生思想政治素质的一种活动。两者发挥作用的目标群体是一致的，即各类高等院校的大学生。

### （二）心理健康教育与思想政治教育的教育性质相同——同属于意识形态的范畴

在马克思主义唯物辩证法中，哲学的根本问题是物质与意识、存在与思维之间的关系。作为一个大的宏观概念，意识具有广泛的理论界限，包括感性认识和理性认识，包括人的思维、情感、意志、良心等。思想政治教育是一种理性的认识阶段，心理健康教育属于感性认知的阶段。

### （三）心理健康教育与思想政治教育的教育目标相同——培养学生的综合素质

心理健康教育与思想政治教育，作为教育工作者的两种手段与方法，其本质目的都是为了培养适合我国需要的能为社会做出贡献的大学生，都是为了大学生知、情、意、行的全方位合理发展，都是为了塑造综合能力强、适应能力好的大学生，从而帮助大学生实现自己的人生理想与价值。

心理健康教育培养学生在充分认识自己和世界的基础上进行自我调节。自我调节的前提是学生的理想符合他们自己的实际和愿望。良好心态、与他人和谐相处也是道德优良的体现。面对适应新环境，控制不良情绪也需要坚定的信念和坚强的意志。

思想政治教育是关系大学生政治觉悟、政治立场和政治奋斗目标的教育，因此，理想、信念、品德和意志教育是思想政治教育过程中不可或缺的关键词，通过教育帮助学生理解社会主义存在着不同的阶段，目前我们是初级阶段，整个民族的理想就是早日实现中国梦，鼓励学生发挥自身学到的专业知识与个人特长，将个人理想与社会理想、国家理想相结合，树立远大的奋斗目标，遵守社会公德，传承中华美德，坚定共产主义信念。

## 三、思想政治教育与心理健康教育相辅相成

思想政治教育与心理健康教育并不是两个完全不相关的概念。思想政治教育的内容包括思想教育、政治教育、法纪教育以及道德教育和心理教育。心理健康教育是思想政治教育的基础，只有确保心理健康教育的完美发展才能更好完成思想政治教育的目标。因此，思想政治教育对心理健康教育的方向起到了指导作用，而大学生心理健康教育为思想政治教育的顺利进行提供了心理支持。并非每个人在成长过程中都会通过学习和观察来建立正确的人生观和价值观。通常，由于一些不良的社会氛围或不良习惯，他们将逐渐形成对生活和价值观的错误观点。思想政治教育是指导。人生观不正确的人如果建立正确的价值观，理解科学的自然规律和社会发展规律，理解人与自然、人与社会的关系并不断提高他们理解和转变的能力，纠正不良生活价值观对人们的日常生活的影响，心理调节和正确自我意识的发展具有不可替代的重要作用。当人们能够正确认识自己时，可以分析和理解自己的真实需要，然后根据自己的需要建立自己的目标，充分发挥自己的主观能动性，不断学习和进步，自觉调节和约束自己的思想行为。因此，意志被磨练，使自尊、自信的健康人格可以形成和升华。只有树立科学的人生观和价值观，才能实现人格的健康和升华。心理健康教育不同于普通的思想教育，心理健康教育应深入到心理层面，关心学生的心理成长，在心理上给予学生科学的指导，使学生提高心理承受能力，培养科学的人生观，形成一种顽强、积极的生活态度。为了使心理健康教育顺利进行，建立正确的心理健康教育方向，正确的人生观和价值观是必不可少的。人类的思想不断变化，容易受到影响，包括是客观社会环境的影响和主观心理因素的影响，将科学理性的人生观、世界观完全融入大学生心理健康教育课程中，创造良好的外部条件，对大学生产生积极和积极的影响，让大学生变得更优秀。大学生的道德素质是他们心

理世界的映射，因此，在培养大学生形成优秀思想品质的同时，要注意大学生的心理健康状况、解决大学生的心理问题、提高大学生的心理素质，与单一的思想道德宣传教育相比，它将发挥出少花钱多办事的作用。

## 第三节　心理健康教育与思想政治教育结合是时代的需求

大学生心理健康教育与思想政治教育在不同学科中具有共性。与此同时，现代大学生出现的问题也不能简单地理解为心理问题或思想问题，更多的是各种信息和压力的混合，由单一的心理健康教育或思想政治教育再也无法有效地提出解决方案。因此，心理健康教育与思想政治教育相结合是时代的要求。

### 一、大学生心理健康教育与思想政治教育结合的必要性

大学，是学生风华正茂，追逐理想的年纪，但是诸多问题也会成为前进路上的障碍，心理问题的发生是以思想为基础和导向的。高校的扩招，精英教育逐渐向大众教育靠拢，社会经济的发展，各种思潮冲击着大学校园，90后大学生作为独立的群体，于改革开放创造的巨大成绩中成长起来，个性鲜明，单向的填鸭式的教育已无法满足他们的需求，大学生心理疾病又为大学生思想政治教育鸣起了警笛，提出迫切的新挑战。

#### （一）心理和思想困扰要求心理健康教育和思想政治教育有机结合

大学生高度依赖方便的物质生活，他们面临独立的生活时，无法及时有效地应对。面对困难容易产生焦虑和烦躁的心理，如果不能及时解决，将导致他们不能理性对待这些问题。学习的知识多，考试的压力大，面对大学与高中截然不同的学习方法和学习氛围，在突然脱离了家长老师的监督后，不知不觉中放松了对自己的要求，失去了对自身行为的有效把控，学习逐渐缺乏连续性与持久性。此外大学课业负担重，知识量大，由高中知识转化的难度高，有的同学难以适应新知识高强度的学习，从而感到吃力。

孤独自卑和人际交往障碍。大学的生活丰富多彩，丰富的社团组织、文化体育活动和学术竞赛占据了许多学生的业余时间。在人才辈出的大学校园里，有些学生不是很优秀，同时，学生来自天南海北，家庭经济条件不同，有经济困难的学生可能因为自卑而错过很多锻炼自己的机会。大学的日常生活以宿舍为基础，以班级为集体。每个组织中都有来自全国各地的学生，生活习惯差异很大，做事方式不同也不可避免。在相互适应的初始阶段，摩擦和碰撞是难免的，而大学生的心理和生理比中学时期更成熟，相对宽松的环境，他们释放出探索爱情和性的强烈愿望。许多学生在很短的时间内即由陌生的同学发展成为恋人，如果两个人没有正确的爱情观和责任感，很容易引起情感起伏和变化，很容易造成精力不集中、目标

不明确，甚至荒废学业。

沉迷于网络世界。作为现阶段大学生心理健康问题的第一个问题，网络成瘾问题在新生中尤为突出。老师和父母对学生没有空间上的束缚，时间相对宽松，许多学生无法适应突如其来的自由和空闲，各种与网络相关的内容填补了课余时间甚至正常课堂时间。网络游戏逼真、血腥的场景在刺激神经的同时也会植入可怕的阴影。如果不合理地疏导，扩大学生的不同兴趣和爱好，往往会导致无法解脱的情况。

择业就业困难。伴随着高校10多年的连续扩大招生规模，众多学子拥有了接受高等教育的机会，但随之而来的是大量的应届及往届毕业生成为了待就业大军中的一员，背负着依然传统的择业观，面对同学的发展及亲人的期盼，多数毕业生都希望找到社会地位高、工资待遇丰厚、发展前景可观的工作，但是，面对社会岗位需求增长相对较慢的矛盾，以及有限的用人单位不断拔高的入行门槛，毕业生的就业压力也与日俱增。同时，缺乏良好的职业规划以及眼高手低的心理也经常造成毕业生耽误了就业的最好时机，有很多用人单位或明或暗地倾向于录用男生，造成女生在就业中更加处于劣势，不公的就业待遇更加大了女毕业生的生活压力。

### （二）信息多元化要求心理健康教育和思想政治教育有机结合

随着改革开放和市场经济的进一步深入，高等教育向大众教育转型，越来越多的青年学生涌入高校，新思潮不断。经济全球化日益影响着学生的日常生活，各种新闻信息带来的国际政治格局的迅速变化，资本主义与社会主义价值体系的碰撞，以及改革开放中的环境污染、贫富差距、腐败与贿赂、价格上涨等发展中难以避免的问题和矛盾给大学生带来了前所未有的信息和思想影响。高等教育也存在不进步和快速成功的隐患，急功近利、拜金主义等思想正侵蚀着象牙塔中的大学生，加强新时期大学生心理健康教育和思想政治教育尤为重要和迫切。

### （三）网络高速发展要求心理健康教育和思想政治教育有机结合

互联网的发展成几何级数的增长，各种新媒体的发展也日新月异，它们在大学生的生活和学习中占用了大量的时间，成为影响生活的重要因素。如果没有得到适当的引导，可能会引发学生过激的言论和行为；智能手机“低头族”、人人网、微博、博客、QQ、微信等，已经成为学生与外界沟通和交流的主要方式，无论是家庭团聚、朋友聚会还是主题班会，“低头族”在网络的影响下，与人的直接沟通越来越少，这不可避免地降低了处理事务的能力，对人际关系漠不关心；网络信息的多样化，快速、大量传播，言论监管困难，以及一些不法分子推动的言论不利于民族团结和社会和谐，使教师难以借助公共政治课开展传统教育，也增加了达到预期效果的难度。

## 二、心理健康教育与思想政治教育结合的可行性

### （一）心理健康教育与思想政治教育相结合的政策支持——国家政策与方针

我国在指导高等教育发展的相关政策中，对心理健康教育和思想政治教育的开展实施，教授内容的规范，以及教育体系等诸多方面，均存在促进二者相互结合的论述。

中共中央、教育部相继发布了多项意见和大纲，为两者的有效结合提供了政策方面的指导论述，《普通高等学校大学生心理健康教育工作实施纲要（试行）》中明确指出了心理素质在素质教育中的重点地位，将心理素质与思想道德、科学文化和身体素质并列为大学生全面素质发展的四大方面。在有关“两课”、德育和思想道德修养的各项规定和意见中，明确要求大学辅导员、班主任不仅要承担日常的思想引导，还要分出更大一部分精力来关注学生的心理健康，在课程建设和内容安排上将心理健康教育的内容加入到思想道德修养课称中去，让心理教育不再停留在专门教育，而是通过讲座、报告等形式发展到日常的潜移默化中。

### （二）心理健康教育与思想政治教育相结合的理论支持——共通的学科领域

心理健康教育和思想政治教育作为大学生思想发展过程中的重要指导课程，从本质上讲，二者是辩证统一的，两者虽然在教育方法和内容上有诸多差异，但是，两者在实践过程中是相辅相成，有机统一的。

全国大学生心理健康教育的发展可以说是处于初期阶段，大部分理论内容来自国外相关领域的研究结果。但是，中西文化差异很大，大学生的发展也不平衡。因此，面对中国大学生，理论的应用往往不可能简单地生搬硬套。大学生生活和学习中遇到的大多数问题都不是简单的问题，往往是心理问题和思想问题相互作用。思想政治教育作为一门综合性和交叉性比较强的学科，其学科体系涉及哲学、社会学、教育学、伦理学、统计学、管理学、心理学等学科领域。心理健康教育作为伴随着人类思想发展的软科学，着重于构建良好的心理品质和健康人格。它的主要理论基础是心理学，还包括几个人文学科，如教育学、伦理学。虽然两者在理论基础和来源方面存在很大差异，但这些理论来源本身就是人文科学的分支，反映了人文学界对人类思想和心理的探索，在一定程度上交叉和重叠，其各自的学科体系互相支持、相互促进。作为新时期学生素质教育的内在要求，它们都在朝着人类思想发展的方向努力。它们必须以马克思主义的基本原理为基础，通过辩证唯物主义和历史唯物主义的指导思想找准人生的坐标与方向，所以思想政治教育和心理健康教育在实践中的契合是完全可行的。同时，古典的、呆板的、单一教授式的教育已经不能满足学生和社会发展的需要。通过整合心理健康教育的若干理论指导和技术方法，大学生思想政治教育将取得更加深入的普及效果。

### （三）心理健康教育与思想政治教育相结合的人员支持——共同的受教育者和实施者

心理健康教育和思想政治教育的教育对象是一致的，都是作用于大学生，其目的归根到

底都是为祖国培养优秀的大学生，将知、情、意、行全面内化为大学生的综合素质，引导大学生用科学的思想理论来武装自己的头脑，形成切合自身实际又迎合国家发展的理想，指导大学生用心理学的理论和方法解决实际生活中遇到的困难和挫折，形成坚定的内心和意志，从而有效提升克服困难的能力，加强对社会变化的适应性，形成个人完善的人格并在未来能够有良好的发展和对社会的贡献。两者虽然在教育方式和教育目的上略有不同，但是本质上都是为了大学生知、情、意、行的全面发展，是很难完全区分和剥离的。在我国高校，大学辅导员或者班主任通常兼任思想领路人和心理疏导者的角色，因此在人员构成上也有很大的交叉，辅导员或者班主任与学生亲密接触，对他们的学习和生活有着较为深入的了解，也对可能出现的困难有着较为准确的前瞻性，在开展教育工作的过程中，很多时候两者也结合于无形之中。

## 第四节　大学生心理压力与思想动态调查——以济南大学生为例

### 一、调查对象

山东省济南市各大高校（包括山东大学、山东师范大学、济南大学、山东建筑大学、山东政法学院等）的425名大学生，进行了425份问卷调查，其中有效问卷408份，有效率96%。

### 二、调查内容

大学生心理压力与思想动态调查问卷。

### 三、调查方法

实证分析方法：本书采用调研、问卷调查、数据分析的方法对大学生的一部分心理素质和思想动态进行了调查，主要从不同性别、不同年级、不同家庭环境、是否独生子女等多个方向进行调查研究。

软件分析方法：对问卷数据进行spss分析，得出大学生心理压力的来源以及对于树立理想信念的认知等，对大学生的日常教育提供数据上的支持。

访问调查法：在发放问卷的过程中，对其中一小部分大学生进行了简单访问，便于保证后期问卷分析的准确性和深入性。

## 四、调查结果分析

问题一：不同性别、年级、是否独生及居住地的同学对生活习惯不同的舍友适应情况的分析。适应情况随着年级等的变化情况，见表6-1。

表6-1

| 类别 | | 不能接受 N/% | 能忍让 N/% | 相互适应 N/% | 没有想过 N/% | 合计 | $x^2$ | P |
|---|---|---|---|---|---|---|---|---|
| 性别 | 男 | 53(45.7%) | 15(12.9%) | 41(35.5%) | 7(6.0%) | 116 | | |
| | 女 | 109(37.3%) | 75 (25.3%) | 93 (32.2%) | 15(5.1%) | 292 | | |
| 年级 | 大一 | 15 (37.5%) | 12（30.0%) | 10 (25.0%) | 7.5 (3.0%) | 40 | | |
| | 大二 | 62 (41,4%) | 45 (29.8%) | 36 (23.8%) | 8(5.3%) | 151 | | |
| | 大三 | 61 (39.9%) | 23(15.0%) | 65 (42.5%) | 4 ( 2.6%) | 153 | | |
| | 大四及以上 | 24 (37.5%) | 9(14.1%) | 24 ( 37.5) | 7(10.9%) | 64 | | |
| 独生 | 是 | 78 (48.1%) | 39 (24.1%) | 38 (23.5%) | 7 （43%) | 162 | | |
| | 否 | 84 (34.1%) | 50 (20.3%) | 97( 39.4%) | 16 (6.1%) | 246 | | |
| 居住地 | 城市 | 79( 47.0%) | 35 (20.8%) | 46 (274%) | 8 ( 4.8%) | 168 | | |
| | 农村 | 83( 34.6%) | 89 (37.1%) | 5（22.5%) | 14 (5.8%) | 240 | | |

大学生对待生活习惯的四种心理态度在性别、年级、城乡和是否独生子女的直接差异存在统计学意义，四种态度都随着年级的变化呈现大体一致的变化，先上升然后平稳最后随着毕业年级的到来呈现下降趋势。男生较女生更加难以接受宿舍中的不同习惯，男生75.8%能够适应忍让，女生85.6%能够适应忍让。大一大二适应忍让高达92.5%和88.7%，与初入学加入群体生活，会改变个人生活习惯与融入群体生活有关，然而到大四，可能由于宿舍矛盾长期积累，不能忍让的程度越来越高的同时，相互适应程度下降。对于他人的生活习惯，独生子女14.8%不能接受，而非独生子女只有8.9%不能接受，这可能与非独生子女在入学前已有适应过程有关，独生子女与他人接受程度比非独生子女差。城市学生与他人接受程度比农村学生差很多，城市学生不能接受者为20.2%，农村学生为5.0%。农村学生更容易接受他人，是因为农村生活环境中有许多伙伴，有相互接触的群体，而城市学生很少有触及生活习惯的群体。

问题二：不同性别、年级、是否独生及居住地的同学在大学期间承受最大的压力现状分析，见表6-2。

表6-2

| 类别 | | 已树立 N/% | 要树立 N/% | 没必要 N/% | 合计 | $x^2$ | P |
|---|---|---|---|---|---|---|---|
| 性别 | 男 | 59（50.9%） | 51（44.0%） | 6（5.2%） | 116 | | |
| | 女 | 144（49.3%） | 138（47.3%） | 10（3.4%） | 292 | | |
| 年级 | 大一 | 15（37.5%） | 24（60.0%） | 1（2.5%） | 40 | | |
| | 大二 | 62（41.1%） | 82（54.3%） | 7（4.6%） | 151 | | |
| | 大三 | 93（60.8%） | 55（35.9%） | 5（3.3%） | 153 | | |
| | 大四及以上 | 33（52.4%） | 28（43.8%） | 3（4.7%） | 64 | | |
| 独生 | 是 | 64（39.}%） | 92（56.8%） | 6（3.7%） | 162 | | |
| | 否 | 139（56.5%） | 97（39.4%） | 10（4.10%） | 246 | | |
| 居住地 | 城市 | 82（48.8%） | 80（47.6%） | 6（3.6%） | 168 | | |
| | 农村 | 121（50.4%） | 10（45.4%） | 10（4.2%） | 240 | | |

被调查对象压力来源在性别、年级、是否独生子女和城乡之间的差异存在统计学意义。男生的学业压力明显高于女生，女生的人际交往压力明显高于男生，但均有超过1/3的人表示有择业压力。学业压力的高峰在大学二、三年级，人际关系压力高峰在大学二年级，就业压力则在大学第三年呈现一个高峰，异性交往压力则在整个大学生涯中呈现平稳低水平。独生子女的学业压力和人际交往压力要略高于非独生子女，但是择业压力较低，可能与家庭期望高及适应群体生活有关，非独生子女就业压力大占百分比高达39.4%，可能与家庭负担有关。城市学生学业压力明显大于农村学生，但是择业压力却明显小于农村学生。

问题三：不同年级、性别、是否独生以及居住地的同学，对一于给自己树立目标的看法见表6-3。

表6-3

| 类别 | | 不能接受 N/% | 能忍让 N/% | 相互适应 N/% | 没有想过 N/% | 合计 | $x^2$ | P |
|---|---|---|---|---|---|---|---|---|
| 性别 | 男 | 53（45.7%） | （%） | （%） | （%） | | | |
| | 女 | （%） | （%） | （%） | （%） | | | |
| 年级 | 大一 | （%） | （%） | （%） | （%） | | | |
| | 大二 | （%） | （%） | （%） | （%） | | | |
| | 大三 | （%） | （%） | （%） | （%） | | | |

续表6-3

| 类别 | | 不能接受 N/% | 能忍让 N/% | 相互适应 N/% | 没有想过 N/% | 合计 | $x^2$ | P |
|---|---|---|---|---|---|---|---|---|
| | 大四及以上 | （%） | （%） | （%） | （%） | | | |
| 独生 | 是 | （%） | （%） | （%） | （%） | | | |
| | 否 | （%） | （%） | （%） | （%） | | | |
| 居住地 | 城市 | （%） | （%） | （%） | （%） | | | |
| | 农村 | （%） | （%） | （%） | （%） | | | |

树立目标的态度上年级和是否独生子女之间的差异存在统计学意义，而男女和城乡之间的差异没有统计学意义。大一、大二学生超过半数都意识到应该树立目标，而已树立目标则是在大三以上所占比例超过半数，认为没必要的学生在各个年级都呈现较低水平，说明学生都明白树立目标的重要性。非独生子女中56.5%已树立目标，独生子女只有39.5%已树立目标，非独生子女较为独立，对自己的未来已有所规划，而认为应树立目标者独生与否差别不大。我们可以加强目标教育，给予指导，建立人生规划。

## 五、心理健康教育与思想政治教育相互结合的方法

心理健康教育与思想政治教育的结合应不仅体现在理论层面，更应该应用到实践中去，课堂上在教学方法、教学内容和师资队伍上的融合主要是针对传统意义上的教育而言的，在课后，运用网络新媒体，将教育深化到日常生活中，潜移默化地进行熏陶，有效将大学校园活动、志愿服务、社会实践等平台发展为心理健康教育与思想政治教育相互结合并共同作用的工作阵地，在素质教育指引下对学生进行分类指导。

### （一）课上促进心理健康教育和思想政治教育的结合

#### 1. 教学内容上的互为支撑

在有关“两课”、德育和思想道德修养的各项规定和意见中，要求在思想道德修养课程中，科学安排并有效融入有关心理健康教育的内容。心理健康教育通过对心理健康基本知识的教授，帮助学生理解心理健康的标准和意义，学会自我剖析，发现自身问题时能采用恰当的方法正面面对。思想政治教育的本质是教育者按照一定的社会或社会群体的要求，对其接受对象发挥有倾向行、引导性、有组织的影响，用一系列符合社会发展的思想观念、政治观点、道德要求、法纪规范等，使他们思想取向得以规范，形成符合一定社会所需要的思想品德素质的社会实践活动。作为思想政治教育的内在支撑平台，通过晓之以理、动之以情的思想与道德的修养教育，也可以帮助学生培养独立自主的性格特征，完善和培养健全人格，进而培养积极向上的理念和乐观开朗的态度，这也是心理健康教育不可缺少的内在动力。

2．队伍经费上的融合提升

我国对于心理健康教育与思想政治教育师资队伍的有机结合给出了明确的指导意见。《普通高等学校大学生心理健康教育工作实施纲要（试行）》中提到：大学辅导员和班主任不仅要承担学生日常的思想引导，还要分出更大一部分精力来关注学生的心理健康，高校应该在此基础上，从人员编制的制订和教师职务聘任上，形成和培养一支少量、精干的专兼职教育队伍，以全面科学地发展。

从目前高校中存在的现实状况来看，思想政治教育工作的主体是思想政治理论授课教师、大学思想政治辅导员、班主任、团委、学生处等与思想政治教育相关的行政工作人员；而心理健康教育作为近年来逐步引入的一种大学生教育模式，目前其主要队伍来自专业的心理学教师、心理咨询师、心理健康教育中心工作人员、医务人员、大学辅导员、班主任等。可见，两支队伍的交叉部分主要在辅导员和班主任，行使对学生进行思想政治教育和心理健康教育的双重使命。

这对教育人员提出了更多和更高的要求，不仅在思想上提出了端正政治理想，用坚定的意志和信念武装自己的思想头脑，用道德的准则要求自己的行为处事。在感性技巧方面，要求他们具有良好的语言表达能力，能够体会学生内心思想，敏锐地观察学生的思想动态。然而，很多教育工作人员还不能完全具备两者的专业知识背景和技巧方法。因此，在保证坚定执行和贯彻党的路线、方针、政策的同时，提高心理学知识的学习，增强心理咨询与心理干预的技能，打造一支能够双肩挑的教师队伍则显得尤为重要。

同时，学校党委作为宏观指导部门，首先要直接协调，统筹安排好学校心理健康教育和思想政治教育的工作方针与指导原则，下发各阶段目标指导意见，统一协调部署和科学安排心理健康教育和思想政治教育的各项经费管理、人员规划安排和各种形式的教学科研。应牢固依托各级学院一线学生工作者的基础力量，加强两支教师队伍的合理整合和后期培养，加强对教育工作者的资格认定、培训考核、再教育学习等的投入，提升教育工作者的理论水平和实践能力，促进专业互补，鼓励科学研究和课题探讨，加大科研项目、科研经费的支持，加大学科整合与发展。在职称聘任上，逐步完善双肩挑教师的聘任和待遇制度，以此激励更多的教育人员投身到大学生的教育中去。

### （二）课后促进心理健康教育和思想政治教育的结合

1．新媒体的使用促进心理健康教育与思想政治教育的结合

利用目前学生接受度较高的各类网络媒介，建立心理健康教育和思想政治教育的网络平台，并相互结合穿插。网络已经成为当代大学生生活和学习中必不可少的元素，微博、微信、人人网、QQ、飞信等也逐渐成为信息传播和情感交流的新媒介。高校应建立心理健康和思想引导的网络体系，利用心灵鸡汤微博、时事政治微信平台、理想信念人人主页等学生喜爱的形式，搭建学生与老师、学生与学生之间心理活动的交流平台，大力倡导与弘扬社会

主义核心价值观，以润物细无声的方式将思想引导和心理疏导走下生硬的课堂，融入到学生的日常生活中。

转变“说教式”的教育和管理模式，坚持以人为本、因材施教，利用测试软件加强对学生的心理和思想的了解，客观面对大学生思想心理诉求的多样化内容和复杂的层次性，准确把握学生的核心需求，以人的良好发展为本，有针对性地围绕问题营造适合的教育体系，加强学生网站建设，宣传青年学生中的优秀榜样，刊登弘扬正气、传递正能量的文章、歌曲和视频等，让学生感受到各级领导、基层教育工作者的关怀，在轻松的氛围里愉快健康地成长。

2．理论实践相结合促进心理健康教育与思想政治教育的结合

实行多年的思想政治教育体系较为完整，但形式颇为单一，大多强烈依赖课堂教学，缺乏创新与互动，授课说教式的教学方法缺乏新意。心理健康教育作为后起之秀，因为话题的敏感性和多样性而通过咨询、交流、团体辅导等方式开展，让理论融化于日常的生活实践中，实现课上不生动的知识走向轻松愉悦的课外。通过辩论、小组活动等互动形式活跃课堂气氛，激发潜能，例如：让学生分组搜集革命先烈的典型事迹，在课堂上与其他小组的同学分享学习的心得体会，既增加了同学们课堂的参与度，又通过自己学习加强了爱国主义教育的深度。保证适量的课堂教学为基础，积极拓展课外实践，例如：通过社会实践，把公民道德素养、校园文明礼仪、关爱留守儿童等积极向上的观点向民众进行问卷调查和知识宣讲，通过义务家教、关爱孤寡老人等志愿服务活动，在传递正能量的同时也鼓舞和净化同学们的心灵。既能够关注时事热点问题，又能够培养学生的责任担当；既能够感知和融入社会，又能够讲奉献长见识；既能够锻炼个人语言与沟通能力，又能够提升团队合作与组织协调能力。

3．因材施教促进心理健康教育与思想政治教育的结合

教育工作者应根据学生特点、需要，因材施教，分类指导，开展心理健康和思想政治教育工作，让学生正视问题，发现根源，从而健康成长。例如：在新生刚入学时，深入学生宿舍，了解各地风俗和潜在的问题所在，开展乐于助人、包容奉献的教育和活动，对于问题突出的学生进行思想引导和心理疏导，促进健康宿舍风气的形成，避免矛盾的日益积累。潜移默化中，让同学自身意识到问题的重要性，提高适应大学生活和解决问题的能力，积极主动地学习心理调适方式方法，进行自我调适、自我管理和自我教育。针对不同年级和人群的特征，利用思想政治教育平台，提高学生的社会主义觉悟，将自身发展与国家和社会利益结合起来，树立正确的理想信念，将自身学习与祖国建设相结合，将择业就业与志愿服务西部相结合，将个人理想融入祖国理想中去，从根源上提升动力；利用心理学知识，引导学生掌握合理宣泄负面情绪的方法，提升克服困难的心理素质。结合大学生思想政治教育的有关文件和规定，开展爱国主义教育、公民道德教育等，引用感动中国十大人物、支援西部宣传等

内容，引导学生树立正确理想，将个人理想与祖国理想相结合，同时开展职业规划教育和引导，帮助学生树立符合马克思主义价值观以及社会主义核心价值体系的个人目标和远大理想。

# 第七章
# 当代大学生心理健康教育的重要保障

## 第一节　建立大学生心理健康教育未来取向

未来取向是指“个人思想和行为未来的方向，以及个人未来的思考和规划过程”。近年来，未来的定位研究越来越受到学者们的关注。为了使中国大学心理健康教育者更加了解未来的定向研究，认识到未来定位对大学生发展的重要性，能够更有效地开展心理健康教育，先简要介绍了影响未来取向的因素。然后，从未来的角度阐述了如何开展大学生心理健康教育，最后探讨了相关的安全问题。

### 一、未来取向的作用和影响因素

#### （一）未来取向的作用

未来取向在个体发展中起着保护作用：使个体更倾向于采取健康行为来维持身体健康，远离恶劣环境，避免或减少参与不良行为；预防抑郁和自杀；未来的定位也可以预测大学生的学习投入和学业成就。因此，了解影响未来发展方向的因素，对开展大学生心理健康教育具有重要意义。

#### （二）未来取向的影响因素

目前对影响未来发展方向的因素的研究主要体现在以下几个方面。

（1）年龄和性别。对旧样本的研究发现，16岁以上的人有更强的未来取向，他们未来的取向随着年龄的增长而继续增长。在性别方面，男性的未来取向通常更关注工作领域，而女性则更倾向于关注婚姻和家庭领域。

（2）人格。自我认同度低、拖延率高的人往往具有较低程度的未来取向。

（3）情绪。死亡焦虑与未来取向呈负相关；孤独的青少年对于未来的定位得分相对较低。

（4）自我效能感。自我效能可以有效预测未来青年学生的教育取向。自我效能感高的学生前途更加美好，有更加坚定的受教育渴望。

（5）家庭因素。消极的家庭环境可能导致年轻人对未来更加悲观，而且不太可能有职业规划。研究发现，父母的行为（如与孩子讨论财务问题）和定向（责任、未来的定位）将影响孩子未来的经济行为取向。

（6）社会文化因素。社会文化因素，如传统的性别角色定位以及个人生活环境中的其他规范和期望，将影响个人未来憧憬的内容；个人未来的定位往往反映了个人文化的定位和塑造。此外，社区因素、邻居因素、父母工作环境、个人社会阶层（经济状况）、遇到的生活事件、“生命本身的意义体验”也将影响个人的未来取向。

## 二、如何在未来取向视野下开展大学生心理健康教育

### （一）恰当开展理想教育

理想教育的有效发展有利于提高大学生未来的定位，促进大学生的健康发展。理想作为人生的目标，可以分为生活理想、职业理想、道德理想和社会理想。生活理想是人们对未来生活的追求和向往，包括对物质、精神、婚姻家庭生活的追求和向往；职业理想是对个人未来事业的期待；道德理想是对完美人格的追求和向往；社会理想是对未来社会制度和政治结构的向往与追求。理想的目标，它可以激发学生的学习动机，引导学生提高自我、改善自我，所以理想的教育应该鼓励学生有积极的理想。在追求理想的过程中，我们必须既有清醒的头脑，又要有脚踏实地的热情。值得注意的是，一方面，理想教育应结合学生的现实生活，结合学生的个性特征和爱好，注重“感动，感情”，有机结合生活理想、职业理想、道德理想和社会理想，避免过度抽象的、空洞的理想教育；另一方面，还应注意学生的内心体验，使学生在心理健康教育、团体心理咨询、社会实践中通过多感官接受理想教育。为了更深入地体验积极的理想和信念，理想教育可以灵活、充分地利用心理咨询和治疗的理论和技术。

### （二）强化职业规划教育，了解并引导大学生的未来取向

大学生对未来的定位在一定程度上反映了他们的职业规划状况。因此，有必要加强职业规划教育，提高大学生对未来的定位。为了在大学期间保持高水平的未来方向，建议职业规划教育应在整个大学生活中进行，不仅要在新生入学教育中进行，也要在毕业生面临职业选择时进行。同时，笔者认为，新生阶段是职业生涯规划教育的关键时期。因此，如果大学生在大一的时候就有了未来职业发展的计划，就可以有效地促进他们的学习生涯规划，比如关注什么课程、参加什么样的实践活动等。此外，可以通过个人辅导协助大学生进行职业规

划。通过教师与学生的沟通，观察学生的日常学习、生活表现，心理测试（如职业定向测试）等方式，了解他们对未来的定位，引导他们建立并坚持正确的未来定位。对于未来发展方向较差的学生，教师应与他们沟通，引导他们更好地了解自己并制定职业规划。鼓励学生及时调整自己的未来目标，但对于经过仔细考虑后确定的未来目标，最好不要轻易改变。经常动摇的状态使学生心中充满矛盾，难以安心学习。要充分发挥未来取向的积极作用，就必须注重培养学生的积极态度，使学生乐观地看待未来；注重培养学生的务实精神，使学生掌握当前的实际情况。

### （三）增强大学生的积极自我认同感和自我效能感，预防或干预大学生的拖延个性

增强大学生的积极自我认同感除了创造一个良好的学校、家庭环境（如建立和谐的师生关系、亲子关系和同伴关系），我们还需要从以下几个方面入手：尊重、关怀学生，全面、客观地评价学生，培养积极情绪（如感恩）、自信心、移情和沟通能力，学生生命教育；鼓励学生尝试应对挑战，让他们在尝试中不断了解自己。增强大学生的积极自我认同感有助于提高他们的自我效能感。此外，引导学生建立适当的目标，为学生创造成功机会，帮助学生找到适当的学习和自我激励的例子，适当地表扬和奖励学生，给学生指导学习方法、生活方式，为学生开发积极的归因方法等，也有助于提高他们的自我效能感。

由于拖延率高的人往往未来的定位水平较低，提高大学生未来取向水平可以以延缓人格为切入点，并开展心理健康教育，防止或干预大学生拖延，使他们可以及时考虑职业和生活规划问题。具体来说，我们可以从以下几个方面入手：提高大学生的自我管理能力和自我调节能力；防止或干扰大学生追求完美人格；为大学生提供足够的社会支持、积极的情感体验，培养大学生的心理适应能力；适当提高大学生的自尊心。

### （四）培育大学生的自立人格

从对未来取向影响因素的研究来看，众所周知，影响个体未来取向的因素是多方面的，外部因素往往需要通过内部因素来解决。因此，为了改善大学生对未来的定位，除了尽量减少外部因素的不利影响外，培养大学生自力更生的个性，增强大学生的自立能力，减少对外部因素的依赖性。这样他们才能真正坚持自己想要走的路，而不是自己迷失。大学生自立人格的培养可以从以下几个方面来考虑：建立自力更生的人格心理健康教育课程、开展小组心理咨询和心理健康教育活动；鼓励学生参与社会实践；提高学生的自信心。

### （五）重视开展生命教育

生命意义的感觉会影响个人的心理健康。同时，研究表明，“生命本身意义的体验”可以更好地预测大学生对未来的定位。为了提高大学生的心理健康水平、未来定位的程度和质量，有必要对大学生进行生命教育。大学生生命教育的内容可能包括：自我保护意识和能力教育，如生存知识、危机应对方法、逃生能力等；生命价值教育，如“人”的生命价值，生活的意义是什么；挫折教育，使学生了解苦难是生活的一部分；人际关系教育，使学生能够学会与他人和睦相处，接纳他人，欣赏他人，尊重和珍惜他人的生命。大学生生命教育的发展可以多样化，如：建立生命教育选修课或讲座；组织以生命教育为主题的校园文化活动；

组织学生参加公益活动；组织学生参观烈士陵园、革命纪念馆、名人故居；组织学生参观戒毒中心、看守所、医院、殡仪馆及相关知识展；利用网络开展生命教育；生命教育在心理咨询中的渗透；等等。

### （六）注意同伴因素在大学生心理发展过程中的作用，充分发挥朋辈心理辅导员的作用

在大学生心理健康教育过程中，建议学生主动与积极参与职业规划的人进行互动，使他们可以专注于未来，积极向上；建议学生营造积极的寝室氛围和课堂气氛，为自己的心理成长创造积极的人际环境。建立积极、和谐的人际关系离不开人际交往能力的培养，人际交往能力的培养往往是一个长期的过程，因此，应重视和坚持学生人际交往能力的培养。同伴辅导员一般由班级心理学委员会成员、同伴心理咨询小组成员和寝室心理信息员组成。同伴辅导员更有可能了解学生的思想和思维，更有可能为同龄人提供心理健康教育和心理咨询，大学生心理健康教育应充分发挥其积极作用。为此，应加强对同伴辅导员的培训（特别是实践培训）。培训内容主要包括情绪管理、人际关系（包括恋爱关系）、学业发展、职业规划、心理咨询、危机干预等方面，不同年级的培训内容应系统，循序渐进。可以适当安排同伴辅导员按照大学生心理咨询中心的心理咨询实践，提高同伴辅导员的心理咨询实践能力。此外，大学生心理健康教育中心可以邀请心理学学生参加心理健康教育，这不仅有助于心理健康教育，还有助于他们学会使用所学知识来提高他们的素质。

### （七）重视社会、文化及家庭因素对大学生心理的影响

大学生的学习热情和职业定位将受到社会和文化因素的影响。在大学毕业生就业形势严峻的背景下，对未来可能会持悲观态度。因此，如何充分考虑和积极应对社会因素对大学生心理健康教育的影响，是值得教师考虑的问题。同时，心理健康教育应注重文化因素对学生未来取向的无形影响，充分发挥积极文化的作用，减少消极文化的影响，特别是要防止负面网络信息的影响。因此，应强调家庭因素在大学生健康发展中的作用。学校辅导员可以与家长沟通，让他们了解家庭环境对孩子未来发展的重要影响。父母不仅要说话，还要教导和树立一个积极的榜样。父母对未来感到悲观或积极，往往影响孩子对未来的态度是担忧还是乐观；父母无法安排孩子的未来，应尊重孩子对职业、婚姻和爱情的选择。

### （八）重视对特殊学生进行心理健康教育

对于有自杀意念或企图自杀的学生，应鼓励他们积极展望未来，努力把握现在，掌握情绪调节的方法，并在遇到困惑时学会问别人。对于有行为问题的学生（如欺凌行为、网瘾、酗酒等），教师应引导他们更多地思考问题行为的不良后果，并使用内观疗法使其成为内观治疗的三大主题（他人为我做的；我给他人的回报；我给他人带来的麻烦）进行反复思考并记下所思所想，使其产生积极的内疚感，实现积极的改变。对于贫困的学生，让他们克服自卑感，放弃自我封闭的心理，并建立努力工作的决心；对于有良好家庭经济条件的学生，教师应该帮助他们克服对未来的偏见，消除他们的“旧”观念，挖掘他们的潜能，培养他们的自力更生能力。对于缺乏学习动机的学生，教师可以激发他们改善未来取向的动力。

## 三、未来取向视野下大学生心理健康教育的保障

### （一）高校应给予大学生心理健康教育足够支持，着力提高学校心理咨询的实效性

学校应为心理健康教育中心的建设提供充分的硬件支持和资金支持，确保有效开展心理健康教育课程教学、学校心理咨询和心理健康教育活动（如心理健康教育宣传、心理健康教育讲座）。例如，确保心理健康教育课程的教学时间，并为集体辅导提供场地；为建立各种形式的心理健康教育活动提供资金支持。

心理咨询是学校心理健康教育的一种特殊方式，但从目前来看，高校心理咨询的有效性还有待提高。大学生对大学心理咨询工作的认识不够，寻求心理咨询的意愿较低。要提高大学生未来的定位，必须充分发挥高校心理咨询的有效性，通过心理咨询改善大学生（尤其是心理困惑大学生）的未来定位。要充分发挥高校心理咨询的有效性，有必要在大学生中普及心理咨询常识，提高心理咨询师的专业能力。有必要为实施专门的心理咨询创造条件，例如优化心理咨询中心的设置（包括场所设置和设备、人员配备）等。

### （二）重视心理健康教育教师幽默感的提升，发挥心理健康教育教师的行为示范作用

幽默感是心理健康教育教师应具备的重要素质。心理健康教育教师幽默感的提高，不仅使教师保持乐观，促进人际关系和情感健康，减少职业倦怠，还可以帮助大学生在轻松愉快的课堂气氛中接受心理健康知识，可以提高大学生心理健康教育的效果，同时可以对提高大学生的幽默感产生微妙的影响。心理健康教育教师的幽默感可以通过以下方式得到改善：观看幽默的电影和电视；读书丰富经验；与幽默的人交往；在日常生活中发现和积累幽默的素材；理解和尝试使用幽默；进行发散思维训练。在行为示范方面，心理健康教育教师至少应在两个方面发挥示范作用：一是积极心态的示范，心理健康教育教师注重培养自己在工作和生活中的积极态度，并展示自己的健康心理；二是生活规划的示范，心理健康教育教师应有明确的人生计划，并更好地开展职业规划辅导。

### （三）构建良好的师生关系，充分调动学生的积极主动性

要在大学生心理健康教育中取得显著成效，就必须建立良好的师生关系。要注意与大学生日常生活的灵活沟通，积极引导大学生。目前，一些大学的大学生心理健康教育是由辅导员进行的，这要求辅导员注意在日常工作中建立良好的师生关系。在心理健康教育的发展中，要重视思想政治教育与心理健康教育的协调与有机互动，也要注意淡化思想政治教育的色彩。当然，要调动学生的积极性和主动性，教师需要创造各种情境，开展心理健康教育工作，注重心理健康教育方法的多样化。

### （四）充分发挥网络心理健康教育的作用

高校应重视在校园网建立心理健康教育领域（包括发表心理学文章、或在线播放心理电影、建立互动信息栏目），为大学生学习心理健康知识和心理健康方法提供良好平台。大学生能够了解心理健康教育学期计划和心理咨询热线、面对面咨询的安排，从而接受有针对性

的心理健康教育。要注意通过博客、微博、微信等方式渗透心理健康教育；应注意通过网络（如电子邮件）等方式定期内部分发电子心理出版物。网络不仅可以促进心理健康教育的发展，同时也可以为教师和学生进行交流、建立良好的师生关系提供渠道，为提高同伴辅导员的心理咨询能力提供有效途径。总之，网络心理健康教育的有效发展不仅可以拓展大学生心理健康教育的路径，也可以为大学生的心理发展营造良好的网络环境。

### （五）整合心理健康教育师资力量

大学生心理健康教育的发展是一项涉及范围广、工作量大的系统工程，大学心理健康教育中心的教师很难胜任，有必要整合心理健康教育教师资源。这些教师主要包括大学生心理健康教育中心老师、其他具有心理学或职业规划背景的教师和辅导员。在一定程度上，心理学院在开展大学生心理健康教育方面具有更大的优势。例如，可以邀请心理学教师参加大学生心理健康课程的教学、大学新生心理调查、大学生心理咨询、大学生心理素质发展培训等工作；大学生心理健康教育中心的教师在遇到工作混乱时也可以与心理学院的老师沟通（如心理咨询难度较大的情况）。整合心理健康教育师资力量是有效的心理健康教育的保证之一。

### （六）引导大学生心理健康教育的积极化

大学生未来的定位与大学生自身的情绪状态、心理素质和环境有关。大学生心理健康教育需要加强积极的心理健康教育，增强学生的积极情绪体验，培养他们积极的心理素质（如自立、自信、乐观、感恩、希望、心理弹性），为大学生创造积极的学习环境和精神环境。为此，大学生心理健康教育课程教学、心理咨询、小组心理咨询和心理健康教育渗透途径应加强心理健康教育的“积极”色彩。

### （七）健全大学生心理健康教育制度

制度是大学生心理健康教育有效发展的重要保障。为了有序推进大学生心理健康教育，高校应改进大学生心理健康教育体系，明确大学生心理健康教育运行机制、资金来源、人员编制、工作内容、工作计划和其他机构要求。例如，心理文件建立、管理和使用系统，心理咨询系统，心理危机干预系统。每个学年的心理健康教育工作有一个相对稳定、程序清楚的安排，包括大学新生心理普查、大学新生入学教育、心理健康教育周、毕业生就业心理咨询和班级心理委员会、宿舍心理信息员、心理社区骨干和其他同伴辅导员培训。为了激发心理健康教育者的积极性，优秀的心理健康教育者（候选人包括心理健康教育管理者、心理健康教育教师、辅导员、同伴辅导员等）每学年都可以受到表彰。

### （八）加强大学生未来取向领域研究

从目前来看，中国对大学生未来定位的研究还处于初级阶段，还存在许多值得进一步探索的问题。研究大学生未来取向的特点及其影响因素，可以提高大学生心理健康教育的针对性和有效性。未来取向对大学生心理行为的影响及相关机制，可为低调学生的心理健康教育提供参考，防止或减少未来低取向对大学生的负面影响。

# 第二节　加强自媒体平台对大学生心理教育的作用

## 一、自媒体平台对于大学生心理教育的影响

### （一）自媒体平台下的大学生心理问题和心理教育

由于自媒体平台开辟了大学心理教育的新平台，它可以在没有空间限制的情况下发布一些积极的教育内容，并可以根据访问者提出的意见和问题及时提供反馈。大学辅导员可以通过媒体平台直接与学生交流，学生似乎更喜欢这种方法。在媒体平台的保护下，学生与辅导员之间的沟通是秘密的。沟通双方之间的距离扩大，不受周围环境的影响，交流没有压力。在自媒体平台下，学生通常更能说出自己的心里话，通过学生回答的消息，辅导员更有可能找到线索。一些优秀的平台可以播放校园新闻，采访热门人士和相关信息。为了扩大自媒体平台在大学生心理教育中的积极作用，首先要重新定义高校自媒体平台的类型。

1．大学生使用自媒体平台的普遍性

随着自媒体时代的到来，特别是智能手机的快速发展，自媒体平台逐渐成为大学生信息交流的主渠道。针对媒体工具和社交网站对大学生的双向影响，加强大学生自媒体使用素质教育，引导大学生树立正确的网络文化价值观，培养大学生科学的自媒体使用观念，创立一个健康向上、充满积极能量的大学校园文化环境是必不可少的。

有些学生容易出现压力，不能及时表达和发泄，焦虑和抑郁等负面情绪严重影响他们的心理健康。但随着自媒体应用的日益普及，大学生可以借助自媒体在网络空间中分享他们的观点，表达他们内心的想法并发泄他们的情感。他们还可以主动关注心理健康教育自媒体，并利用心理咨询和心理健康服务来帮助他们应对压力。调查问卷中，我们发现53%的受访者对自媒体平台的使用率很高，主要频率是每天集中五次或更多。不仅如此，受访者也非常关注自媒体平台，近92%的大学生将在一周内更新自己的状态，而他们在自媒体平台上发布的内容包括生活状态、心理情绪，68%的人经常在自媒体平台上分享生活，占比最大。这表明自媒体平台的使用已逐渐渗透到大学生的日常生活中。

2．高校辅导员通过自媒体平台发现学生心理问题的可能性与必要性

通过自媒体平台，高校辅导员能从学生发布的信息中发现学生的心理问题，并对其进行解决和跟踪。调查问卷中，我们发现大学生有很多类型的朋友加入了自媒体平台。除了同学、朋友、同事外，老师作为朋友也占了很大比例。可以看出，大多数大学生不再担心父母通过互联网追踪他们的行为。相反，他们慷慨地增加父母和老师作为朋友，分享他们的感受和生活。随着现代大学生个性的成熟，许多学生也会评论他们在校园里的活动，对这些活动有着独特的见解，也反映了学生的心理意识。随着时代的发展，选择使用自媒体与辅导员沟通的人数逐渐增加。在调查问卷中，我们发现选择“自媒体平台”与辅导员沟通的人数比

“电话或面对面”多10%。这表明高校辅导员可以从自媒体平台感知学生的心理活动，这种感知比现实生活更容易，辅导员可以更快地了解学生发表的状态和评论，从而发现学生的心理问题。值得注意的是，在自媒体环境中，学生工作者的工作理念可能会发生变化。有必要跟上时代的步伐，精通使用网络媒体传播信息并将过去的单向输入类型转换为“点对点、点对面”的双向扁平化沟通。美国社会学家查尔斯·霍顿·库利在他的“镜像我”理论中提出，人类行为在很大程度上取决于对自我的理解，而自我主要是通过与他人的社会互动形成的。他人对自己的评价、态度等，是反映自我的“镜子”，个人通过这个“镜子”了解并掌握自己。自媒体平台以来，它反映了“镜中媒体”的理论。大学生在微博、微信和各种社交平台上表达自己的情感和交流信息。在这个过程中，他们将是其他人的评价、感知内化，从而形成自我意识。在调查问卷中，我们发现大多数人在更新状态后都希望得到表扬和评论。大约52%的人希望得到关心，并希望其他人喜欢他；获得满足约占22%；获得认可和安全、消除孤独约占15%。虽然具体的心理活动不同，但一般来说，大学生希望得到他人的照顾，以肯定他们的自我价值。因此，大学辅导员应该在这些在线平台上找到问题，为今天的大学生建立积极的价值体系。

3. 引导大学生正确使用自媒体的建议

据统计，42.0%的大学生认为自媒体时代为大学生开设正确使用媒介的相关课程或讲座“很有必要”，而认为“完全没有必要，虚拟空间的弊病难以避免”的仅为6.2%。在自媒体时代，网络舆论是了解大学生思想动态的“温度计”“晴雨表”，伴随网络成长起来的大学生普遍对网络文化怀有浓厚兴趣，“快餐文化”备受大学生热议，进而产生追捧、跟风心理。因此，高校教育工作者应重视自媒体平台，发挥其在唱响主旋律、传播正能量方面的重要作用。首先，加强大学生教育，培养大学生正确的网络文化价值观。开展“网络道德教育进课堂”活动，在提高大学生鉴别网络信息能力的同时，引导大学生在网络交往时学会自觉自律，规范自己的网络行为，自觉抵制网络不良信息。其次，创建网络教育平台，在校园网设立各种专栏，把网络作为教师与学生进行思想交流的新型窗口。加大网络建设硬件和软件投入力度，大学生是大学文化和大学精神的接受者，更是传承者和践行者。大学生媒介使用素养的提高离不开一支高质量的教师队伍，高校应加大网络建设硬件和软件投入力度，注重教师信息素质培养，定期开展对思想政治教育工作者的网络技术培训，大力加强教师的信息素质培养，提高育人的责任感。最后，要创新并丰富大学校园文化建设。调查显示，自媒体时代下对校园文化建设提得最多的建议是“多开展有时代特点的吸引力强的校园文化活动”，高校应创新丰富校园文化活动的形式和内容，开展各种富有吸引力的校园文化活动，引导大学生适当远离网络，培养并提升大学生的综合素质。

## （二）利用自媒体平台解决学生心理问题

传统的高校心理健康教育往往借助于课堂教学、团体辅导、心理健康讲座、广场咨询、一对一心理咨询等形式，场地、人数、时间等相对而言都比较有限。较之于传统的高校心理健康教育的方式，自媒体平台则逐渐显现出它的优势。例如附录问卷中第12题，在遇到关于学校学习、生活上的挫折或烦心事时，您更倾向于与谁进行交流？在众多选项中，选择“与朋友交谈”的占到64%，由此体现当今大学生更愿意将自己的烦恼与朋友倾诉，这种方式相对来说会更为放松。选择“与家人交谈”占18%。选择“不愿意过多与人提及”占10%，这体现了部分大学生不愿意吐露自己的心理压力而默默承担，不同的学生接受、消化困难的程度不同，这样一部分学生值得我们的关注。而结果中十分突出的一项是“与师长交谈”的选择人数仅有13人，占6%，这体现了大学生在遇到困难时选择向师长交流的可能性很低，师生之间的交流、信任还有待提升。这一数据为我们的研究提供了很有力的支撑，它让我们了解了师生之间使用自媒体交流的可能性。

1. 自媒体平台开拓了高校心理教育的新平台

由于自媒体平台可以在不受时间和空间限制的情况下发布一些积极的教育内容，并在收到的评论和关注的基础上得到反馈。对于学生来说，只要他们关注学校关于心理健康的微信公众号和微博平台，他们就可以随时随地收到积极和最新的内容，并可以根据发布的各类信息进行组合。由于自媒体平台的多样性，发布的内容也多样化，学生可以在移动终端上阅读各种推送，如名人语录、故事、讲座报告等，这些多样化的信息可以刺激学生参与高校心理教育的热情，并从中获得愉快的感受。

2. 自媒体平台为高校辅导员直接解决学生心理问题提供了新的契机

大学生在生活中与辅导员进行良好沟通的机会相对较少，如果使用自媒体平台，不仅有利于学生与教师之间的及时联系，也便于教师照顾学生。在这种情况下，学生通常更能说出自己的心里话。通过学生回答的消息，辅导员更有可能找到线索。值得注意的是，当学生遇到困难时，只有少数人会选择与老师沟通。在调查问卷中，一个最引人注目的结果是，“与老师交谈”的人数只有13人，占6%。这表明，当自媒体平台用于解决学生的心理问题时，学生与教师之间仍存在一定的距离。这种距离的形成有很多原因，包括中国传统尊师重教的概念、学生不信任老师等。因此，在自媒体时代，高校辅导员的角色也应该转变。由于当前大学校园的辅导员年龄与学生相仿，因此师生之间的交流比中学时期更为容易。

3. 利用自媒体平台追踪学生的心理健康问题

要解决学生心理问题，最重要的是要跟进学生的心理问题。解决心理问题不是一次性的任务，它需要不断的坚持和耐心。只有通过辅导员的不断咨询和沟通，学生才能摆脱困境，以积极的态度面对生活。在调查问卷中，我们发现68%的学生表示辅导员在初次交流后会继续关注他们的情绪，但超过30%的学生表示辅导员没有去关心。这个问题有很多原因，例如辅导员自己对心理健康教育过程不明确，以及无法及时联系学生。值得注意的是，即使辅导员进一步关心和追踪学生的心理问题，大多数辅导员仍将通过传统方法与学生沟通，而使用自媒体平台仍是少数。当辅导员想要再次确认学生的心理问题是否得到解决时，他们往往不再选择自媒体平台，因为在面对面的交流过程中，辅导员将首先看到学生的表情并感受学生的情绪，然后通过肢体的状态判断学生是否接受与教师的沟通。这个过程有更多的情感输入，可以直接“看到”学生的心理状态。

然而，自媒体平台并没有失去用于追踪学生心理问题的用途，相反，它仍然具有不可替代的作用。首先，从学生的角度来看，学生愿意让教师关注自己及他们在自媒体平台上发布的一些信息。从老师的角度来看，如果学生不愿意让老师关注自己，那么老师会通过学生的同学、室友、父母对该学生保持关注，方便老师从更大的边缘跟踪学生的心理状态，并了解学生在网络中的心理。

## （三）自媒体平台对心理教育的消极效应

### 1．自媒体平台信息的真实性

由于网络的匿名性，在大多数情况下，学生不需要对他在互联网上的言行负责，因此他们在互联网上显示的情绪往往是真实的。但是当学生和老师彼此建立联系时，如成为微信朋友，这种真实性往往会下降。由于老师的压力，这种真实情感的表达可能被隐藏，从而表现出虚假的心态。通过调查问卷，我们发现造成这种现象的原因很多。首要的是保护他们的个人隐私。众所周知，大学生非常注重保护个人隐私，并不愿意与自媒体平台上的每个人分享生活。

此外，自媒体平台本身发布的信息的真实性仍然存在疑问，缺乏可信度。在自媒体新闻传播的环境中，由于它在网络中，不仅是神秘的，而且还使得适用人群的信息被虚拟化，并且不检查特定信息，这使得许多虚假信息在自媒体平台发酵。例如：2015年5月26日，在互联网上建立了上海师范大学“教学实习周”的主题。该活动源于学期结束后两周的学校教学实践。消息一出现，就立刻在校园里引发了一场风暴。学生不仅在朋友圈和校园BBS上传播、讨论、质疑，甚至写信到校长的邮箱称要提起民事投诉，还在新浪微博上发起了一个讨论话题，这个话题在一天内已超过20万阅读量，如此庞大的阅读量已经引起校园学生的舆论恐慌，盲目地转发、评论和谴责，对校园秩序的稳定性有一定的影响。但是，经学校核实后，这些内容并不属实。

### 2．内容廉价低俗充斥在自媒体当中

由于自媒体门槛低、易操作，每个人都可以用它来表达意见、叙述事件、上传视频等，但自媒体不是一个简单的信息传播工具，它也是一种价值观、道德观的体现。特别是在“娱乐至上”的时代，自媒体无疑为网民提供了丰富的娱乐资源。为了满足这些诉求，网民可能会嘲笑权威，或者对隐私谣言充满热情，或者责怪他人，或者传播色情内容，或者提倡血腥暴力，这些都是自媒体粗俗内容的表现。当大学生收到这些粗俗的信息时，他们自己的价值取向很容易被误导，从而滋生各种心理问题。

### 3．交流的距离性

随着微信、微博等自媒体工具的普及，人们的沟通似乎变得越来越方便和简单。微信可以立即让每个人联系他们想要联系的人。人与人之间的交流模式被人与机器之间的交流模式所取代。但是，这种方便背后实际上存在一些问题。当人们面对面交流时，他们往往更亲密，更具交谈意识。在这种情况下，访谈双方的问题更容易被理解和解决。相反，人们只是通过自媒体平台上的语音或文字进行交谈。当没有看到对话者的表情、动作时，对话经常会产生歧义，这不利于交谈的双方，会减少人与人之间的友谊。事实上，这既是社会问题，也是教育问题。当大学辅导员使用微信、QQ和其他自媒体平台与学生沟通时，很可能会存在沟通障碍，学生会觉得老师与自己并不亲密。因此，适度、正确地使用自媒体平台，才能使

心理健康教育更加有效。

## 二、增强自媒体平台对大学生心理健康教育的促进作用

### （一）通过自媒体建立校内心理健康教育平台

由于自媒体平台是一种手段和方法的延伸，心理建设本来有它自己的系统，自媒体平台有利于系统规律和表现方式的嫁接，契合的好就是一种宣传渠道。利用微电影，或将心理小常识、小状态，比如关于焦虑、情绪的，以图片的方式进行整合，包括一些心理电影推荐，截取片段成心理知识，然后做出解读，让每个人都有一个更直观的感受，但必须短而精。

### （二）辅导员可以从自媒体平台所发布的消息中获得启示，促进学生的心理教育

辅导员在进行心理健康教育时经常遇到困难，在这个时候，校园的自媒体平台是他们的好帮手。自媒体平台上发布的信息由专业教师筛选和编辑，它具有很强的借鉴性和实用性，也可以为高校辅导员的德育工作带来一些启示。在调研过程中，我们访问了上海师范大学人文与传播学院的教师。这位老师曾陪同一个患有严重抑郁症的孩子，那时老师通过分享专家经验，指导了学生心理问题的治愈。然而，在实际陪伴的过程中，这位老师的感受和经验水平仍然感到他无法理解这个学生的心理。这时，他无意中看到了微信平台上发表的《对于抑郁症的亲戚和朋友请再多一些耐心》，这篇文章让老师看到无法用正常思维去理解、感受、体验抑郁症的学生的痛苦，只能陪伴，虽然没有办法在短时间内找出他的问题进行纠正或调适，但可以陪着以免他继续陷入深渊。文章对这位老师来说是一种间接影响。因此，在媒体平台上发表的文章只作为一种知识分享，但对于辅导员来说可能有直接帮助，与面对面这种直接帮助学生解决心理问题的方式相比，自媒体起到了一种间接作用：传播心理知识、普及一些零散但有针对性的实用方法。

### （三）扩大自媒体平台对于心理教育的积极作用

综合目前高校自媒体平台的定位，虽然大部分都将自己定位于服务型平台，但服务内容仅限于推送相关通知等。我们要重新审视高校相关的自媒体平台，扩大其在心理教育中的积极作用。首先，我们应该重新定义自己的平台类型，真正有效的平台类型应该兼有学习和服务功能。它不仅可以解读学科前沿的问题，还可以有针对性地对学生进行心理健康教育。其次，要扩大学校自媒体平台的有效范围，积极开展相关工作。高校可以利用自媒体平台，重点关注大学生心理健康教育。心理健康教育可以根据高校心理咨询中心的工作要求，在线和离线进行。学校相关心理讲座的内容可以在自媒体平台上传播，或通过自媒体渠道预约心理咨询等，推进大学心理健康教育的实施。

### （四）构建“线上线下”联动的自媒体平台舆情应急处置机制

自媒体平台的发展给现有的高校网络舆情应急机制带来新突破，为建立更有效的联动应急机制提供了新的契机。对于高校的危机管理，当出现敏感信息或突发事件时，首先收集舆情信息、分析舆情矛盾，然后给学校反馈。同时，网络舆情管理队伍也应该开展应急响应，

引导舆论，缓解冲突，掌握网络传播的主动权。其次，要做出快速反应，学生工作者应该到学生宿舍了解学生的想法，澄清事实，稳定学生的情绪。最后，我们必须通过学校的官方网站及时反馈，并使用公开透明的信息传播方式来还击虚假信息。

## 第三节　大学心理健康教育教师角色的定位与成长

在教学改革和新教学理念的影响下，高校教师的任务已经不仅仅局限于传统的“传道、授业、解惑”了，而被赋予了更多、更新的内容。一些研究人员认为大学教师是学生学习知识的推动者、人格养成的指引着、学生问题解决顾问、教育研究员。其他研究人员认为，大学教师是满足社会需求的“产品制造商”，是满足学生需求的“教学服务提供者”。因此，现代大学教师是具有多种功能的社会角色。对于负责心理健康教育课程的高校教师，由于大学生心理健康教育课程的教学内容和教学目标的特殊性，其角色定位还应具有特殊的内涵。

### 一、大学生心理健康教育课程中教师角色定位的问题

目前，虽然全国多数高校都为大学生开设了心理健康教育课程，并取得了一定的成效，但并没有完全达到心理健康教育的目标，其中一个重要的原因就是教师角色定位不准确，主要表现在以下几个方面。

#### （一）沿袭高校教师的传统角色定位

高校教师传统角色定位的核心是知识转移者、科学研究人员和学校管理者。目前，在大学生心理健康教育课程中，教师遵循这一传统角色定位，主要表现在以下几个方面：第一，心理健康教育课程重点关注心理知识的诠释，忽视学生主动性和主观性，缺乏与学生的互动和情感交流，学生只是被动地接受知识。第二，在心理健康教育课程中，特别注重心理学理论的教学，忽视心理学实践。第三，在心理健康教育课程中，不注重营造和谐的课堂气氛，不注重建立真诚、平等的师生关系，使大学生心理健康教育课程与其他专业课程没什么不同。而学生对课程的期望远非如此，这削弱了学生的学习兴趣，使得心理健康教育的目标难以实现。

#### （二）混淆了管理者、思想政治教育者与心理健康教育者的角色

在部分高校中，心理健康教育课程的教师往往是兼职教师，兼职人员主要是学生工作的管理者和思想政治教育者，包括团委书记、辅导员以及担任思想政治课的教师等。由于心理健康教育的特殊性，当这些兼职的心理健康教育教师以双重身份面对学生时，不仅会使学生产生较大的心理困惑，不知该怎样处理这样的师生关系，而且作为教师本人，也会感觉很难协调与学生的双重关系，这必然会造成心理健康教育教师与管理者、思想政治教师角色的混淆，不利于大学生心理健康教育工作的有效开展。

### （三）被误定为学校的边缘教育者

虽然很多高校将心理健康教育课程设置为大学生的公共必修课，但是与英语、计算机等公共必修课相比，课时不多，学分不高，考核方式不严。因此，很多学生都不重视心理健康教育课程的学习。这种消极氛围导致担任心理健康教育课程的教师误认为自己是学校的边缘教育者，而非主要教育者，所以，在教学中就形成了恶性循环，直接导致心理健康教育课程的教学质量不高，难以实现心理健康教育的目的。

## 二、大学生心理健康课程中教师正确的角色定位

### （一）大学生积极心理品质的培养者和潜能的开发者

2008年，孟万金教授提出了积极的心理健康教育，基于教育对象的心理发展特征，以人性为价值取向，采用积极的内容、方法和手段发展并培养个人的积极心理品质，预防和治疗各种心理问题，促进个人的身心发展。在此基础上，孟教授进一步指出，积极心理健康教育的重点应该是培养学生的积极心理素质，培养心理潜能。学校积极心理健康教育的核心内容是：增加主观幸福感、提高生活满意度、发展心理潜能、发挥智能优势、提高学习能力、提高自我效能感、增加沉浸体验、培养创新能力、优化情商、发展和谐关系、学会积极回应、充满乐观希望、建立自尊自信、完善正面人格。在积极心理健康教育理念的影响下，为大学生开展心理健康教育课程的教师应更新教育观念，摆脱传统大学教师的束缚，成为积极心理素质的开发者和心理潜能开发者。

### （二）大学生的真诚倾听者和引导者

在传统的大学课堂教学中，教师是教学活动的组织者和控制者，垄断了话语权。大学生在课堂上的讲话取决于教师的教学内容，没有主动性。大学生心理健康教育课程是促进大学生心理健康发展的重要途径，作为心理健康教育的教师，应将发言权归还给课堂上的学生，使学生在课堂上充分发挥表达自己观点和意见的能力。教师应认真听取学生的发言，才能掌握大学生的心理特点和规律。在此基础上，我们必须进一步引导学生学习自我接受、人际交往等，促进大学生心理健康地发展。只有这样，大学生心理健康课才能有效发挥作用，才能实现教学目标。

### （三）大学生经验的分享者和心理健康的示范者

在大学生心理健康教育课程中，教师不仅要聆听、指导学生，还要通过自我揭示的方式与学生分享经验。毕竟，大学教师与大学生有类似的经历，通过与学生分享经验，可以使学生与教师之间的心理距离更近，增加学生对教师的信任。经验分享过程是有目的的教师的示范过程。在课堂上，教师是学生学习的榜样，教师通过口头和非口头渠道有意或无意地影响学生。作为心理健康课程的教师，他应该是大学生心理健康的典范。他们的心态是否成熟、性格是否合理将直接影响大学生的心理健康。因此，在心理健康教育课堂上，教师应成为大学生心理健康示范者和经验分享者。

## 三、大学生心理健康课程教师角色正确定位的实现途径与方法

### （一）以积极的心理健康教育理念为指导

孟万金教授认为，积极心理健康教育不是对传统心理健康教育的简单否定，而是对传统心理健康教育模式的矫正、发展和补充。他指出了心理健康教育发展的基本趋势：心理健康教育从消极、被动、补救向积极、主动、预防和发展的方向转型；从面向个别学生及其问题向面向全体学生和全面开发心理潜能、提高心理素质方向转型。因此，大学生的心理健康教育也应以积极心理健康教育的理念为指导，以大学生积极心理品质的挖掘和培养、心理潜能的开发为重点内容。

在大学生心理健康教育课程中，教师作为积极心理品质的培养者和潜能的开发者，应做到以下几个方面：首先，要以积极心理学的理念来看待学生。积极心理学的研究对象是平均水平的普通人，它要求心理学家用一种更加开放的、欣赏性的眼光去看待人类的潜能、动机和能力等。作为承担大学生心理健康课程的教师，要用欣赏的眼光看待每一个学生，发掘他们身上可能存在的积极心理品质。其次，对大学生的心理发展特点要有深刻的认识，并且有针对性地对大学生的心理发展特点进行深入研究。再次，要成为积极心理品质的示范者。教师积极的心理品质对学生有着潜移默化的影响，教师要自信、乐观，要保持良好的心情等，充分发挥榜样的力量。最后，在课堂上，以学生积极主动的自我探索取代传统心理学理论知识的讲解。

### （二）缩小课堂规模，提倡小班上课

目前很多高校大学生的心理健康教育课是以大班（100人左右）上课为主要形式，这种课堂规模不利于师生之间的交流与互动，不利于教师有效地掌握学生的学习情况。因此，在心理健康教育课堂中教师要想充当倾听者和引导者的角色，必须以小班（30人左右）形式上课。

### （三）教师要精心设计和组织课堂教学

大学生的心理健康教育教学要符合大学生心理发展的特点，教师要精心设计和组织每一节课，为此应做到以下几个方面：第一，明确每一节课的教学目标；第二，根据教学目标，采用灵活多样的教学方法，例如小组讨论法、辩论法、角色扮演法和团体训练法等；第三，学会倾听；第四，课后要积极进行课堂自我反省。

### （四）运用积极心理学的理念维护心理健康

心理健康是一个动态的过程，是一个需要精心呵护的过程。心理健康教育课程的教师在充当大学生积极心理培养者和心理潜能开发者角色的同时，也要运用积极心理学的理念维护自身的心理健康，成为大学生心理健康的示范者。因此，大学生心理健康教育教师要注意增进自身的主观幸福感，提高自我效能感，完善自身的人格品质，建立积极的社会支持系统，防止职业倦怠等。

## 四、心理健康教育课程教学中教师角色转变和成长的意义

教授大学生心理健康教育这门课程，首先要完成角色的转变。角色的转变和成长是在同一过程中实现的，角色转变就是成长的一部分。角色转变，就是尝试用心理学的眼光看待周围世界，这需要教师自己不断获取心理学相关知识，注重心理学方面的体验和实践，利用心理学的视角看待和解决学生遇到的问题。角色转变是在教师专业成长的过程中逐步实现的，需要实践和历练，需要时间，从事心理健康教育的教师要有足够的耐心来让自己成长，在这个过程中教师会发现自己的努力非常有价值和意义。

心理学家杨凤池说过："将来有一天不仅有问题的人找心理学家，没问题的人也想请心理学家给自己做一个心理顾问，这是西方发达国家的状态。"几乎人人都需要心理学的帮助，要想生活幸福大家都要懂点心理学。

心理学自诞生之初就肩负三个使命：一是治疗心理疾病，二是让普通人更加幸福，三是开发和培养人的潜能。100多年来，心理学一直致力于治疗心理疾病，但是近些年来心理学开始致力于让普通人更加幸福的伟大使命，所以掀起了普及心理学的热潮。大学生心理健康教育课程的教学目的、授课内容主要针对大学生目前存在的普遍和突出问题，重在应用和解决问题，且在教学过程中普及心理学相关知识，让学生获益，增加自我认知和幸福感。教师也会在授课过程获得收益和成长，具体体现在以下几个方面。

### （一）教师学习心理学会让自己更加幸福

学好心理学对如人际关系、爱情、情绪管理、个人发展等个人生活和工作方面的困惑有一定的帮助，并增强个人幸福感。在大学生心理健康教育教学过程中，要不断积累和学习心理学的相关知识和应用方法，并完成自身心理学的普及，提高他们的生活满意度和幸福感。

### （二）解决学生人生困惑，教师获得职业价值和成就感

心理健康教育课程注重经验和应用，教师要在教学过程中解决学生实际生活中所遇到的困惑和难题，当这些问题得到一定的解决后，学生会十分的高兴，这也是对教师教学成果最好的肯定，同样也是教师价值和意义的体现。

### （三）教师解惑大学生烦恼，使大学生思想政治教育更有成效

大学生心理健康教育系列课程对学生的重要性毋庸置疑，因为学生正处于青春后期、成年早期这个人生阶段，即将面临人生众多角色的转变和适应，这个阶段自我认知、个人发展、人际关系、恋爱、学习等诸多问题都需要指导。每年到心理咨询中心来咨询的学生至少有2/3是宿舍人际关系问题，还有一部分是恋爱问题，也有职业规划与发展以及学习问题，这些问题都与自我认知、心理调适、心理学知识与方法的应用有着直接的关系。教师普及心理学对学生了解自己、学会处理人际关系、树立并践行正确的恋爱价值观，甚至对学生未来为人父母、教育下一代都有着极其重要的意义。

### （四）教师耐心陪伴，使学生更加平稳地度过大学生活

世界卫生组织对健康的最新定义包括身体健康、心理健康、社会适应良好、道德健康四

个方面。人们常说身心一体，身体健康与心理健康相互影响，且是个动态平衡的过程，动态的过程就是适应的过程。道德健康是对社会规则适应及其内化。健康的四个方面相互依存，改善其中一个方面，对其他方面必将有着重要影响。倘若学生能够心理健康愉悦，身体就容易健康，抵抗挫折和应对变化的能力就会增强，表现出良好的适应能力；心理健康的人必然会对社会道德规范有着良好的适应，否则心理健康会受到影响。

心理健康教育的手段很多，大学生心理健康教育课程只是其中比较重要的手段之一。倘若通过大学生心理健康教育能够使学生心情愉悦，热爱学习和人际交往，能够良好地处理自己的负面情绪，拥有良好的社会适应能力，那么学生就能够更平稳地度过大学生活，思想政治教育工作将更有成效，这也是大学生心理健康教育体系追求的重要目标和价值之一。即使学生尚不能够应有所学的心理学知识处理自己遇到的问题，但也会因为上过心理健康教育这门课，对心理健康问题有着比较客观、中肯的了解，关键时刻能够向周围的人求助，平时更加注重建立良好的人际关系，也体现了课程的意义和价值。

## 五、心理健康教育课程教学中教师如何进行角色转变和成长

### （一）了解教师成长的规律，完成角色转变，耐心成长

教学成长有着其自身的规律，一般是先顾及教学内容的适当选取，然后围绕教学内容进行知识储备和教学资料的搜集，当教学内容熟练掌握后，往往才能够大胆地探索和使用众多的教学手段。仅教学内容的选取一项就要根据学生需要进行，这个过程中或许也会出现这样那样的挫折。笔者曾经在讲人际关系章节的时候就遇到类似的挫折。备课内容在男女生都有的系里讲，同学们的参与度和积极性都挺高，但是到了另一个全是男生的系，学生就对教学内容提不起一点精神，笔者为此大大受挫。在调整好自己心情之后，赶紧搜索更有趣、实用的教学素材，以后类似的教学窘况再也没有出现过。

当教师对教学素材调整到位并适时更新以后，最重要莫过于能够灵活运用合适的教学手段了，只有这样才能有良好的教学效果。如果老师只对教学内容进行精准学习和熟练，不注重教学手段的应用，上课效果会大打折扣。大学生对知识理论不感兴趣，但是思维灵活，乐于和教师互动。教师灵活应用可以互动的教学手段，比如提供视频案例、提出和学生息息相关的问题、让学生根据自己的实际情况进行交流探讨等，因为足够务实和具有针对性，所以学生参与的积极性比较高。能够将心理学知识活化到日常生活中，足够接地气，是上好这门课的重要条件之一。

曾经有人对新人在新的知识领域的成长时间规律做了总结，1~3年是新手，3~5年是老手，5~8年是专家，十年磨一剑。一个教师，尤其是没有系统学习过心理学相关知识的教师，如果又恰巧还很年轻的话，掌握教学内容、了解自己和学生心理、学习使用教学手段都需要时间，所以担任心理健康教育教学的教师要能够耐下心来，在教学中不断总结经验教训，慢慢成长。

### （二）和学生一起在体验式教学中成长

从某种意义上说，教师上心理课过程中是在用真心和坦诚与学生对话，在心理层面师生是平等的，在人性层面师生是相通的。这个课程中有知识的传授，有态度的传达，更有人生体验的分享。教师想要和学生在同一频道上，那就要保持开放的心态，先于学生体验课堂让学生体验的东西。“体验”和“知道”是两个截然不同的概念。举例说明，人在会说话之前就经历过很多事情，但是我们都记不起来了，但这些记忆并没有消失，以感觉、情绪等方式存在于我们的身体和记忆里，可能还会在不自觉情况下被触动，莫名其妙地影响人的生活，心理学把人们这部分意识上不自知，但是却又经常影响人生活的这部分意识称为潜意识。正因为潜意识能够悄然影响人的生活，很多时候又无法用语言来描述，所以体验就显得极其重要，就像你用再多的语言形容梨子的滋味，也没有直接尝一口梨子来的印象深刻一样。尝梨子的过程就好比心理中的“体验”，而对梨子滋味的语言描述就更像知识。举例说明，教学过程中教师让学生写二十个“我”来了解自己，让学生写二十个“我”之前，教师就应该自己先对二十个“我”进行实践体验和思考。

### （三）尊重学生差异性

心理健康教育课是学生了解自己和他人的一个窗口，学生要了解人与人有着共性，更有着独一无二的个体差异性，需要了解和接纳。教师要保持开放的心态，接受学生的个体差异性，尊重每个人的独特性。教师不但要传达这样的理念，还要践行这样的理念，让学生体验并接纳人与人的差异性，增强适应性。

## 六、大学生心理健康教育教师成长应注意的事项

### （一）自下而上开放的教学态度，教学相长

教师和学生在一定程度上是“闻道有先后，术业有专攻”，这并不是说老师任何地方都比学生强，而是在某些知识和领域中比学生知道的早一些，因为精力和时间的投入比学生在某些方面知道的多一些。在这个信息爆炸的时代，虽然学生的人生阅历可能会比教师少一些，但是知识的获取量不一定比教师少，某些领域可能比教师知道的更多。心理课是教学相长的课程，尊重学生的知识，接纳学生的差异性，平等地对待学生，引导学生投入学习过程，了解自己，探索自己。

### （二）关系大于教育，重在关注和陪伴学生，营造良好课堂氛围

无论是在师生、夫妻还是亲子关系中，都提倡关系大于教育。教育中常说“亲其师，信其道”，生活中学生因为喜欢这个教师，进而喜欢教师所教授的课程的例子比比皆是。上课过程中不评判学生，营造融洽安全的学习氛围，是教授心理学的教师格外要注意的地方。把更多的精力放在关注和陪伴学生的过程当中，和学生一起多探索、多体验，让学生在课程中改变和受益，改变学生的可能不是知识，而是和学生的关系。教学的过程是教师人格魅力润物细无声的过程，或许是老师求真务实的态度，或许是老师浑身散发的善意，或许是一句鼓励的话、一次私下的聊天，就能四两拨千斤地改变学生的生活和学习状态。大学生心理健康

教育课是一门公共必修课课程，上课时间只有三十多节，不能奢望在这么短的时间内让学生多么深入地了解心理学及其知识，但是作为心理学的启蒙和普及形式，能够在学生最好的年华里陪伴学生一段时间，或许在学生的成长中有着举足轻重的作用，为此十分值得教师花费更多的时间和精力。

# 第八章
# 大学生心理健康教育的未来发展

我国大学生心理健康教育起源于20世纪80年代中期，自发展以来取得了显著成效。因此，梳理其发展特点有助于探索下一阶段的发展，更好地促进大学生的成长。

## 第一节　大学生心理健康教育的发展特点

### 一、与德育关系密不可分

与道德教育不可分割的关系是我国高校心理健康教育最明显的特征之一。这主要是由两个原因造成的：第一，中国大陆的心理健康教育始于对学校思想政治工作困境的反思，将大学生心理健康教育引入中国大陆，大多数开展探索性工作的都是思想政治教育工作者。其次，在初始阶段，大部分心理健康教育都出现在道德教育的相关文献中。例如，1995年，国家教育委员会颁布了《中国普通高等教育德育大纲》。后来，教育部有关部门制定了大学生心理健康教育专题文件，负责大学生心理思想政治教育工作。例如，教育部社会事务局发布的《教育部关于加强普通大学生心理健康教育的意见》。不仅如此，这些文件中也清楚地表达了心理健康教育与道德教育之间的关系。例如，加强大学生心理健康教育是高校德育工作的重要组成部分；心理健康教育工作是新形势下大学生的思想政治教育的有效途径之一；在学生工作系统中建立专门的大学生心理健康教育和心理咨询机构；等等。因此，中国大陆的高校心理健康教育与道德教育有着不可分割的关系，无论是观念还是操作，甚至是管理。

### 二、以从自发呼吁到官方主导为发展脉络

我国大学生心理健康教育始于少数人员的自发发展。当时，国家和省级教育行政部门领导对大学的这项工作没有明确的要求，这纯粹是少数教师基于他们的热情和充分责任感，自发地开展了大学生的心理健康教育（主要是基于心理咨询）。随着自发工作的进展，教师们开始呼吁学校，并希望学校领导更加关注这项工作。慢慢地，这项工作首先引起了一些大学领导的注意，后来扩展到少数高校，直到最后教育行政部门开始意识到这项工作的重要性。随着2001年大学生心理健康教育专题文件的发布，我国大学生心理健康教育工作正式进入有意识规范的发展阶段，中国大学生心理健康教育工作是以自发呼吁到官方主导为发展脉络的。

### 三、柔性政策特点较为明显

到目前为止，各级政府已经为大学生制定了一些有关心理健康教育的文件，但这些文件有一个共同的特点，就是有很多灵活的建议和较少的刚性要求，如《***意见》为文件名范例，没有与文件有关的扶持政策，因此各地的心理健康教育仍然缺乏具体有效的实施措施。而且，由于大学生心理健康教育没有标准化的评价体系，对没有实施文件的高校没有明显的负面影响，进一步影响了高校心理健康教育的推进。

## 第二节　大学生心理健康教育的未来走向

### 一、心理健康教育的标准化、规范化加强

我国高校心理健康教育的灵活政策具有明显的政策特征，更具有指导性。因此，大学生心理健康教育尚未成为一种教育体系。心理健康教育的发展受制于领导对该专业的理解、学校行政费用、人员和办公空间限制。有鉴于此，教育部办公厅于2011年2月发布《普通高等学校学生心理健康教育工作基本建设标准（试行）》，对大学生心理健康教育体制机制、教师、教学系统、活动系统、咨询服务系统、心理危机预防和干预系统的工作条件等七个方面的建设标准都提出了明确的要求。2011年5月，教育部办公厅发布了《普通高等学校学生心理健康教育课程教学基本要求》，从课程性质和教学目标、主要教学内容、课程设置和教材要求、教学模式和教学方法、教学管理和条件支持、组织实施和教学评估等方面提出了更明确的要求。这些标准和要求的制定标志着我国大学生心理健康教育已进入规范建设阶段。从那时起，这项工作就有了全国性的操作指南和基础。

## 二、培训规范化程度加强，队伍的专业化水平提高

第一份关于大学生心理健康教育的政府文件——《教育部关于加强普通高等学校学生心理健康教育工作的意见》，首次提出积极开展大学生心理健康教育的兼职教师培训。但是，没有提及培训机构、培训内容和培训时间。关于团队的专业化，文件建议逐步建立大学生心理健康教育兼职教师资格制度。2002年，《普通高等学校学生心理健康教育工作实施纲要（试行）》明确提出建立全国大学院校心理健康教育教师培训中心，对兼职教师进行专业培训，并对培训内容等也提出了明确的要求。对于通过培训达到培训要求的人员，该文件规定，教育部认可的相关培训机构将颁发资格证书。教育部2005年1月发布的《卫生部、共青团中央关于进一步加强和改进大学生心理健康教育的意见》明确要求各省级教育部门和大学负责大学生心理健康教育团队的培训，逐步达到持证上岗的要求。这是第一次明确强调全职工作人员的专业化，并提议“配备专职人员”。培训时间的要求列于《普通高等学校学生心理健康教育工作基本建设标准（试行）》，这是确保全职教师每年接受心理健康教育的专业培训不少于40学时的必要条件或参加省级以上主管部门和二级以上学术团体组织举办的至少2次学术会议。此外，该文件还明确界定了教师的专业背景和资格。从事大学生心理健康教育的教师，特别是直接从事心理咨询服务的教师，应具备从事大学生心理健康教育的相关资质和专业资格。根据这一发展趋势，高校心理健康教育师资培训将更加规范，团队将更加专业化。

## 三、心理健康教育资源整合化程度加强

《中共中央关于构建社会主义和谐社会若干重大问题的决定》指出：“到2020年，构建社会主义和谐社会的目标和主要任务是：……全民族的思想道德素质、科学文化素质和健康素质明显提高……”在构建和谐社会的基本措施中，构建和谐文化，巩固社会和谐的思想道德基础，我们必须注重促进人类心理和谐，加强人文关怀和心理咨询，引导人们正确对待自己，正确对待困难、挫折和荣誉。加强心理健康教育和医疗保健，改善心理咨询网络，塑造自尊自信、理性、积极的社会心态。中共十七大报告再次提出要加强和改进思想政治工作，注重人文关怀和心理咨询，正确处理人际关系。可以看出，心理健康教育的现状已经突破了思想政治教育的边界，成为构建和谐社会的基本措施之一。这表明中国政府已经站在社会的背景下，着眼于学生的心理健康教育问题，坚持提高中华民族的素质，高度重视未来公民健康人格的培养。这必将使政府更加重视心理健康教育，使心理健康教育工作真正成为政府、社会（包括社区）、家庭、学校共同参与的系统工程，大学生心理健康教育资源更加一体化。比如一些有心理障碍的学生转介到医院后，医院是否能提供相应的服务；学生转介到医院后，医院怎样跟学校建立连接。诸如此类的一些问题都有望在不久的将来由政府出台相关文件和制度进行协调，共同为大学生的成人成才保驾护航。

## 四、心理健康教育课程的建设力度加强

大学生心理健康教育课程的相关要求首次出现在2001年《教育部关于加强普通高等学校学生心理健康教育工作的意见》中，有人指出有必要为大学生的心理健康教育提供选修课程，但课程的地位尚未做出明确的说明。2002年，《普通高等学校学生心理健康教育工作实施纲要（试行）》明确指出，课堂教学是大学生心理健康教育的主要渠道和基本环节之一。随后，政府文件进一步加强了对大学生心理健康教育课程的规范要求，尽管在《教育部、卫生部、共青团中央关于进一步加强和改进学生心理健康教育的意见》中对于开课形式仍然被推荐为选修课程，但教学方法显然是必需的，建议通过案例教学、体验活动、行为训练提高课堂教学效果。在《普通高等学校学生心理健康教育工作基本建设标准（试行）》中，对课堂教学的重视进一步加强，指出课堂教学是大学生心理健康教育的主渠道，应建立和完善相应的课程体系。必修课程还首次出现在文件中，并且明确要求对课程进行报道，以确保学生在校期间普遍接受心理健康课程教育。然后，教育部发布了《普通高等学校学生心理健康教育课程教学基本要求》，从课程性质和教学目标、主要教学内容、课程和教材要求、教学模式和教学方法、教学管理和条件支持、组织实施和教学评估等方面对大学生心理健康教育课程的教学提出了比较明确的要求。该文件的发布将在更大程度上加强大学生心理健康教育课程的建设力度。

# 参考文献


[1] 蔡洋洋. “90后”大学生网络心理健康教育现状[J]. 学理论，2012（35）：258-259.
[2] 陈红英. 新编大学生心理健康教程[M]. 武汉：武汉大学出版社，2014.
[3] 陈家麟，田宏碧. 我国高校心理健康教育存在的主要问题及对策[J]. 扬州大学学报（高教研究版），2002（4）：25-29.
[4] 陈新星. 运用新媒体加强大学生网络心理健康教育[J]. 福建师大福清分校学报，2015（1）：61-65+73.
[5] 丁远. 大学生网络心理健康教育：基于系统分析视角[J]. 包头职业技术学院学报，2016（2）：37-40.
[6] 董铭洺. 浅析积极心理学取向下大学生心理健康教育课程的构建[J]. 大学教育，2013（9）：83-84.
[7] 杜琼. 新媒体对大学生网络心理健康教育的影响研究[J]. 劳动保障世界，2016（15）：20-21.
[8] 冯帆. 网络环境下的大学生心理健康教育[J]. 教育教学论坛，2014（13）：270-271.
[9] 冯益斌. 高校网络心理健康教育现状分析[J]. 教育教学论坛，2016（36）：85-86.
[10] 何雯，王静. 基于网络环境的高职院校大学生心理健康教育策略[J]. 中国健康教育，2013（4）：382-383.
[11] 黄铭. 大学生心理健康教育网络模式的构建[D]. 重庆：重庆交通大学，2011.
[12] 黄小梅. 大学生心理健康教育[M]. 北京：人民邮电出版社，2014.
[13] 姜巧玲. 大学生网络心理健康教育研究：基于网络时代人的本质特征[J]. 无锡商业职业技术学院学报，2012（4）：54-56.
[14] 蒋宗文，郭世魁. 积极心理学视野下的大学生心理健康教育[J]. 思想教育研究，2010（10）：50-53.
[15] 金陵. 翻转课堂与微课程教学法[M]. 北京：北京师范大学出版社，2015.
[16] 李素梅，杨静，林燕玲. 人本主义思想对大学生心理健康教育课程改革的启示与应用[J]. 中国科教创新导刊，1202（2）：248-249.
[17] 刘桂芬. 在大学生心理健康课程教学中运用团体活动的几点思考[J]. 校园心理，2010（3）：33-34.
[18] 刘艳艳. 论罗杰斯的人本主义学习理论对大学生心理健康教育课教学改革的启示[J]. 时代教育：教育教学刊，2010（3）：123-124.

[19] 苗军芙，郑海斌．大学生心理健康教育模式及实施策略研究[J]．齐鲁师范学院学报，2012（1）：23-28.
[20] 盛鹏飞．高校开展网络心理健康教育现状的实证分析：基于对某省113所具有ICP备案高校网站的调查[J]．安徽理工大学学报（社会科学版），2014（6）：98-102.
[21] 田川，周曙．大学生心理健康教育[M]．长春：吉林大学出版社，2017.
[22] 王贝贝．网络环境下大学生心理健康教育研究[D]．杨凌：西北农林科技大学，2013.
[23] 王丽梅．网络环境下大学生心理健康教育[J]．教育与职业，2012（14）：74-76.
[24] 王庆鸯．网络时代大学生心理健康教育的困境与对策分析[J]．延安职业技术学院学报，2015（5）：40-42.
[25] 王云飞，向燕．积极心理学视阈下大学生心理健康教育课程建设探究[J]．广西教育，2014（19）：96-97.
[26] 项瑜．基于学生评价的大学生心理健康教育课程建设策略[J]．黑龙江教育（高教研究与评估），2015（4）：31-32.
[27] 徐正辉．高校网络心理健康教育体系构建的必要性[J]．科技展望，2015（22）：267-268.
[28] 杨辉，王艳．论心理健康教育课的教学模式研究[J]．教学方法，2012（6）：45-46.
[29] 袁孝裙．大学生网络心理健康教育的现实困局与多重突围[J]．太远职业技术学院学报，2016（4）：56-57.
[30] 张澎军．思想政治教育理论前沿论略[M]．北京：人民出版社，2015.
[31] 张元洪，孔庆娜．论新形势下大学生心理健康教育课程改革[J]．思想政治教育研究，2013，29（2）：134-136.
[32] 赵存河．论大学生心理健康教育模式的创新[J]．黑龙江高教研究，2014（5）：103-105.
[33] 郑田．谈高校利用网络开展心理健康教育的优势与方法[J]．新课程研究职业教育，2007（12）：119-122.
[34] 周春梅．大学生心理健康教育路径的创新[J]．江苏高教，2011.01（5）：124-126.
[35] 周婧．积极心理学在大学生心理健康教育课程中的运用：以大学生良好情绪的培养为例[J]．社会心理科学，2014（5）：57-60.
[36] 朱志梅．基于人本主义心理学的大学生心理健康教育[J]．江苏高教，2011（4）：125-126.